# DEJA TU HUELLA

## Finanzas, Salud, Relaciones y Espiritualidad En Armonía

**Iván Tello y Adriana Garzón**

## Indice

## Prólogo por Spencer Hoffmann

*"La única diferencia entre la vida que sueñas y la vida que tienes hoy es la decisión de actuar."*

Cuando pienso en los líderes que están marcando una diferencia real en este mundo, aquellos que no solo hablan de cambio, sino que lo encarnan en cada aspecto de sus vidas, dos nombres que inevitablemente vienen a mi mente son Iván Tello y Adriana Garzón. Este libro que tienes en tus manos, Deja Tu Huella: Finanzas, Salud, Relaciones y Espiritualidad en Armonía, no es solo un libro más. Es una guía transformadora, un manual práctico y una invitación a construir una vida que realmente importe, escrita por dos personas que no solo saben de lo que hablan, sino que lo viven cada día.

¿Por qué este libro es diferente?

Hoy en día, hay demasiados libros que ofrecen soluciones rápidas o fórmulas mágicas para el éxito. Pero este libro no es uno de ellos. Aquí no encontrarás promesas vacías ni teorías inalcanzables. En cambio, descubrirás los principios fundamentales que han llevado a Iván y Adriana a transformar sus vidas y a impactar la de tantas personas.

Lo que hace este libro extraordinario es que no se limita a un área específica de la vida. Aquí no solo aprenderás a construir libertad financiera o mejorar tu salud integral. Este libro va más allá: te guía hacia una vida en armonía, donde cada decisión que tomas y cada acción que realizas está alineada con tus valores más profundos, con la visión de un legado duradero y con el propósito que Dios tiene para ti.

¿Por qué confío en Iván Tello y Adriana Garzón?

He tenido el privilegio de conocer a Iván y Adriana personalmente, y puedo decir con absoluta certeza que son líderes que viven lo que predican. No son solo autores que comparten ideas; son personas que aplican, perfeccionan y enseñan los principios que han transformado sus propias vidas.

Iván y Adriana son un equipo con una visión clara y un corazón comprometido. Su experiencia en áreas como las finanzas, el bienestar, las relaciones y la espiritualidad no es solo teórica; es práctica, real y transformadora. Ambos son el tipo de líderes que te desafían a cuestionar tus creencias limitantes, pero también te inspiran a ver más allá de lo que creías posible, con un enfoque que refleja humildad, sabiduría y fe.

Este libro es tu oportunidad de cambiarlo todo

Al abrir este libro, no solo estás leyendo las ideas de Iván y Adriana. Estás entrando en una conversación con dos personas que han recorrido el camino que tú estás a punto de comenzar. Este libro es una invitación a transformar cada área de tu vida y a construir un legado que impacte a tu familia, a tu comunidad y al mundo.

Prepárate para ser desafiado, inspirado y transformado. Prepárate para cuestionar lo que creías imposible y para redescubrir la versión más poderosa y auténtica de ti mismo. Este no es solo un libro para leer; es un libro para actuar, para aplicar y para vivir.

Mi desafío para ti

A medida que avances en estas páginas, quiero que recuerdes esto: Nada cambia si tú no cambias. Este libro tiene el poder de transformar tu vida, pero solo si eliges actuar. Así que, toma este libro con una mente abierta, con el compromiso de poner en práctica lo que aprendas, y con la disposición de diseñar la vida que siempre has soñado.

Hoy puede ser el comienzo de algo extraordinario. No dejes que esta oportunidad pase. Este libro es el puente hacia una vida con propósito, paz y abundancia. Ahora, la decisión es tuya.

Con admiración y respeto,

Spencer Hoffmann

Líder en transformación personal y empresarial

## Agradecimientos

En primer lugar, queremos expresar nuestra más profunda gratitud a nuestro Creador, Dios Padre, quien ha guiado cada paso de este caminar. Sin Su gracia, amor infinito y sabiduría, este sueño no habría sido posible. Todo lo que somos y lo que hemos logrado es testimonio de Su obra en nuestras vidas.

A nuestra familia, nuestro pilar inquebrantable, gracias por ser luz en los momentos de oscuridad y fuerza en cada desafío. A nuestra hija Daniella, nuestra mayor inspiración y un milagro indiscutible de la vida. Tú eres el recordatorio constante del poder divino que transforma lo imposible en posible. Nos enseñas día a día que el amor y la fe son fuerzas que apenas estamos comenzando a comprender.

A nuestros amigos, que son nuestra verdadera familia escogida, gracias por ser refugio y apoyo en cada etapa de este proceso. Su presencia ha sido un regalo invaluable.

A la familia Legacy, gracias por ser parte fundamental en acelerar este proyecto. Su dedicación, aliento y esfuerzo han sido piezas clave en convertir este sueño en una realidad tangible.

Este libro es el resultado de una fe inquebrantable, un amor profundo y una comunidad que demuestra que cuando nos unimos en propósito, podemos alcanzar cualquier meta. A todos los que han formado parte de este viaje, gracias desde el fondo de nuestro corazón.

Que este libro no solo sea una obra más, sino una inspiración para que cada lector reconozca la grandeza de Dios en su vida, celebre los milagros que le rodean y abrace con esperanza los caminos que aún faltan por recorrer.

Con gratitud eterna,

Iván y Adriana

## Dedicatoria

A Ti, mi Dios, mi roca, mi fortaleza y mi guía perfecta. Este libro es, ante todo, un testimonio de Tu amor inmenso, Tu dirección sabia y Tu gracia infinita. Cada palabra plasmada en estas páginas lleva Tu sello, porque solo Tú has hecho posible este sueño. Gracias por los milagros que nos has regalado, por sostenernos en los momentos de incertidumbre y por ser el faro que ilumina nuestro camino. A Ti sea toda la gloria, el honor y la alabanza, hoy y siempre. Este libro es un humilde reflejo de Tu grandeza y de que cuando somos guiados por Tu palabra, todo cobra sentido.

A mi amado papá, José Durfay Garzón, este libro lleva impreso mucho de lo que tú me enseñaste. Eres el hombre que moldeó mi carácter, que me mostró con tu amor y ejemplo lo que significa la resiliencia, la integridad y el verdadero amor por la familia. Un mentor incomparable, un trabajador incansable y un padre ejemplar que siempre tuvo la palabra correcta y la guía precisa. En este momento tan difícil, mientras te encuentras luchando en cuidados intensivos por tu vida, mi fe se aferra a nuestro Dios, porque sé que Él sigue obrando milagros. Este libro también es un tributo a tí, papá, y a todo lo que has sembrado en mi vida.

A ti, José Durfay, mi suegro, dedico este libro con todo mi corazón. Admiro profundamente al hombre íntegro, sabio, generoso y virtuoso que eres. Eres un ejemplo de vida, un padre amoroso, un amigo leal, un hermano incondicional y un mentor que impacta con cada palabra y acción. No solo te respeto profundamente, sino que te amo como a un padre, y tengo la bendición de ser amado por ti como a un hijo. Eres el hombre más completo que he conocido, alguien imposible de no admirar. Una gran parte de lo que soy, de lo que he aprendido y de lo que valoro, lo debo a ti. Tu vida, tus enseñanzas y tu ejemplo han dejado una marca imborrable en mi corazón. Gracias por ser esa guía constante y esa luz que inspira a todos los que tienen el privilegio de conocerte.

Que estas páginas hablen de fe, amor, fortaleza y esperanza, y que cada lector encuentre en ellas un destello de la gracia y el poder divino que nos sostiene.

Con amor eterno y gratitud,

Iván y Adriana

## 1. Un Fundamento Firme: El Comienzo de Todo

*"El temor del Señor es el principio de la sabiduría; los necios desprecian la sabiduría y la disciplina." (Proverbios 1:7, NVI)*

Toda gran construcción comienza con un fundamento sólido. No importa cuán impresionante sea la estructura que se construya encima; si el fundamento es débil, la más pequeña tormenta puede derrumbarlo. De la misma manera, nuestras vidas necesitan estar ancladas en un fundamento firme que no solo soporte los desafíos que enfrentamos, sino que también nos impulse hacia nuestras metas y propósito. Ese fundamento está compuesto por nuestros valores, principios y, lo más importante, nuestra fe en Dios.

En este capítulo, exploraremos cómo identificar y construir ese fundamento firme. Comenzaremos por reflexionar sobre lo que significa dejar tu huella, esa marca indeleble que queremos que nuestra vida deje en este mundo. Hablaremos sobre la importancia de poner a Dios en el centro de nuestras vidas, permitiendo que Él guíe nuestras decisiones y nos dé claridad en los momentos de incertidumbre. También profundizaremos en el papel de los principios y valores como brújula para nuestras acciones diarias, ayudándonos a mantenernos firmes incluso en los momentos más desafiantes.

Construir un fundamento sólido no es algo que suceda de la noche a la mañana. Es un proceso continuo que requiere autoconciencia, compromiso y fe. Pero los frutos que produce—paz interior, propósito y relaciones significativas—hacen que valga la pena cada esfuerzo. Este capítulo es una invitación a detenernos y evaluar el estado de nuestro fundamento actual, para luego trabajar intencionalmente en fortalecerlo.

### El principio de todo: Dios como cimiento

Cuando Dios ocupa el centro de nuestras vidas, todo se alinea con un propósito mayor. Esto no significa que no enfrentaremos problemas, pero sí nos asegura que no enfrentaremos esos problemas solos. Dios se convierte en nuestra roca, nuestra guía y nuestra fuente de sabiduría. A través de la oración, la meditación y la reflexión diaria, aprendemos a entregarle nuestras cargas y confiar en Su dirección.

Muchos de nosotros hemos experimentado momentos en los que hemos tratado de manejar todo por nuestra cuenta, solo para sentirnos abrumados y frustrados. Es en esos momentos cuando recordamos que no somos diseñados para cargar todo el peso de la vida solos. Poner a Dios como el cimiento de nuestras decisiones nos libera del miedo y nos da una paz que sobrepasa todo entendimiento.

## Principios y valores como brújula

Si Dios es el cimiento, entonces nuestros principios y valores son la brújula que guía nuestras decisiones diarias. Estos principios no son solo palabras bonitas que colocamos en un marco; son la esencia de lo que somos. Vivir alineados con nuestros valores nos da integridad, y la integridad nos permite caminar con confianza, incluso cuando el camino no es fácil.

Por ejemplo, cuando nuestra brújula interna está alineada con la honestidad, no tenemos que preocuparnos por encubrir mentiras o justificar nuestras acciones. Cuando valoramos la generosidad, no nos preocupamos por perder, porque sabemos que dar enriquece tanto al que recibe como al que da. Y cuando priorizamos la fe, podemos avanzar en confianza, sabiendo que no todo depende de nosotros.

## Reflexión inicial

Mientras avanzamos en este capítulo, quiero invitarte a reflexionar: ¿Cuál es el estado de tu fundamento actual? ¿En qué estás construyendo tu vida? Si sientes que necesitas fortalecer tu cimiento, no te preocupes. Nunca es demasiado tarde para volver al principio, para reenfocar tus prioridades y comenzar a construir sobre una base sólida.

Este viaje no es solo para construir algo temporal, sino para dejar una huella duradera que inspire a otros a hacer lo mismo. Al final de este capítulo, tendrás herramientas prácticas para fortalecer tu conexión con Dios, vivir alineado con tus valores y comenzar a construir un legado que trascienda.

La vida está llena de desafíos, pero cuando nuestro fundamento es firme, podemos enfrentarlos con valentía y gracia. Hoy es el día para comenzar a construir una vida que no solo soporte las tormentas, sino que también inspire a otros a construir sobre cimientos sólidos. ¿Estás listo para dar ese paso?

## 1.1. ¿Qué significa dejar tu huella?

*"La memoria del justo será una bendición, pero el nombre de los malvados se pudrirá." (Proverbios 10:7, NVI)*

Dejar tu huella no es simplemente alcanzar metas materiales o acumular logros visibles para el mundo. Es mucho más profundo. Es vivir de una manera que inspire a otros, impactar vidas con tus acciones y valores, y construir un legado que trascienda el tiempo. Nuestra huella no se mide por lo que poseemos, sino por lo que entregamos: amor, sabiduría, principios y propósito. Nuestra huella no se mide por lo que decimos, sino por lo que demostramos con nuestras acciones.

### El significado de dejar tu huella

Dejar tu huella significa vivir con intención y propósito. Es asegurarnos de que nuestras decisiones diarias reflejen lo que realmente importa: nuestros valores, nuestras creencias y nuestra fe. Se trata de ser conscientes de que cada paso que damos, cada palabra que pronunciamos y cada relación que construimos tiene el poder de influir en las personas que nos rodean y en las generaciones futuras.

No se trata de perfección, sino de autenticidad. Todos cometemos errores, pero cuando vivimos con un corazón dispuesto a aprender, a crecer y a servir, nuestra huella se convierte en una bendición para quienes nos siguen. Como dice el proverbio, la memoria del justo será una bendición. Esto nos recuerda que nuestras acciones tienen el poder de resonar en las vidas de otros mucho después de que hayamos partido.

**Impacto personal y colectivo**

Dejar una huella profunda comienza con nosotros mismos. ¿Cómo nos tratamos? ¿Qué tan intencionales somos al cuidar nuestra salud, nuestro bienestar espiritual y nuestra mente? Una vida alineada con principios nos permite ser un ejemplo vivo para los demás. Cuando decidimos vivir con integridad, amor y generosidad, nuestra influencia trasciende.

Esto no significa que todos debamos convertirnos en figuras públicas o líderes destacados. Puedes dejar una huella significativa siendo un padre presente, un amigo leal o un mentor que inspira a otros a alcanzar su máximo potencial. Pequeñas acciones cotidianas, como escuchar a alguien con empatía o compartir una palabra de ánimo, tienen un impacto enorme.

**Cómo comenzar a dejar tu huella**

Define tus valores fundamentales: Reflexiona sobre lo que realmente importa para ti. ¿Qué principios quieres que guíen tus decisiones?

- Acción a corto plazo: Dedica 15 minutos a escribir tres valores clave que deseas que definan tu vida.
- Acción a largo plazo: Evalúa mensualmente si tus decisiones reflejan esos valores. Ajusta cuando sea necesario.

Vive con intención: Cada día es una oportunidad para sembrar algo significativo. Tómate el tiempo para evaluar si tus acciones están alineadas con tus metas y valores.

- Acción a corto plazo: Crea una lista de tres prioridades diarias que sean importantes para ti y tu propósito.

- Acción a largo plazo: Diseña una rutina semanal que incluya tiempo para tus metas personales, familiares y espirituales.

Sirve a los demás: Busca maneras de impactar positivamente en las vidas de quienes te rodean. Esto puede ser desde apoyar a tu familia hasta contribuir en tu comunidad.

- Acción a corto plazo: Haz algo pequeño pero significativo hoy, como enviar un mensaje de ánimo a un amigo o ayudar a un vecino.
- Acción a largo plazo: Identifica una causa en tu comunidad con la que te identifiques y comprométete a participar regularmente.

Confía en el proceso: Recuerda que no necesitas tener todas las respuestas. Dejar tu huella es un viaje, no un destino.

- Acción a corto plazo: Reflexiona sobre un error reciente y escribe qué aprendiste de él.
- Acción a largo plazo: Mantén un diario de gratitud y aprendizajes donde registres tus avances personales.

**Ejemplos prácticos**

- Si deseas fortalecer tus relaciones familiares, organiza una noche semanal para compartir una cena en familia sin distracciones.
- Si quieres contribuir a tu comunidad, participa en un programa de voluntariado una vez al mes, ya sea en una iglesia, un refugio o una escuela local.
- Para inspirar a otros, comparte tu historia personal en plataformas sociales, en grupos pequeños o simplemente con amigos cercanos.

**Reflexión final**

Tu huella no se mide por cuán perfecto sea tu camino, sino por el impacto que dejas en otros mientras lo recorres. Cada acción basada en amor, fe e integridad siembra una semilla que florecerá en los corazones de quienes te rodean. Dejar tu huella significa vivir de tal manera que, incluso cuando no estés, tu presencia siga viva en las vidas que tocaste.

¿Qué huella estás dejando hoy? ¿Cómo quieres ser recordado mañana?

## 1.2. Dios como el centro de tu vida

*"Pon en manos del Señor todas tus obras, y tus proyectos se cumplirán." (Proverbios 16:3, NVI)*

Cuando colocamos a Dios en el centro de nuestras vidas, todo comienza a alinearse con un propósito mayor. Esto no significa que no habrá desafíos, sino que enfrentaremos cada situación con fe, fortaleza y la certeza de que nuestros pasos están guiados por un plan divino. Hacer de Dios nuestra prioridad transforma la forma en que tomamos decisiones, gestionamos nuestras relaciones, perseguimos nuestras metas, y alcanzamos resultados.

### El poder de poner a Dios en el centro

Dios en el centro no es solo una frase, es un estilo de vida. Significa consultar a Dios en cada aspecto de nuestra vida: desde nuestras decisiones financieras hasta cómo tratamos a nuestras familias y cómo cuidamos nuestra salud. Es confiar en que, cuando le entregamos nuestras preocupaciones y proyectos, Él nos dará la sabiduría y los recursos necesarios para avanzar.

Poner a Dios en el centro también nos ayuda a vivir con gratitud y humildad. Nos recuerda que no todo depende de nosotros, y que cuando dejamos de intentar controlar todo, permitimos que la paz y la dirección divina guíen nuestro camino.

### Acciones prácticas para poner a Dios en el centro

Dedica tiempo diario a Dios:

- Acción a corto plazo: Reserva 10 minutos al día para leer un pasaje bíblico y orar. Por ejemplo, comienza con Proverbios, un libro lleno de sabiduría práctica.
- Acción a largo plazo: Crea un hábito diario de estudio bíblico más profundo, quizás uniéndote a un grupo de estudio o siguiendo un plan devocional mensual.

Consulta a Dios antes de tomar decisiones importantes:

- Acción a corto plazo: Antes de tomar una decisión significativa, dedica tiempo en oración y pídele a Dios claridad. Haz una lista de tus inquietudes y entrégaselas en oración.
- Acción a largo plazo: Mantén un diario de oración donde registres tus decisiones y cómo Dios te guía en cada paso. Revisa ese diario regularmente para ver cómo se han cumplido sus promesas.

Involucra a Dios en tus metas y proyectos:

- Acción a corto plazo: Antes de iniciar un proyecto o tarea importante, haz una oración breve para dedicar tu trabajo a Dios y pedir Su dirección.
- Acción a largo plazo: Al inicio de cada mes, revisa tus metas y ora para que estén alineadas con Su voluntad. Ajusta aquellas que no reflejen tus valores y propósito espiritual.

Participa en una comunidad de fe:

- Acción a corto plazo: Asiste a un servicio o reunión en tu iglesia local para conectarte con otros creyentes.
- Acción a largo plazo: Busca oportunidades para servir en tu iglesia o comunidad, como participar en programas de voluntariado o liderar un grupo de estudio.

Integra la gratitud como práctica diaria:

- Acción a corto plazo: Cada noche, escribe tres cosas por las que estés agradecido.
- Acción a largo plazo: Haz de la gratitud una actitud constante en tu vida, recordando que todo lo que tienes proviene de Dios.

**Ejemplos prácticos**

- Antes de una reunión importante en el trabajo, toma un momento para orar y pedir sabiduría. Esto no solo te dará calma, sino que también te ayudará a actuar con integridad.
- Si enfrentas una decisión financiera, como invertir en un negocio o comprar una propiedad, dedica tiempo a reflexionar y buscar guía divina antes de proceder.
- Para fortalecer tu conexión espiritual, organiza una noche en familia donde juntos lean un pasaje bíblico y compartan reflexiones.

**El impacto de poner a Dios en el centro**

Cuando colocamos a Dios en el centro de nuestras vidas, experimentamos un cambio radical en cómo enfrentamos los retos y celebramos las victorias. Él nos da una perspectiva más amplia, nos ayuda a vivir con propósito y nos recuerda que nunca estamos solos.

**Reflexión final**

Hacer de Dios el centro de tu vida no es un acto único, sino una práctica diaria. Es confiar, incluso en los momentos de incertidumbre, en que Él tiene un plan perfecto para ti. Cuando le entregamos nuestras obras y caminamos en fe, nuestros proyectos no solo prosperan, sino que también dejamos una huella eterna en las vidas que tocamos.

## 1.3. Principios y valores como guía

*"Los justos se guían por su integridad, pero los perversos son destruidos por su hipocresía." (Proverbios 11:3, NVI)*

Los principios y valores son como un faro en medio de la tormenta: nos mantienen enfocados, firmes y en el camino correcto cuando la vida se vuelve incierta. Vivir con principios no solo nos protege de decisiones impulsivas, sino que también nos permite construir una vida que refleje nuestras creencias y propósito. Más que palabras, nuestros valores se convierten en las bases de nuestras acciones, y al vivir alineados con ellos, podemos dejar una huella duradera en quienes nos rodean.

### El poder de los principios y valores

Vivir con principios no solo es crucial para tomar decisiones correctas, sino también para mantener la paz interna. Cuando nuestras acciones están alineadas con lo que creemos, vivimos con autenticidad y confianza. En contraste, cuando comprometemos nuestros valores, experimentamos estrés, culpa y una desconexión de lo que somos en esencia.

Por ejemplo, si tu principio es la honestidad, tomar decisiones financieras éticas, aunque sean más desafiantes, reforzará tu sentido de integridad y te permitirá ganar la confianza de quienes te rodean. Este tipo de consistencia no solo fortalece nuestras relaciones personales y profesionales, sino que también nos convierte en modelos a seguir para las generaciones futuras.

### Identificando tus principios fundamentales

Cada persona tiene un conjunto único de valores que guían su vida, pero no siempre somos conscientes de cuáles son. Tomarse el tiempo para identificar esos principios es un paso esencial para vivir con propósito.

- Principios clave comunes: Honestidad, integridad, respeto, generosidad, fe, responsabilidad y empatía.
- Preguntas para reflexionar: ¿Qué valores son no negociables para ti? ¿Qué principios deseas que tus hijos y seres queridos adopten?

**Acciones prácticas para vivir alineado con tus valores**

Identifica tus valores fundamentales:

- Acción a corto plazo: Dedica 30 minutos a escribir una lista de cinco valores que consideras esenciales en tu vida. Piensa en momentos en los que te has sentido más orgulloso de tus acciones; esos momentos reflejan tus valores.
- Acción a largo plazo: Revisa esta lista mensualmente y evalúa si tus decisiones recientes están alineadas con esos valores. Ajusta tus metas o comportamientos si es necesario.

Haz de tus principios la base de tus decisiones:

- Acción a corto plazo: Antes de tomar una decisión importante, pregúntate: "¿Esto refleja mis valores?" Por ejemplo, si la honestidad es uno de tus principios, asegúrate de que tus acciones sean transparentes.
- Acción a largo plazo: Diseña un sistema para evaluar decisiones importantes basándote en tus valores. Podría ser una simple lista donde te asegures de que cada acción refleja al menos uno de tus principios fundamentales.

Comunica tus valores a tu familia:

- Acción a corto plazo: Organiza una conversación en familia para compartir tus valores y explicar por qué son importantes para ti. Invita a cada miembro a compartir los suyos.

- Acción a largo plazo: Crea tradiciones familiares que reflejen esos valores. Por ejemplo, si valoras la generosidad, involucra a tu familia en actividades de servicio comunitario regularmente.

Sé consistente en tus acciones:

- Acción a corto plazo: Elige una situación diaria (como en el trabajo o en tu hogar) y comprométete a actuar de acuerdo con tus valores, sin importar lo difícil que sea.
- Acción a largo plazo: Reflexiona sobre cómo tus acciones consistentes a lo largo del tiempo han impactado positivamente a quienes te rodean. Por ejemplo, si siempre has mostrado empatía en el trabajo, observa cómo tus compañeros confían más en ti.

Enfócate en la integridad incluso en los momentos difíciles:

- Acción a corto plazo: Si enfrentas un dilema moral, tómate un momento para orar, reflexionar y buscar dirección en la Palabra de Dios antes de actuar.
- Acción a largo plazo: Mantén un diario donde escribas tus decisiones más difíciles y cómo tus principios te guiaron. Este registro será una herramienta poderosa para mantenerte fiel a tus valores.

**Ejemplos prácticos**

- Honestidad en el trabajo: Imagina que cometes un error en un proyecto. En lugar de encubrirlo, admites tu error de inmediato y trabajas en una solución. Este acto no solo refleja integridad, sino que también inspira confianza en tu equipo.
- Generosidad en la comunidad: Si valoras la generosidad, comprométete a donar un porcentaje fijo de tus ingresos a una causa que te apasione o dedica tiempo a servir en un programa comunitario.

- Responsabilidad en la familia: Si uno de tus principios es la responsabilidad, muestra a tus hijos cómo cumplir compromisos, como terminar tareas del hogar a tiempo o planificar juntos metas familiares.

**Cómo los principios impactan a otros**

Vivir con principios no solo nos beneficia a nivel personal, sino que también impacta profundamente a quienes nos rodean. Las personas observan más nuestras acciones que nuestras palabras, y cuando actuamos con integridad y consistencia, inspiramos a otros a hacer lo mismo.

Por ejemplo, un padre que prioriza la honestidad en su negocio enseña a sus hijos el valor de hacer lo correcto, incluso cuando no es la opción más fácil. Un líder que muestra respeto por sus empleados crea un ambiente de confianza y colaboración que motiva a su equipo a dar lo mejor de sí.

**Cómo tus valores pueden convertirse en tu legado**

Cuando vivimos alineados con nuestros valores, creamos un legado que trasciende nuestras vidas. Este legado no se mide en posesiones materiales, sino en el impacto que nuestras acciones tienen en las generaciones futuras.

1. Acción a corto plazo: Reflexiona sobre cómo quieres que te recuerden y escribe una breve declaración de propósito que incluya tus valores fundamentales.
2. Acción a largo plazo: Vive de manera intencional cada día para que esa declaración se convierta en realidad. Recuerda que cada decisión, por pequeña que sea, contribuye a ese legado.

**Reflexión final**

Los principios y valores no son solo palabras bonitas; son la brújula que guía nuestras vidas. Cuando nos mantenemos firmes en ellos, incluso en los momentos más desafiantes, no solo vivimos con autenticidad y paz, sino que también dejamos una huella imborrable en quienes nos rodean.

¿Qué valores están guiando tus decisiones hoy? ¿Qué legado estás construyendo para el futuro?

## 1.4. Reflexionando sobre tu propósito

*"El propósito del corazón humano es como agua profunda, pero quien tiene entendimiento lo saca a flote." (Proverbios 20:5, NVI)*

La vida adquiere un significado más profundo cuando vivimos con un propósito claro. Reflexionar sobre nuestro propósito es mucho más que preguntarnos qué queremos lograr; es comprender por qué estamos aquí, qué queremos dejar como legado y cómo nuestras decisiones diarias contribuyen a ese propósito mayor. Vivir con propósito nos ayuda a enfocarnos, a priorizar lo importante y a enfrentar los desafíos con determinación y esperanza.

Pero encontrar y reflexionar sobre nuestro propósito no siempre es un camino directo. Muchas veces, los momentos de incertidumbre, los fracasos y las crisis son los que nos llevan a descubrir el verdadero significado de nuestra existencia. Este proceso requiere tiempo, autoconciencia y conexión con Dios, quien tiene un plan perfecto para cada uno de nosotros.

### El propósito como brújula de la vida

El propósito actúa como una brújula que guía nuestras decisiones y da dirección a nuestra vida. Sin él, es fácil sentirse perdido, atrapado en la rutina o desconectado de lo que realmente importa. Cuando vivimos con propósito, nuestras acciones diarias cobran sentido, nuestras metas se alinean con nuestros valores y nuestras relaciones se fortalecen.

Vivir con propósito no significa tener todas las respuestas desde el principio. Es un proceso continuo de autodescubrimiento y ajustes. Incluso cuando el camino no es claro, mantenernos enfocados en nuestros valores y confiar en el plan de Dios nos permite avanzar con confianza.

**Reflexionar para descubrir tu propósito**

Preguntas esenciales para reflexionar:

- ¿Qué cosas te apasionan profundamente?
- ¿Cuáles son tus talentos y habilidades únicas?
- ¿Qué problemas del mundo o de tu comunidad te inspiran a actuar?
- ¿Qué legado deseas dejar a las futuras generaciones?

Conexión espiritual:

- Reflexionar sobre tu propósito no es solo un ejercicio mental; también es un acto de fe. Orar, meditar en la Palabra de Dios y buscar Su dirección te ayudará a aclarar el camino que debes seguir.
- Recuerda que Dios ya tiene un propósito para ti: "Porque yo sé muy bien los planes que tengo para ustedes —afirma el Señor—, planes de bienestar y no de calamidad, a fin de darles un futuro y una esperanza." (Jeremías 29:11, NVI).

**Acciones prácticas para reflexionar sobre tu propósito**

Dedica tiempo a la introspección:

- Acción a corto plazo: Reserva 20 minutos diarios durante una semana para escribir en un diario tus pensamientos, deseos y sueños. Pregúntate: "¿Qué me llena de alegría? ¿Qué me hace sentir vivo?"
- Acción a largo plazo: Realiza un retiro personal trimestral para reflexionar profundamente sobre tus metas, revisar tus avances y ajustar tu camino según sea necesario.

Conéctate con Dios para recibir dirección:

- Acción a corto plazo: Ora cada mañana, pidiendo claridad y sabiduría para identificar tu propósito. Lee pasajes bíblicos relacionados con el propósito, como Proverbios o Salmos.
- Acción a largo plazo: Involúcrate en un grupo de estudio bíblico o mentoría espiritual que te ayude a profundizar en tu fe y propósito.

Busca retroalimentación de otros:

- Acción a corto plazo: Pide a tres personas cercanas que te describan tus fortalezas y habilidades únicas. Esto puede darte una perspectiva diferente y valiosa sobre tu propósito.
- Acción a largo plazo: Identifica un mentor o coach que te guíe en el proceso de descubrir y vivir tu propósito.

Actúa con intención:

- Acción a corto plazo: Establece una meta semanal que esté alineada con tus valores y sueños, por pequeña que sea. Por ejemplo, si sientes pasión por ayudar a otros, comienza ayudando a alguien en tu comunidad.
- Acción a largo plazo: Diseña un plan de vida que incluya metas a corto, mediano y largo plazo que reflejen tu propósito. Asegúrate de revisarlo y ajustarlo periódicamente.

Evalúa tus prioridades:

- Acción a corto plazo: Haz una lista de tus actividades diarias y evalúa cuáles contribuyen a tu propósito y cuáles no. Elimina o reduce aquellas que no aportan valor.
- Acción a largo plazo: Crea una rutina diaria que integre actividades significativas, como tiempo con tu familia, oración, aprendizaje y servicio a los demás.

**Ejemplos prácticos para alinear tu vida con tu propósito**

- En la vida profesional: Si sientes que tu propósito está relacionado con inspirar y educar a otros, considera compartir tus conocimientos a través de talleres, clases o mentorías.
- En la comunidad: Si tu propósito está vinculado al servicio, dedica tiempo a actividades como el voluntariado, el apoyo a organizaciones benéficas o la creación de proyectos comunitarios.
- En la familia: Si tu propósito incluye fortalecer tus relaciones familiares, establece tradiciones significativas, como noches de conexión familiar o estudios bíblicos en casa.

**Cómo el propósito transforma tu vida y la de otros**

Vivir con propósito no solo transforma tu vida, sino también la de quienes te rodean. Cuando estás alineado con tu propósito, inspiras a otros a buscar el suyo, creas un impacto positivo en tu comunidad y contribuyes a un legado que trasciende tu existencia.

Por ejemplo, un empresario que comprende que su propósito no es solo generar ingresos, sino también crear empleos y servir a su comunidad, deja una marca profunda en las vidas de sus empleados y clientes. Una madre o padre que vive con propósito enseña a sus hijos el valor de la perseverancia, la fe y la autenticidad.

**Reflexión final**

Reflexionar sobre tu propósito es un viaje continuo, lleno de aprendizaje y transformación. Es un proceso en el que nos permitimos soñar, cuestionar y ajustar nuestro camino, sabiendo que Dios nos guía y tiene un plan perfecto para nosotros.

Hoy te invito a detenerte, reflexionar y reconectar con lo que realmente importa. ¿Qué propósito quieres que defina tu vida? ¿Qué pasos puedes dar hoy para alinearte con ese propósito? No importa dónde estés ahora, siempre es el momento perfecto para comenzar.

## 1.5. Diseñando tu legado

*"La herencia que deja el bueno a sus hijos es riqueza." (Proverbios 13:22, NVI)*

Tu legado es la huella que dejas en este mundo mucho después de que te hayas ido. No se trata únicamente de herencias materiales, sino de los valores, enseñanzas y el impacto que generaste en la vida de los demás. Diseñar tu legado no es algo que sucede por casualidad; requiere intención, reflexión y acción consciente.

Un legado significativo no se construye de la noche a la mañana. Es el resultado de decisiones diarias alineadas con tus valores y propósito. Cada pequeño acto de amor, cada decisión tomada con integridad, cada paso hacia tus metas contribuye al legado que estás creando. En esta sección, exploraremos cómo identificar el legado que deseas dejar, cómo trabajar en él y cómo impactar positivamente a tus seres queridos y a la comunidad.

### El significado de diseñar un legado

Diseñar un legado significa decidir intencionalmente cómo quieres ser recordado y qué impacto deseas dejar en el mundo. No se trata de ser perfecto, sino de vivir con autenticidad y propósito. Un legado significativo tiene varias dimensiones:

1. Impacto familiar: ¿Qué valores y principios estás enseñando a tus hijos y seres queridos?
2. Impacto comunitario: ¿Qué contribuciones estás haciendo a tu comunidad o a causas que te apasionan?
3. Impacto espiritual: ¿Estás ayudando a otros a conectarse con Dios y vivir con propósito?
4. Impacto financiero: ¿Estás dejando herramientas y recursos que beneficien a las generaciones futuras?

### Pasos para diseñar tu legado

Define tu visión de legado:

Reflexiona sobre cómo quieres ser recordado y qué impacto deseas dejar. Tu legado es el resultado de tus valores en acción.

- Acción a corto plazo: Escribe una declaración de propósito personal en la que describas el impacto que quieres tener en tu familia, comunidad y mundo.
- Acción a largo plazo: Revísala y actualízala regularmente, asegurándote de que tus acciones estén alineadas con esa visión.

Identifica tus prioridades:

No puedes impactar en todas las áreas al mismo tiempo. Define tus prioridades según lo que más valoras y dónde puedes generar el mayor impacto.

- Acción a corto plazo: Haz una lista de tus prioridades actuales y evalúa si reflejan el legado que deseas construir.
- Acción a largo plazo: Dedica tiempo a trabajar intencionalmente en esas prioridades. Por ejemplo, si deseas fortalecer los valores familiares, organiza reuniones regulares para enseñar principios importantes a tus hijos.

Vive tus valores diariamente:

El legado no se construye con grandes gestos aislados, sino con pequeñas acciones diarias que reflejan tus valores.

- Acción a corto plazo: Escoge un valor clave, como la generosidad o la honestidad, y comprométete a vivirlo intencionalmente cada día durante una semana.
- Acción a largo plazo: Mantén un diario donde reflexiones sobre cómo estás viviendo tus valores y ajusta tus acciones según sea necesario.

**Cómo transmitir tu legado a las generaciones futuras**

Comunica tus valores y principios:

No asumas que las personas a tu alrededor entienden tus valores. Comunícalos clara y consistentemente.

- Acción a corto plazo: Comparte historias personales con tus hijos, nietos o personas cercanas sobre cómo tus valores han influido en tus decisiones importantes.
- Acción a largo plazo: Escribe una carta o crea un documento donde detalles los principios y valores que quieres que las próximas generaciones mantengan.

Enseña con el ejemplo:

Las palabras son poderosas, pero tus acciones tienen un impacto aún mayor.

- Acción a corto plazo: Escoge una situación específica, como un conflicto familiar, y utiliza la oportunidad

**Conclusión**

Al final de este capítulo, hemos explorado la importancia de construir un fundamento firme en nuestra vida. Hemos reflexionado sobre lo que significa dejar tu huella, poniendo a Dios en el centro de nuestras decisiones y acciones, guiándonos por principios sólidos y tomando el tiempo para evaluar nuestro propósito. Todo esto se entrelaza para formar la base de una vida intencional y significativa.

Un fundamento firme no solo nos sostiene durante los momentos de incertidumbre y desafío, sino que también nos da la dirección necesaria para avanzar con confianza y propósito. Sin una base sólida, nuestras metas y sueños pueden tambalearse ante los problemas cotidianos. Pero cuando nuestras decisiones están ancladas en Dios, guiadas por valores y alineadas con un propósito mayor, creamos una estructura que no solo es fuerte, sino también perdurable.

Reflexión sobre el camino recorrido

A lo largo de este capítulo, aprendimos que:

1. Dejar tu huella es más que alcanzar metas materiales; es vivir de una manera que inspire y transforme vidas.
2. Colocar a Dios en el centro de nuestra vida nos da paz, claridad y la guía necesaria para enfrentar cualquier circunstancia.
3. Los principios y valores son nuestra brújula, guiándonos hacia decisiones correctas y auténticas.
4. Reflexionar sobre nuestro propósito nos permite reconectar con lo que realmente importa y alinear nuestras acciones con nuestras metas.
5. Diseñar un legado intencional es una oportunidad diaria para construir algo que trascienda nuestra existencia y beneficie a futuras generaciones.

Cada uno de estos conceptos es una pieza clave del fundamento que estás construyendo. Sin embargo, este es solo el comienzo. Al reflexionar sobre tu vida y trabajar en estas áreas, estarás construyendo no solo un futuro más fuerte para ti, sino también un impacto duradero en las personas que te rodean.

**Acciones para reforzar tu fundamento**

1. Revisita tus valores: ¿Estás viviendo de acuerdo con los principios que consideras importantes? Si no, ¿qué cambios puedes hacer hoy para alinearte mejor con ellos?
2. Prioriza tu relación con Dios: Dedica tiempo diario a la oración, la lectura de la Biblia y la meditación. Permite que Su guía sea el cimiento de tus decisiones.

3. Evalúa tus metas actuales: Pregúntate si reflejan tu propósito y si estás avanzando hacia la vida que deseas construir. Haz ajustes cuando sea necesario.
4. Comparte tu visión: Habla con tu familia o seres queridos sobre el legado que deseas construir. Esto no solo fortalecerá tus relaciones, sino que también alineará a las personas cercanas contigo en este viaje.

Ejemplo práctico para consolidar tu fundamento

Imagina que estás planificando un proyecto importante, como iniciar un negocio o tomar una decisión financiera clave. Antes de actuar, dedica un tiempo a orar y reflexionar sobre tus valores fundamentales. Pregúntate:

- ¿Estoy tomando esta decisión con integridad?
- ¿Cómo impactará esta acción en mi familia y en las personas que me rodean?
- ¿Refleja este proyecto el propósito que quiero alcanzar?

Al tomarte este tiempo, no solo te aseguras de que tu decisión esté alineada con tu fundamento, sino que también ganas confianza y paz en el proceso.

**Inspiración para avanzar**

Es importante recordar que construir un fundamento firme no es un evento único; es un proceso continuo. Habrá días en los que te sentirás fuerte y enfocado, y otros en los que te cuestionarás todo. Pero en esos momentos de duda, recuerda que Dios es tu roca y tu refugio. Su guía siempre estará disponible para ti, y tus principios y propósito te ayudarán a mantenerte en el camino.

**Un llamado a la acción**

Al cerrar este capítulo, quiero invitarte a hacer una pausa. Reflexiona sobre el estado actual de tu fundamento. ¿Dónde sientes que necesitas trabajar más?

¿Qué pasos concretos puedes tomar esta semana para fortalecer tu base? No importa dónde estés en tu viaje, siempre hay espacio para crecer, aprender y construir algo más sólido.

Tu fundamento es el punto de partida de todo lo que construirás en tu vida. Es la base de tu éxito, tu paz y tu impacto en el mundo. Trabajar en este aspecto no solo transformará tu vida, sino que también inspirará a otros a hacer lo mismo.

Hoy es el momento perfecto para empezar. Con Dios como tu centro, tus valores como guía y un propósito claro, puedes construir una vida que no solo soporte las tormentas, sino que también inspire a otros a construir sobre cimientos sólidos.

---

Has dado el primer paso. En el capítulo anterior, construiste un fundamento firme para tu vida, explorando las bases esenciales que todo gran proyecto necesita para ser sostenible, duradero y significativo. Tal como una casa necesita un cimiento sólido para mantenerse de pie, tu vida requiere esa misma estabilidad para resistir los vientos del cambio y las tormentas del desafío. Ahora que has establecido esa base, es momento de dar el siguiente gran paso: construir sobre ella.

Y aquí surge una pregunta crucial: ¿qué necesitas para comenzar a levantar las paredes de tu propósito, tu independencia y tu legado? La respuesta es clara: libertad financiera.

La libertad financiera no es simplemente un sueño reservado para unos pocos; es el vehículo que te permitirá vivir con intención, dar forma a tus prioridades y dedicar tiempo a lo que realmente importa. Es la clave que abre la puerta hacia una vida sin límites, donde tus decisiones ya no están condicionadas por las preocupaciones económicas, sino guiadas por tus valores y propósito.

Este próximo capítulo no solo te mostrará cómo alcanzar esa libertad, sino que también desafiará tus creencias sobre el dinero y te dará herramientas prácticas para transformarlo en una fuerza que sirva a tu visión de vida. Aquí descubrirás que la verdadera independencia no proviene de cuánto ganas, sino de cómo manejas, inviertes y multiplicas tus recursos.

Así que, te dejo con esta reflexión:

¿Qué harías si el dinero no fuera una limitación en tu vida?

Imagina cómo cambiarían tus días, tus decisiones y el impacto que podrías tener en los demás. En el próximo capítulo, vamos a explorar exactamente cómo hacer realidad esa visión. Porque la libertad financiera no es un lujo, es una base indispensable para diseñar y vivir la vida que siempre has soñado.

No te detengas ahora. Lo mejor está por venir. ¡Es hora de construir la base de tu independencia!

## 2. Libertad Financiera: La Base de Tu Independencia

*"El que planea con diligencia prospera, el que actúa con prisa acaba en la pobreza." (Proverbios 21:5, NVI)*

La libertad financiera no es simplemente acumular riquezas o tener acceso ilimitado a recursos. Es mucho más que eso. Es la capacidad de vivir sin las ataduras de las preocupaciones económicas diarias, sabiendo que tus necesidades están cubiertas y que tienes el control sobre cómo utilizas tu tiempo y energía. La libertad financiera es una herramienta poderosa que nos permite alinear nuestras decisiones económicas con nuestro propósito de vida, generando un impacto positivo tanto en nuestra familia como en nuestra comunidad.

En este capítulo, exploraremos lo que significa construir una base sólida para la libertad financiera. No importa en qué etapa te encuentres hoy, siempre es posible tomar decisiones que te acerquen a una vida de independencia económica. Este proceso requiere planificación, disciplina y una mentalidad enfocada en el largo plazo. Pero más importante aún, requiere una visión clara de por qué deseas esa libertad: ¿es para pasar más tiempo con tu familia? ¿Para contribuir a una causa que te apasiona? ¿O para dejar un legado significativo?

Cuando nuestra perspectiva financiera se basa en principios sólidos, como la diligencia, la integridad y el propósito, comenzamos a ver el dinero no como un fin, sino como una herramienta para construir la vida que deseamos. Y, lo más importante, aprendemos a ser buenos administradores de los recursos que Dios nos ha confiado, honrando Su provisión en todo lo que hacemos.

### El propósito detrás de la libertad financiera

Antes de profundizar en estrategias y prácticas, es esencial reflexionar sobre el "por qué" detrás de tu búsqueda de libertad financiera. Muchos persiguen la independencia económica por razones superficiales, como adquirir más bienes materiales o aparentar éxito. Sin embargo, una verdadera libertad financiera tiene un propósito más profundo. Se trata de liberar tiempo y recursos para enfocarte en lo que realmente importa: fortalecer tus relaciones, cuidar tu salud, servir a los demás y vivir una vida que refleje tus valores y propósito.

Cuando comienzas con una motivación clara, cada decisión financiera —ya sea ahorrar, invertir o gastar— se convierte en un paso intencional hacia un objetivo mayor. Por ejemplo, si tu propósito es garantizar la educación de tus hijos, cada dólar que ahorres en un fondo educativo es una semilla para su futuro. Si deseas impactar a tu comunidad, el dinero que destinas a proyectos de impacto social es una inversión en algo que trasciende tu vida.

**Los pilares de la libertad financiera**

1. Educación financiera: No puedes alcanzar la libertad financiera sin entender cómo funciona el dinero. Esto incluye aprender a administrar tus ingresos, evitar deudas innecesarias y aprovechar oportunidades de inversión.
2. Planificación y disciplina: La prosperidad no es un accidente; es el resultado de planificar diligentemente, establecer metas claras y ser disciplinado en tus decisiones financieras.
3. Mentalidad de abundancia: Muchas veces, las creencias limitantes sobre el dinero nos impiden avanzar. Cambiar tu perspectiva sobre el dinero y verlo como una herramienta, no como un fin, es esencial.
4. Diversificación: Depender de una sola fuente de ingresos puede ser arriesgado. Crear múltiples fuentes de ingresos es una estrategia clave para lograr estabilidad y crecimiento financiero.

**Un cambio de mentalidad: de empleado a inversionista**

Una de las transformaciones más importantes en el camino hacia la libertad financiera es cambiar la mentalidad de “trabajar por dinero” a “hacer que el dinero trabaje para ti”. Esto implica aprender a invertir, ya sea en bienes raíces, negocios o el mercado de valores, para generar ingresos pasivos que sostengan tu estilo de vida.

Por ejemplo, si trabajas solo para pagar cuentas, tu tiempo está limitado por tu capacidad física y emocional. Sin embargo, al invertir estratégicamente, puedes crear fuentes de ingresos que no dependan directamente de tu esfuerzo diario, liberando tiempo para enfocarte en lo que realmente importa.

**Tu relación con el dinero**

Finalmente, es importante abordar nuestra relación emocional con el dinero. Muchas personas crecen con creencias limitantes, como "el dinero es la raíz de todos los males" o "no es para mí ser rico". Sin embargo, la Biblia nos enseña que el dinero en sí no es malo, sino el amor al dinero y el uso indebido de este lo que puede desviarnos de nuestro propósito (1 Timoteo 6:10). Ser un buen administrador implica usar sabiamente los recursos que Dios nos ha confiado, sin permitir que estos controlen nuestra vida.

**Reflexión inicial**

Mientras avanzamos en este capítulo, quiero invitarte a reflexionar sobre tu situación financiera actual y tus objetivos a largo plazo. ¿Cuál es tu propósito al buscar libertad financiera? ¿Qué cambios estás dispuesto a hacer hoy para construir esa base sólida?

Recuerda que la libertad financiera no es un destino final, sino un viaje continuo que requiere compromiso, paciencia y fe. Pero las recompensas —tiempo para disfrutar de lo que amas, paz mental y la capacidad de impactar a otros— hacen que valga la pena cada esfuerzo. ¿Estás listo para tomar el control de tus finanzas y comenzar a construir un futuro independiente y significativo?

## 2.1. Entendiendo la libertad financiera y por qué es vital

*"El que trabaja con diligencia prosperará; el que actúa con prisa acabará en la pobreza." (Proverbios 21:5, NVI)*

La libertad financiera es mucho más que un concepto abstracto o un privilegio reservado para unos pocos. Es la capacidad de tomar decisiones sin estar limitado por preocupaciones económicas, de vivir con paz mental y de usar tus recursos para alinear tu vida con tus valores y propósito. Entender qué significa realmente la libertad financiera y por qué es vital es el primer paso para construir una base sólida que transforme tu vida y la de quienes te rodean.

No se trata de cuánto dinero tienes en el banco, sino de cómo utilizas ese dinero para crear oportunidades, tiempo y estabilidad. La libertad financiera te da el poder de elegir: elegir cómo gastar tu tiempo, cómo contribuir al bienestar de tu familia y cómo impactar a tu comunidad. En esta sección, exploraremos qué es la libertad financiera y por qué es un pilar esencial para una vida equilibrada.

### ¿Qué significa realmente la libertad financiera?

La libertad financiera no es igual para todos. Para algunos, puede significar tener suficiente dinero para retirarse cómodamente. Para otros, puede ser la capacidad de dejar un trabajo que no les apasiona para perseguir sus sueños. Sin embargo, en esencia, la libertad financiera tiene tres características principales:

1. Seguridad económica: No tener que preocuparte por cubrir tus necesidades básicas, como alimentación, vivienda y salud.
2. Control sobre tu tiempo: Tener ingresos suficientes para elegir cómo y en qué inviertes tu tiempo, en lugar de trabajar únicamente por necesidad.
3. Capacidad para contribuir: Usar tus recursos para impactar a otros, ya sea a través de tu familia, tu comunidad o causas que te apasionen.

Por ejemplo, una persona con libertad financiera puede elegir trabajar en un proyecto que ama, incluso si no genera grandes ingresos, porque sus gastos esenciales están cubiertos por ingresos pasivos. Este estado no se logra de la noche a la mañana, pero es alcanzable para cualquier persona que esté dispuesta a planificar, aprender y actuar con intención.

**Por qué la libertad financiera es vital**

1. Reducción del estrés financiero: El estrés relacionado con el dinero es una de las principales causas de ansiedad y conflictos en la vida personal y familiar. Lograr la libertad financiera elimina esta carga, permitiéndote vivir con más tranquilidad y enfoque.
2. Más tiempo para lo que importa: Cuando no estás atrapado en una rutina de supervivencia económica, tienes la oportunidad de dedicar tiempo a tu familia, tus pasiones y tu bienestar personal.
3. Capacidad para construir un legado: La libertad financiera te permite dejar un impacto duradero, ya sea a través de la educación de tus hijos, la creación de un negocio o el apoyo a proyectos comunitarios.

**Acciones prácticas para empezar tu camino hacia la libertad financiera**

1. Establece una visión clara:

Antes de comenzar, necesitas saber hacia dónde quieres ir. Reflexiona sobre lo que significa para ti la libertad financiera y cómo mejorará tu vida.

- Acción a corto plazo: Tómate 30 minutos para escribir qué significa para ti la libertad financiera y cómo impactará tu vida y la de tu familia.
- Acción a largo plazo: Crea un tablero de visión (físico o digital) donde plasmes tus metas financieras y personales. Revisa este tablero regularmente para mantenerte enfocado.

2. Crea un presupuesto intencional:

Administrar tus ingresos y gastos es el primer paso para tomar control de tus finanzas. Un presupuesto te ayuda a identificar áreas donde puedes ahorrar e invertir.

- Acción a corto plazo: Durante un mes, lleva un registro detallado de todos tus ingresos y gastos. Identifica áreas donde puedes reducir gastos innecesarios.
- Acción a largo plazo: Establece un presupuesto mensual basado en tus prioridades. Asigna un porcentaje fijo para ahorro, inversión y gastos esenciales.

3. Construye un fondo de emergencia:

Un fondo de emergencia es esencial para evitar depender de deudas en momentos de crisis.

- Acción a corto plazo: Abre una cuenta separada para tu fondo de emergencia y comienza a depositar una pequeña cantidad cada semana.
- Acción a largo plazo: Trabaja para acumular de 3 a 6 meses de tus gastos esenciales en este fondo.

4. Elimina deudas innecesarias:

La deuda es uno de los mayores obstáculos para la libertad financiera. Liberarte de ella te permitirá avanzar con más rapidez hacia tus metas.

- Acción a corto plazo: Haz una lista de todas tus deudas, incluyendo montos, tasas de interés y plazos de pago.
- Acción a largo plazo: Crea un plan de pago, comenzando con la deuda de mayor interés o utilizando el método “bola de nieve” para pagar primero las deudas más pequeñas.

5. Invierte en educación financiera:

La educación es clave para tomar decisiones informadas sobre tus finanzas. Aprende a invertir, manejar riesgos y diversificar tus ingresos.

- Acción a corto plazo: Lee un libro sobre finanzas personales o invierte en un curso en línea.
- Acción a largo plazo: Dedica tiempo cada mes a aprender sobre estrategias de inversión, bienes raíces o el mercado de valores.

**Ejemplos prácticos para comenzar hoy mismo**

- Si tienes deudas de tarjeta de crédito, comprométete a pagar un monto adicional al mínimo cada mes. Esto reducirá significativamente el tiempo y el costo total de la deuda.
- Si tienes un ingreso fijo, aparta el 10% de tu salario cada mes en una cuenta de ahorros o inversión. Incluso pequeñas cantidades crecen con el tiempo.
- Si no tienes conocimiento financiero, comienza con libros accesibles como Padre Rico, Padre Pobre de Robert Kiyosaki o El Hombre Más Rico de Babilonia de George S. Clason.

Cómo medir tu progreso hacia la libertad financiera

1. Revisa tus metas regularmente: Establece hábitos claros y evalúa tu progreso cada trimestre.
2. Celebra tus logros: Cada vez que pagues una deuda o alcances una meta de ahorro, toma un momento para reconocer tu esfuerzo. Esto te motivará a seguir avanzando.
3. Ajusta según sea necesario: Si te enfrentas a obstáculos, no te desanimes. Revisa tu plan y ajusta tus estrategias para adaptarte a las circunstancias.

**Reflexión final**

Entender la libertad financiera y por qué es vital es el primer paso hacia una vida más plena e intencional. No importa dónde te encuentres hoy, siempre puedes tomar medidas para mejorar tu situación financiera y acercarte a tus metas. La clave está en ser constante, disciplinado y tener fe en que cada pequeño paso cuenta.

¿Qué decisiones puedes tomar hoy para acercarte a la libertad financiera que deseas? ¿Cómo puedes alinear tus finanzas con el propósito que Dios tiene para tu vida?

## 2.2. Cambiando tu mentalidad hacia la abundancia

*"Porque cual es su pensamiento en su corazón, tal es él." (Proverbios 23:7, RVR1960)*

Nuestra mentalidad sobre el dinero y la riqueza tiene un impacto directo en nuestras decisiones financieras y, en última instancia, en nuestra capacidad para alcanzar la libertad financiera. Muchas personas crecen con creencias limitantes sobre el dinero, como "el dinero no es para mí" o "el dinero es la raíz de todos los males", lo que las lleva a actuar desde el miedo o la escasez en lugar de hacerlo desde la confianza y la abundancia. Sin embargo, para construir una vida financiera saludable y plena, es esencial transformar esas creencias y adoptar una mentalidad de abundancia.

La mentalidad de abundancia no significa ignorar las dificultades o adoptar una actitud irrealista. Más bien, se trata de cambiar la forma en que ves el dinero: como una herramienta para crear oportunidades, cumplir tus metas y bendecir a otros. Este cambio de perspectiva te ayudará no solo a generar riqueza, sino también a mantener una relación sana y equilibrada con tus finanzas.

### Identificando las creencias limitantes sobre el dinero

Antes de cambiar tu mentalidad, es importante identificar las creencias negativas que pueden estar frenándote. Estas creencias suelen originarse en la infancia o en experiencias pasadas, y aunque pueden parecer inofensivas, afectan profundamente nuestras decisiones. Algunos ejemplos comunes son:

- "El dinero es malo."
- "Solo las personas egoístas o corruptas tienen riqueza."
- "Nunca tendré suficiente dinero para vivir cómodamente."
- "Si tengo más dinero, me olvidaré de mis valores."

**Acciones para identificar tus creencias limitantes:**

1. Reflexiona sobre tus pensamientos recurrentes sobre el dinero:
   - Acción a corto plazo: Dedica 10 minutos a escribir todas las frases o pensamientos negativos que tienes sobre el dinero.
   - Acción a largo plazo: Lleva un diario donde anotes cada vez que detectes un pensamiento negativo relacionado con el dinero. Analiza de dónde proviene y si realmente es cierto.

2. Cuestiona la validez de esas creencias:
   - Acción a corto plazo: Por cada pensamiento negativo, escribe una evidencia que lo contradiga. Por ejemplo, si piensas "nunca tendré suficiente dinero", escribe ejemplos de momentos en los que lograste cubrir tus necesidades o ahorrar.
   - Acción a largo plazo: Trabaja en reemplazar esas creencias con afirmaciones positivas y realistas, como "soy capaz de generar ingresos abundantes y manejarlos con sabiduría."

**Adoptando una mentalidad de abundancia**

La mentalidad de abundancia se basa en la confianza de que hay suficientes recursos y oportunidades para todos. Al adoptar esta perspectiva, dejas de ver el dinero como un fin en sí mismo y comienzas a usarlo como una herramienta para mejorar tu vida y la de los demás.

1. **Cambia tu lenguaje sobre el dinero:**

Las palabras que usas para hablar sobre el dinero reflejan y refuerzan tus creencias. Cambia frases como "nunca tengo suficiente" por "estoy aprendiendo a manejar mis recursos con sabiduría."

- Acción a corto plazo: Presta atención a las palabras que usas cuando hablas de dinero y cámbialas por un lenguaje positivo y empoderador.
- Acción a largo plazo: Haz una lista de afirmaciones sobre abundancia y léelas cada mañana. Por ejemplo: "Soy un buen administrador de los recursos que Dios me da" o "El dinero fluye hacia mí de manera ética y constante."

**2. Cultiva la gratitud:**

La gratitud es una de las formas más efectivas de desarrollar una mentalidad de abundancia. Al enfocarte en lo que tienes en lugar de en lo que te falta, cambias tu perspectiva hacia el optimismo y la confianza.

- Acción a corto plazo: Cada noche, escribe tres cosas relacionadas con tus finanzas por las que estés agradecido. Por ejemplo: tener un trabajo, cubrir tus necesidades básicas, o haber aprendido algo nuevo sobre dinero.
- Acción a largo plazo: Haz de la gratitud una práctica diaria e involucra a tu familia. Por ejemplo, durante las comidas, comparte algo por lo que estés agradecido relacionado con tus metas financieras.

**3. Enfócate en crear valor:**

La riqueza se genera al resolver problemas y aportar valor a otros. Cambia tu enfoque de "ganar dinero" a "crear valor", ya sea en tu trabajo, tu negocio o tu comunidad.

- Acción a corto plazo: Piensa en cómo puedes mejorar tu desempeño en el trabajo o tu negocio para servir mejor a los demás.
- Acción a largo plazo: Desarrolla un proyecto o idea que genere valor a largo plazo, como un producto, servicio o inversión.

### Ejemplos prácticos para desarrollar una mentalidad de abundancia

- Si sientes que el dinero siempre se escapa de tus manos, comienza a llevar un registro detallado de tus ingresos y gastos. Esto te dará claridad y control sobre tus finanzas, lo que refuerza una mentalidad de confianza.
- Si te cuesta gastar dinero en algo que necesitas o disfrutas, como una experiencia en familia o una herramienta para tu trabajo, recuerda que el dinero es un recurso que está diseñado para ser usado sabiamente, no acumulado sin propósito.
- Si te comparas con otros que tienen más que tú, cambia tu enfoque hacia lo que puedes aprender de ellos y cómo puedes aplicar esos aprendizajes en tu propia vida.

### El papel de la fe en una mentalidad de abundancia

Como creyentes, sabemos que Dios es la fuente de toda provisión y que Él tiene planes de bienestar para nosotros (Jeremías 29:11). Una mentalidad de abundancia no se basa únicamente en nuestra capacidad, sino en nuestra confianza en que Dios proveerá lo que necesitamos en Su tiempo perfecto.

- Acción a corto plazo: Ora diariamente, entregando tus preocupaciones financieras a Dios y pidiendo sabiduría para administrar tus recursos.
- Acción a largo plazo: Reflexiona en pasajes bíblicos relacionados con la provisión y la abundancia, y aplícalos en tu vida diaria.

### Cómo medir tu progreso hacia una mentalidad de abundancia

1. Evalúa tu lenguaje y tus pensamientos: Nota si tu manera de hablar y pensar sobre el dinero ha cambiado con el tiempo.

2. Observa tus decisiones financieras: Una mentalidad de abundancia te llevará a tomar decisiones más sabias, como invertir en lugar de gastar impulsivamente.
3. Mide tu impacto en los demás: Una mentalidad de abundancia te inspira a ser más generoso y a buscar formas de ayudar a otros.

**Reflexión final**

Cambiar tu mentalidad hacia la abundancia no sucede de la noche a la mañana, pero cada pequeño paso cuenta. Al transformar tus creencias y hábitos, no solo estarás en el camino hacia la libertad financiera, sino también hacia una vida más plena y significativa.

¿Qué pensamientos o creencias necesitas cambiar hoy para acercarte a una mentalidad de abundancia? ¿Cómo puedes usar tus recursos para crear valor y bendecir a otros?

## 2.3. Construyendo una base sólida para tus finanzas

*"El prudente ve el peligro y lo evita; el inexperto sigue adelante y sufre las consecuencias." (Proverbios 27:12, NVI)*

Una base sólida para tus finanzas es como los cimientos de un edificio: sin ellos, cualquier estructura, por más impresionante que parezca, está destinada a caer ante los desafíos. Construir una base financiera sólida no solo te da estabilidad en tiempos de incertidumbre, sino que también te permite avanzar hacia tus metas con confianza y seguridad.

En esta sección, exploraremos cómo establecer los pilares esenciales para unas finanzas saludables. Desde gestionar el dinero que tienes hoy hasta prepararte para el futuro, cada decisión que tomes será un paso hacia la libertad financiera. Lo mejor es que no importa en qué etapa de la vida te encuentres: siempre hay algo que puedes hacer para fortalecer tu base financiera.

**El poder de una base financiera sólida**

Una base sólida no se trata solo de tener ahorros o evitar deudas. Se trata de crear un sistema financiero que te permita tomar decisiones inteligentes, reducir el estrés y construir un futuro alineado con tus valores. Imagina vivir con la tranquilidad de saber que estás preparado para emergencias, que tus decisiones están guiadas por un plan claro y que tus recursos están trabajando para ti. Eso es lo que una base sólida puede ofrecerte.

**Los pilares de una base financiera sólida**

1. Controla tus gastos antes de incrementar tus ingresos

Antes de enfocarte en ganar más, es fundamental aprender a manejar lo que ya tienes. El descontrol en los gastos puede hacer que incluso un ingreso elevado se sienta insuficiente.

- Acción a corto plazo: Durante un mes, lleva un registro detallado de todos tus gastos. Clasifícalos en esenciales (vivienda, alimentos) y no esenciales (suscripciones, entretenimiento).
- Acción a largo plazo: Una vez que identifiques áreas de mejora, crea un presupuesto mensual que te permita ahorrar al menos el 10% de tus ingresos. Usa herramientas digitales o una simple hoja de cálculo para mantenerte organizado.

Ejemplo: Si detectas que estás gastando demasiado en comidas fuera de casa, establece un límite mensual para este rubro y cocina más en casa. Esto no solo reducirá tus gastos, sino que también te dará más control sobre tus hábitos.

2. Construye un fondo de emergencia

Un fondo de emergencia es la base de cualquier plan financiero sólido. Este fondo te protege de gastos imprevistos sin que tengas que endeudarte.

- Acción a corto plazo: Abre una cuenta separada exclusivamente para tu fondo de emergencia y comienza con depósitos pequeños, como el 5% de tus ingresos.
- Acción a largo plazo: Trabaja para acumular de 3 a 6 meses de tus gastos esenciales en este fondo. Si ya tienes un fondo, asegúrate de revisarlo periódicamente y ajustarlo según tus necesidades (si tus gastos crecen, asegúrate de aumentar tu fondo de reservas).

Ejemplo: Si tus gastos mensuales son $2,000, tu meta debe ser ahorrar entre $6,000 y $12,000 en tu fondo de emergencia. Aunque puede parecer mucho, cada aporte pequeño te acerca más a la seguridad financiera.

3. Elimina y evita deudas innecesarias

La deuda es uno de los mayores obstáculos para la libertad financiera. Aprender a manejarla y evitarla es clave para construir una base sólida.

- Acción a corto plazo: Haz una lista de todas tus deudas, incluyendo montos, tasas de interés y fechas de vencimiento. Prioriza pagar las deudas con mayores tasas de interés.
- Acción a largo plazo: Crea un plan para eliminar todas tus deudas, comenzando con las más pequeñas (método bola de nieve) o las de mayor interés (método avalancha).

Ejemplo: Si tienes una deuda de tarjeta de crédito con una tasa del 20%, enfócate en reducirla lo antes posible. Mientras tanto, evita acumular nuevas deudas innecesarias, como compras impulsivas.

4. Establece metas financieras claras

Tener metas financieras bien definidas te ayuda a mantenerte enfocado y motivado. Estas metas deben ser específicas, medibles, alcanzables, relevantes y con un tiempo definido (SMART).

- Acción a corto plazo: Define una meta financiera que puedas alcanzar en tres meses, como ahorrar $500 o pagar una deuda pequeña.
- Acción a largo plazo: Establece metas para los próximos cinco años, como comprar una propiedad, invertir en un negocio o planificar tu retiro. Divide estas metas en pasos manejables.

Ejemplo: Si deseas ahorrar para el pago inicial de una casa, establece cuánto necesitas, cuánto puedes ahorrar mensualmente y cuánto tiempo te tomará alcanzarlo. Puedes asesorarte de un agente hipotecario que te indique con un buen grado de certeza, cuánto necesitas ahorrar para lograr este paso inicial.

5. Comienza a invertir desde temprano

La inversión es una de las herramientas más poderosas para construir riqueza a largo plazo. Aunque puede parecer intimidante al principio, educarte sobre las opciones de inversión y comenzar con pequeñas cantidades hará una gran diferencia con el tiempo.

- Acción a corto plazo: Investiga diferentes opciones de inversión, como bienes raíces, fondos indexados o cuentas de retiro. Comienza con una inversión mínima para familiarizarte con el proceso.
- Acción a largo plazo: Desarrolla un portafolio diversificado que incluya diferentes tipos de inversiones alineadas con tus objetivos financieros.

Ejemplo: Si inviertes $100 mensualmente en un fondo indexado con un rendimiento promedio del 8% anual, podrías acumular más de $150,000 en 30 años.

Involucra a tu familia en la construcción de tu base financiera

La educación financiera no debe ser un esfuerzo individual. Involucrar a tu familia en el proceso no solo fortalece tus finanzas, sino también tus relaciones.

- Acción a corto plazo: Organiza una reunión familiar para discutir el presupuesto y las metas financieras. Asegúrate de que todos comprendan la importancia de contribuir al plan.
- Acción a largo plazo: Enseña a tus hijos sobre la importancia del ahorro y la inversión desde una edad temprana. Por ejemplo, crea un sistema de "ganar y ahorrar" con su mesada.

**Cómo medir el progreso de tu base financiera**

1. Revisa tu presupuesto mensualmente: Asegúrate de que tus gastos estén bajo control y que estés cumpliendo tus metas de ahorro.
2. Evalúa tus metas periódicamente: Ajusta tus planes según sea necesario para mantenerte en el camino correcto.
3. Celebra tus logros: Cada vez que alcances una meta, tómate un momento para reconocer tu esfuerzo y motivarte para seguir adelante.

**Reflexión final**

Construir una base sólida para tus finanzas no es un proceso rápido ni sencillo, pero los beneficios son inmensurables. Al tomar decisiones intencionales hoy, estás creando un futuro lleno de estabilidad, libertad y oportunidades para ti y tu familia.

¿Qué pasos puedes tomar hoy para fortalecer tu base financiera? ¿Cómo puedes involucrar a tus seres queridos en este proceso para construir un legado financiero sólido?

## 2.4. Estrategias para invertir en bienes raíces con propósito

*"Por sabiduría se construye la casa; por la inteligencia se echan los cimientos." (Proverbios 24:3, NVI)*

Invertir en bienes raíces es una de las formas más efectivas para construir riqueza y garantizar estabilidad financiera a largo plazo. Sin embargo, invertir con propósito lleva esta práctica a un nivel superior. Invertir con propósito significa alinear tus decisiones financieras con tus valores personales, tu visión de vida y el impacto que deseas dejar en tu comunidad. Más que una transacción económica, se trata de construir algo que trascienda y cree un impacto positivo.

Esta sección te guiará a través de estrategias clave para invertir en bienes raíces con propósito. Desde el inicio, aprenderás a tomar decisiones conscientes que no solo beneficien tu portafolio, sino que también generen un impacto duradero en las comunidades y en las personas a las que sirves como inversor.

1. Define tu propósito como inversor

El primer paso para invertir con propósito es definir el "por qué" detrás de tus inversiones. Este propósito será tu brújula para tomar decisiones estratégicas, manteniéndote enfocado en lo que realmente importa.

- Acción a corto plazo: Reflexiona sobre tus metas de inversión y escribe una declaración personal que responda a estas preguntas:
- ¿Por qué quieres invertir en bienes raíces?
- ¿Qué impacto deseas tener en la vida de tus inquilinos o en la comunidad?
- ¿Cómo se alinea esta inversión con tus valores y visión de vida?
- Acción a largo plazo: Revisa tu declaración de propósito periódicamente y ajústala según sea necesario para mantenerla alineada con tus objetivos y valores.

Ejemplo: Puedes definir tu propósito como "proveer viviendas accesibles para familias mientras construyo un legado financiero para mi familia y apoyo el desarrollo de comunidades más sostenibles."

2. Conoce tus opciones de inversión

El mundo de los bienes raíces ofrece diversas estrategias de inversión. Entender las opciones disponibles te permitirá elegir la que mejor se alinee con tus metas y capacidades actuales.

- Propiedades residenciales para alquiler: Generan ingresos pasivos a través de rentas mensuales.
    - Acción a corto plazo: Investiga propiedades en áreas de alta demanda y realiza un análisis del flujo de efectivo.
    - Acción a largo plazo: Expande tu portafolio adquiriendo múltiples propiedades residenciales que ofrezcan estabilidad y apreciación del valor a largo plazo.
- Propiedades multifamiliares: Ofrecen oportunidades para diversificar ingresos y beneficiar a múltiples familias.
    - Acción a corto plazo: Evalúa propiedades multifamiliares pequeñas, como dúplex o tríplex, para comenzar.
    - Acción a largo plazo: Invierte en edificios más grandes y crea programas para apoyar a los inquilinos, como descuentos por pagos puntuales o programas de educación financiera.
- Inversiones comerciales: Incluyen locales, oficinas o almacenes.
    - Acción a corto plazo: Estudia las tendencias de negocios en tu área para identificar propiedades comerciales con alta demanda.
    - Acción a largo plazo: Colabora con empresas locales y apoya el desarrollo de la economía en la comunidad.

Ejemplo: Si comienzas con un pequeño dúplex en una comunidad emergente, puedes reinvertir las ganancias para adquirir una propiedad multifamiliar más grande en el futuro.

3. Evalúa la ubicación y su impacto

La ubicación es uno de los factores más críticos en cualquier inversión inmobiliaria. Sin embargo, cuando inviertes con propósito, también debes considerar cómo tu elección de ubicación afecta a las comunidades locales.

- Acción a corto plazo: Investiga vecindarios en desarrollo donde tu inversión pueda generar un impacto positivo, como renovaciones urbanas o áreas con alta necesidad de viviendas asequibles.
- Acción a largo plazo: Contribuye al desarrollo comunitario invirtiendo en áreas que promuevan la sostenibilidad, el acceso a servicios y la revitalización económica.

Ejemplo: Comprar una propiedad en un vecindario emergente y renovarla no solo incrementa su valor, sino que también mejora la calidad de vida de quienes viven allí.

4. Renueva y añade valor de manera estratégica

Una de las mejores maneras de invertir con propósito es mejorar propiedades para beneficiar tanto a los inquilinos como a la comunidad en general.

- Acción a corto plazo: Identifica renovaciones clave que incrementen el valor de la propiedad y mejoren la experiencia del inquilino, como mejoras en la cocina, baños o áreas comunes.
- Acción a largo plazo: Planifica renovaciones que integren prácticas sostenibles, como electrodomésticos de bajo consumo, paneles solares o sistemas de recolección de agua.

Ejemplo: Renovar un edificio multifamiliar para incluir sistemas de eficiencia energética no solo atrae a inquilinos responsables, sino que también reduce los costos operativos y promueve la sostenibilidad.

5. Construye relaciones con inquilinos y la comunidad

La relación con tus inquilinos y la comunidad juega un papel clave en invertir con propósito. Estas relaciones no solo fortalecen tu reputación como inversor, sino que también aumentan la estabilidad de tus ingresos.

- Acción a corto plazo: Organiza reuniones con tus inquilinos para escuchar sus necesidades y sugerencias.
- Acción a largo plazo: Involúcrate en proyectos comunitarios, como el desarrollo de áreas recreativas, la mejora de parques locales o la organización de eventos comunitarios.

Ejemplo: Si tienes una propiedad multifamiliar, podrías organizar un día de limpieza comunitaria o crear un área común donde los inquilinos puedan socializar y relajarse.

6. Diversifica tu portafolio con visión a largo plazo

La diversificación es clave para reducir riesgos y garantizar estabilidad en tu portafolio.

- Acción a corto plazo: Explora diferentes tipos de propiedades, como residenciales, comerciales y terrenos.
- Acción a largo plazo: Invierte en mercados emergentes o considera asociaciones con otros inversores para acceder a proyectos de mayor escala.

Ejemplo: Si tu portafolio actual se enfoca en propiedades residenciales, podrías agregar un pequeño local comercial para diversificar tus fuentes de ingresos.

7. Mide el impacto de tus inversiones

Invertir con propósito requiere monitorear tanto los resultados financieros como el impacto social de tus decisiones.

- Acción a corto plazo: Revisa trimestralmente los ingresos, gastos y el estado de tus propiedades. Evalúa cómo están beneficiando a los inquilinos y a la comunidad.
- Acción a largo plazo: Ajusta tu estrategia según los resultados y busca nuevas maneras de aumentar el impacto positivo de tus inversiones.

Ejemplo: Si notas que los inquilinos valoran iniciativas de sostenibilidad, podrías implementar más prácticas ecológicas en tus propiedades futuras.

**Reflexión final**

Invertir en bienes raíces con propósito no solo transforma tu vida financiera, sino también las vidas de las personas y comunidades que tocas con tus decisiones. Cada propiedad, cada acción y cada decisión consciente es una oportunidad para dejar un impacto positivo y duradero.

¿Qué pasos puedes tomar hoy para alinear tus inversiones con tus valores? ¿Cómo puedes construir un portafolio inmobiliario que no solo genere ingresos, sino también contribuya a un mundo mejor?

## 2.5. Diversificación inteligente: Maximiza tu portafolio inmobiliario

*"Divide tus inversiones en siete, o incluso en ocho, porque no sabes qué calamidad pueda venir sobre la tierra." (Eclesiastés 11:2, NVI)*

La diversificación es un principio clave en la inversión, y en bienes raíces no es la excepción. Consiste en distribuir tus inversiones en diferentes tipos de propiedades, mercados y estrategias para minimizar riesgos y maximizar rendimientos. Una diversificación bien ejecutada no solo protege tu portafolio de las fluctuaciones económicas, sino que también te abre puertas a nuevas oportunidades.

En esta sección, exploraremos cómo construir un portafolio inmobiliario diversificado, alineado con tus objetivos y valores. También discutiremos cómo tomar decisiones estratégicas para garantizar estabilidad, crecimiento y un impacto positivo a largo plazo.

1. La importancia de la diversificación en bienes raíces

Concentrar todas tus inversiones en un solo tipo de propiedad o mercado puede ser arriesgado. Diversificar te permite equilibrar los riesgos y aprovechar los beneficios de diferentes tipos de propiedades y ubicaciones.

- Acción a corto plazo: Evalúa tu portafolio actual. Identifica en qué tipo de propiedades o mercados estás más concentrado.
- Acción a largo plazo: Establece un plan para incluir al menos dos tipos adicionales de inversiones en tu portafolio durante los próximos cinco años.

Ejemplo: Si tu portafolio consiste únicamente en propiedades residenciales, podrías considerar agregar una propiedad comercial o invertir en terrenos en desarrollo.

2. Tipos de propiedades para diversificar

1. Propiedades residenciales:

Estas propiedades, como casas y apartamentos, son ideales para ingresos pasivos constantes.

- Acción a corto plazo: Invierte en un vecindario con alta demanda de alquileres residenciales.
- Acción a largo plazo: Adquiere propiedades multifamiliares que te permitan generar ingresos de múltiples unidades.

2. Propiedades comerciales:

Las oficinas, locales comerciales y almacenes pueden ofrecer mayores rendimientos, aunque suelen requerir más inversión inicial.

- Acción a corto plazo: Considera comenzar con una pequeña oficina o espacio comercial en un área emergente.
- Acción a largo plazo: Diversifica en propiedades comerciales de mayor escala, como centros comerciales pequeños o edificios de oficinas.

3. Propiedades vacacionales o alquileres a corto plazo:

Estas propiedades son ideales en destinos turísticos o áreas urbanas con alta demanda de estadías temporales.

- Acción a corto plazo: Identifica un destino turístico donde puedas adquirir una propiedad para alquiler vacacional.
- Acción a largo plazo: Construye una marca sólida en el mercado de alquileres a corto plazo, ofreciendo experiencias únicas para atraer a más huéspedes.

4. Terrenos:

Invertir en terrenos puede ser una estrategia a largo plazo, especialmente en áreas con potencial de desarrollo.

- Acción a corto plazo: Compra terrenos en áreas emergentes donde los precios aún sean accesibles.
- Acción a largo plazo: Desarrolla los terrenos para construir viviendas, espacios comerciales o instalaciones recreativas.

Ejemplo: Si ya tienes propiedades residenciales y comerciales, podrías considerar comprar un terreno cerca de un área en crecimiento y desarrollar un proyecto habitacional en el futuro.

3. Diversificación geográfica: Expande tus horizontes

Invertir en diferentes ubicaciones reduce el riesgo asociado con mercados locales específicos. Además, te permite acceder a nuevas oportunidades y tendencias.

- Acción a corto plazo: Investiga mercados fuera de tu área local que estén en crecimiento, como ciudades emergentes o regiones con economías dinámicas.

- Acción a largo plazo: Construye un portafolio que incluya propiedades en al menos tres regiones o estados diferentes, equilibrando mercados urbanos, suburbanos y rurales.

Ejemplo: Si actualmente inviertes solo en tu ciudad, podrías explorar mercados vecinos con menor competencia y mayores oportunidades de crecimiento.

4. Estrategias de ingresos pasivos y activos

La diversificación también implica equilibrar inversiones que requieren más tiempo y esfuerzo (ingresos activos) con aquellas que generan ingresos de manera automática (ingresos pasivos).

- Acción a corto plazo: Evalúa cuánto tiempo y energía puedes dedicar a la gestión de propiedades.
- Acción a largo plazo: Incluye una combinación de propiedades que manejes directamente y otras que delegues a empresas de administración.

Ejemplo: Podrías alquilar una propiedad multifamiliar localmente, donde puedas estar más involucrado, mientras delegas la gestión de un alquiler vacacional en otro estado a una empresa especializada.

5. Explora nuevas tendencias y oportunidades

El mercado inmobiliario está en constante evolución. Estar atento a las nuevas tendencias puede ayudarte a identificar oportunidades únicas para diversificar tu portafolio.

**Inversiones sostenibles:**

Las propiedades ecológicas y eficientes energéticamente están ganando popularidad.

- Acción a corto plazo: Investiga sobre certificaciones de sostenibilidad y considera pequeñas mejoras ecológicas en tus propiedades actuales.

- Acción a largo plazo: Invierte en propiedades con características sostenibles, como paneles solares o sistemas de recolección de agua.

**Espacios de coworking:**

La demanda de oficinas compartidas está creciendo, especialmente en ciudades con alta actividad emprendedora.

- Acción a corto plazo: Adquiere o transforma una pequeña oficina para convertirla en un espacio de coworking.
- Acción a largo plazo: Desarrolla un modelo de negocio basado en espacios de coworking en diferentes ubicaciones.

Ejemplo: Si tienes propiedades comerciales tradicionales, podrías considerar transformarlas en espacios flexibles para adaptarte a las demandas actuales.

6. Aprovecha las asociaciones estratégicas

Unirse a otros inversores o participar en fondos de inversión colectiva puede ser una excelente forma de diversificar sin asumir todo el riesgo.

- Acción a corto plazo: Conecta con otros inversores locales para explorar oportunidades de colaboración.
- Acción a largo plazo: Considera unirte a fondos de inversión inmobiliaria (REITs) o asociaciones estratégicas para proyectos de mayor envergadura.

Ejemplo: Podrías asociarte con otros inversores para adquirir un edificio de oficinas que sería difícil manejar individualmente.

7. Cómo medir el éxito de tu diversificación

La diversificación inteligente no solo se mide en términos financieros, sino también en la estabilidad y el impacto de tu portafolio.

- Acción a corto plazo: Evalúa el rendimiento de cada tipo de propiedad y su contribución al portafolio general.
- Acción a largo plazo: Revisa periódicamente tus inversiones para asegurarte de que estén alineadas con tus metas y ajusta tu estrategia según las condiciones del mercado.

Ejemplo: Si descubres que tus propiedades residenciales tienen mayor estabilidad, podrías decidir reinvertir parte de las ganancias en propiedades comerciales para diversificar aún más.

**Reflexión final**

La diversificación no es solo una estrategia para reducir riesgos; es una herramienta poderosa para construir un portafolio sólido y resistente. Al combinar diferentes tipos de propiedades, ubicaciones y estrategias, puedes maximizar tus rendimientos mientras mantienes tus inversiones alineadas con tus valores y propósito.

¿Qué pasos puedes tomar hoy para comenzar a diversificar tu portafolio inmobiliario? ¿Cómo puedes usar esta estrategia para construir estabilidad financiera y un impacto positivo a largo plazo?

**Conclusión**

A lo largo de este capítulo, hemos explorado cómo construir una base sólida para alcanzar la libertad financiera. Desde comprender qué significa realmente hasta desarrollar una mentalidad de abundancia, establecer una base sólida para tus finanzas y diversificar estratégicamente tus inversiones en bienes raíces, cada paso nos ha acercado a la construcción de una vida de propósito, estabilidad y oportunidad.

La libertad financiera no es un destino inalcanzable reservado para unos pocos; es un camino que cualquiera puede recorrer con planificación, disciplina y un propósito claro. Más allá de los números, se trata de tomar el control de tu tiempo, tu energía y tus recursos, para vivir de acuerdo con tus valores y alcanzar tus metas más importantes.

**El poder de la diligencia y la planificación**

La libertad financiera comienza con pequeñas decisiones diarias que, acumuladas a lo largo del tiempo, tienen un impacto profundo. Como vimos, establecer un presupuesto intencional, crear un fondo de emergencia, y eliminar deudas innecesarias son pasos esenciales para construir una base sólida. Estas acciones no solo fortalecen tus finanzas, sino también tu confianza y tu capacidad para tomar decisiones más grandes en el futuro.

Ejemplo práctico: Si decides hoy dedicar el 10% de tus ingresos a un fondo de emergencia, en un año habrás acumulado una red de seguridad que te permitirá enfrentar imprevistos sin estrés financiero. Esto demuestra cómo los pequeños cambios consistentes producen grandes resultados.

**La importancia de invertir con propósito**

Invertir con propósito no se trata únicamente de maximizar rendimientos, sino de usar tus recursos para crear un impacto positivo en tu vida y en la de los demás. Ya sea ofreciendo viviendas seguras y accesibles, revitalizando comunidades o apoyando negocios locales, cada inversión es una oportunidad para contribuir a algo más grande que tú mismo.

Ejemplo práctico: Si inviertes en una propiedad multifamiliar en un vecindario en desarrollo, no solo estarás generando ingresos pasivos, sino también contribuyendo al crecimiento económico y social de esa comunidad.

**El rol de la mentalidad en el éxito financiero**

A lo largo de este capítulo, también aprendimos que la mentalidad es tan importante como las acciones. Cambiar creencias limitantes sobre el dinero y adoptar una mentalidad de abundancia es un paso fundamental hacia la libertad financiera. Cuando comienzas a ver el dinero como una herramienta para el bien y no como una barrera, abres nuevas posibilidades para tu vida.

Ejemplo práctico: Una mentalidad de abundancia puede llevarte a invertir en educación financiera, desarrollar nuevas habilidades o asumir riesgos calculados que antes habrías evitado. Estas decisiones pueden transformar tu realidad financiera a largo plazo.

**La diversificación como clave para la estabilidad y el crecimiento**

Por último, la diversificación inteligente es esencial para proteger tus finanzas y maximizar tus oportunidades. Al distribuir tus inversiones en diferentes tipos de propiedades, mercados y estrategias, reduces riesgos y creas un portafolio resistente a las fluctuaciones económicas.

Ejemplo práctico: Si tienes un portafolio diversificado que incluye propiedades residenciales, comerciales y terrenos, estarás mejor preparado para enfrentar cambios en el mercado, mientras aprovechas las oportunidades de cada sector.

**Reflexión final**

La libertad financiera no es solo un objetivo; es una herramienta que te permite vivir con propósito, alineando tus decisiones con tus valores y construyendo un legado significativo. Cada paso que tomas hacia esta libertad es una inversión en tu bienestar, tu familia y tu comunidad.

Quiero invitarte a reflexionar: ¿Qué pasos específicos puedes tomar hoy para avanzar hacia la libertad financiera? ¿Cómo puedes alinear tus recursos con el propósito que Dios tiene para tu vida?

Recuerda que este camino no se recorre de la noche a la mañana. Requiere paciencia, esfuerzo y fe, pero los resultados valen cada sacrificio. Una vez que tomes el control de tus finanzas, descubrirás que tienes más tiempo, energía y recursos para dedicar a lo que realmente importa: tu salud, tus relaciones, tu espiritualidad y tus sueños.

**Un llamado a la acción**

Hoy es el día para dar el primer paso. Revisa tus metas financieras, establece un plan claro y comprométete a seguir adelante, sabiendo que cada pequeña acción cuenta. La libertad financiera no solo cambiará tu vida, sino también la de quienes te rodean. Construir una vida de propósito y abundancia está en tus manos.

---

Has comenzado a construir la base de tu independencia. En el capítulo anterior, exploraste cómo la libertad financiera no solo libera tus decisiones, sino también tu tiempo, energía y propósito. Ahora sabes que el dinero, bien manejado, es una herramienta poderosa para vivir la vida que diseñaste. Pero aquí surge una pregunta crucial: ¿de qué sirve tener libertad financiera si no tienes la salud para disfrutarla?

Imagina esto: alcanzaste tus metas económicas, tienes tiempo para viajar, compartir con tu familia y perseguir tus sueños, pero tu cuerpo está cansado, tu mente agotada y tu energía completamente drenada. ¿Cómo podrías sostener ese estilo de vida sin vitalidad, sin fuerza, sin salud?

La realidad es que tu salud es el motor que impulsa cada aspecto de tu vida. Sin ella, las mejores oportunidades, las relaciones más significativas y las metas más ambiciosas pierden su valor. La verdadera prosperidad no es solo financiera; es integral. Es disfrutar de una energía inagotable, una mente clara y un cuerpo que te permita abrazar cada día con entusiasmo.

En el próximo capítulo, te embarcarás en un viaje hacia tu mejor versión física, mental y emocional. Exploraremos cómo una salud integral no solo es un componente esencial de tu éxito, sino también el combustible que necesitas para alcanzar tus metas y disfrutar del camino. Descubrirás herramientas prácticas, desde estrategias de alimentación hasta hábitos que transformarán tu bienestar y te darán la vitalidad necesaria para vivir al máximo.

Así que, te dejo con esta pregunta para reflexionar:

Si tu cuerpo es el vehículo que te llevará a tu destino, ¿cómo lo estás cuidando hoy?

La respuesta a esa pregunta será tu guía hacia el siguiente capítulo, donde aprenderás a construir una vida de salud y vitalidad que potenciará todo lo demás. ¡Prepárate para transformar no solo tu cuerpo, sino también tu energía y tu visión de éxito! ¡Lo mejor está por venir!

## 3. Salud Integral: Vitalidad para el Éxito

*"Amado, ruego que seas prosperado en todo así como prospera tu alma, y que tengas buena salud." (3 Juan 1:2, NVI)*

La salud integral es el fundamento sobre el cual se construye una vida plena, equilibrada y exitosa. No importa cuántos logros financieros alcances o cuántas metas cumplas, sin salud es imposible disfrutar plenamente de los frutos de tu trabajo. Más allá de la ausencia de enfermedad, la salud integral abarca el bienestar físico, mental, emocional y espiritual, todos interconectados y esenciales para vivir con propósito y vitalidad.

Este capítulo no se trata solo de hábitos saludables, sino de adoptar una mentalidad que valore y priorice tu bienestar. Muchas veces, la salud queda relegada a un segundo plano debido a las exigencias de la vida diaria, los compromisos laborales o las responsabilidades familiares. Sin embargo, es crucial recordar que tu cuerpo y mente son herramientas que necesitan cuidado constante para rendir al máximo. Al invertir en tu salud, estás invirtiendo en tu capacidad para servir a otros, lograr tus metas y dejar un impacto positivo en el mundo.

### Un enfoque holístico de la salud

En este capítulo exploraremos cómo la salud integral no se limita a una buena alimentación o al ejercicio regular. Es un enfoque holístico que involucra:

1. La conexión entre cuerpo y mente: Cómo tus pensamientos, emociones y creencias afectan tu bienestar físico.
2. La importancia de la nutrición: Elegir alimentos que nutran tu cuerpo y sean tu medicina, en lugar de tu veneno.
3. El papel del movimiento: No se trata solo de ejercicio, sino de mantener un cuerpo activo que te permita disfrutar de la vida.
4. El poder del descanso y la recuperación: Cómo el sueño y la relajación son claves para una vida equilibrada.

5. El impacto de la espiritualidad: Encontrar paz y propósito a través de la conexión con Dios y contigo mismo.

**La salud como una prioridad, no una opción**

A menudo, esperamos a que una crisis nos obligue a prestar atención a nuestra salud. Tal vez un diagnóstico inesperado o una señal de advertencia nos hace detenernos y reflexionar. Pero, ¿y si comenzáramos a cuidar de nosotros mismos antes de llegar a ese punto? Una vida de salud integral no es el resultado de grandes cambios de un día para otro, sino de decisiones diarias y constantes que reflejan nuestro compromiso con nuestro bienestar.

Ejemplo práctico: Reflexiona sobre cómo te sientes al final de tu día. Si notas cansancio constante, falta de energía o malestar físico, es una señal de que tu cuerpo necesita atención. Acciones simples como tomar más agua, comer alimentos naturales o dedicar tiempo a desconectarte de la tecnología pueden marcar una gran diferencia.

**Invierte en ti mismo**

Así como te esfuerzas en planificar tus finanzas o alcanzar metas profesionales, la inversión en tu salud es igualmente esencial. Pero a diferencia de otras áreas de tu vida, no puedes delegar este aspecto. Nadie puede cuidar de tu cuerpo y mente por ti. Este capítulo te guiará para desarrollar hábitos, adoptar herramientas y ajustar tu estilo de vida de manera sostenible.

Ejemplo práctico: Si estás demasiado ocupado para dedicar tiempo al ejercicio, comienza con algo tan sencillo como una caminata de 10 minutos al día. Si sientes que tu alimentación está desequilibrada, prueba eliminar un alimento procesado de tu dieta esta semana y reemplázalo con una opción más natural.

**La conexión entre salud y propósito**

Tu salud no solo impacta cómo te sientes, sino también cómo sirves a los demás. Al cuidar de ti mismo, estás en una mejor posición para cuidar de tu familia, cumplir tus responsabilidades y avanzar hacia tus metas. Una vida saludable te da la energía, claridad mental y enfoque necesarios para perseguir tu propósito y dejar una huella positiva en el mundo.

**Reflexión inicial**

Mientras avanzamos en este capítulo, quiero invitarte a reflexionar:

- ¿Cómo estás priorizando tu salud en este momento?
- ¿Qué áreas de tu bienestar podrías mejorar para vivir con más energía y vitalidad?
- ¿Qué pasos pequeños puedes tomar hoy para comenzar a cuidar de ti mismo?

No importa dónde estés en tu viaje hacia una vida más saludable, siempre hay espacio para crecer y aprender. Este capítulo te proporcionará herramientas prácticas, inspiración y estrategias para construir una vida de salud integral que te permita disfrutar al máximo cada aspecto de tu vida.

## 3.1. La conexión entre cuerpo y mente: Una sinergia para el bienestar

*"El corazón tranquilo da vida al cuerpo, pero la envidia corroe los huesos." (Proverbios 14:30, NVI)*

El cuerpo y la mente no son entidades separadas, sino que están profundamente conectados, influyéndose mutuamente en cada aspecto de nuestra vida. Lo que pensamos y sentimos afecta directamente nuestra salud física, así como nuestras decisiones y comportamientos. De la misma manera, lo que hacemos con nuestro cuerpo –la forma en que lo alimentamos, lo movemos y lo cuidamos– tiene un impacto directo en nuestra salud mental y emocional.

Cuando entendemos y valoramos esta conexión, podemos tomar decisiones más conscientes para cuidar tanto de nuestra mente como de nuestro cuerpo. Este equilibrio nos permite vivir con mayor energía, claridad y propósito.

### 1. Cómo las emociones afectan al cuerpo

Nuestras emociones tienen un impacto significativo y directo en nuestra salud física. El estrés, la ansiedad y la tristeza no solo afectan nuestra mente, sino también nuestra fisiología, debilitando nuestro sistema inmunológico y generando enfermedades crónicas.

- Ejemplo práctico: Piensa en una ocasión en la que experimentaste estrés prolongado. Probablemente notaste síntomas como tensión muscular, dolor de cabeza o fatiga extrema. Esto demuestra cómo las emociones negativas pueden manifestarse físicamente.
- Acción a corto plazo: Dedica 5 minutos al día en silencio para identificar y escribir en un diario las emociones que estás sintiendo. Esto te ayudará a reconocer patrones emocionales y a manejarlos mejor.
- Acción a largo plazo: Practica técnicas de manejo del estrés como la meditación, yoga o ejercicios de respiración profunda para reducir el impacto negativo de las emociones en tu cuerpo.

### 2. Cómo el cuerpo influye en la mente

Un cuerpo saludable es la base de una mente clara y enfocada. Cuando descuidamos nuestra salud física, nuestra capacidad para pensar con claridad, tomar decisiones y manejar nuestras emociones también se ve afectada.

- Ejemplo práctico: Si alguna vez has pasado días sin dormir lo suficiente o comiendo alimentos procesados, con mucha azúcar o con exceso de carbohidratos, es probable que hayas notado irritabilidad, falta de concentración o pensamientos negativos. Esto es un reflejo directo de cómo el cuidado del cuerpo impacta la mente.

- Acción a corto plazo: Asegúrate de dormir al menos 7-8 horas por noche para dar a tu cerebro el tiempo necesario para descansar y repararse.
- Acción a largo plazo: Incorpora una dieta rica en nutrientes esenciales, como verduras, proteínas magras y grasas saludables, para optimizar la función cerebral y la estabilidad emocional.

3. Cuidar la conexión entre cuerpo y mente: Herramientas prácticas

1. La práctica de la atención plena (mindfulness):

La atención plena nos ayuda a conectar con el momento presente, reduciendo el estrés y mejorando tanto la salud mental como física.

- Acción a corto plazo: Dedica 5 minutos al día a una práctica de atención plena, como observar tu respiración o prestar atención a los sonidos a tu alrededor.
- Acción a largo plazo: Integra la atención plena en tus actividades diarias, como comer conscientemente o caminar sin distracciones.

2. El movimiento como medicina para la mente y el cuerpo:

El ejercicio regular no solo fortalece el cuerpo, sino que también libera endorfinas, las "hormonas de la felicidad", que mejoran el estado de ánimo y reducen la ansiedad.

- Acción a corto plazo: Realiza una caminata de 10 minutos al día, idealmente al aire libre, para mejorar tu estado de ánimo y despejar la mente.
- Acción a largo plazo: Encuentra una actividad física que disfrutes, como bailar, nadar o practicar yoga, y conviértela en una parte integral de tu rutina semanal.

3. La respiración consciente:

La forma en que respiramos afecta directamente nuestro estado mental y físico. La respiración profunda y controlada puede reducir el estrés y mejorar la claridad mental.

- Acción a corto plazo: Cuando te sientas estresado, realiza el siguiente ejercicio de respiración: inhala profundamente por la nariz durante 4 segundos, retén el aire por 16 segundos y exhala lentamente por la boca durante 8 segundos. Repite esto 5 veces.
- Acción a largo plazo: Dedica 5-10 minutos al día a ejercicios de respiración consciente para fortalecer la conexión entre tu cuerpo y tu mente.

4. La espiritualidad como ancla para la salud integral

La conexión entre cuerpo y mente también se fortalece cuando añadimos un componente espiritual. La oración, la meditación o la reflexión sobre nuestra fe nos ayudan a encontrar paz interior y propósito, lo que impacta positivamente nuestra salud física y emocional.

- Ejemplo práctico: En momentos de incertidumbre, dedicar tiempo a la oración puede calmar la mente, reducir el estrés y darte claridad para enfrentar los desafíos. Te confesamos que esta es nuestra práctica favorita y la que a nosotros dos nos da más claridad, paz y resultados.
- Acción a corto plazo: Comienza cada día con una oración o afirmación positiva que te ayude a enfocarte en lo que realmente importa.
- Acción a largo plazo: Crea un hábito diario de reflexión espiritual, como leer un pasaje bíblico o practicar la gratitud, para mantener una perspectiva equilibrada y fortalecer tu bienestar integral.

5. Cómo medir el equilibrio entre cuerpo y mente

1. Evalúa tu nivel de energía:

Si te sientes constantemente agotado o sin motivación, es una señal de que tu cuerpo y mente necesitan atención.

- Acción a corto plazo: Identifica qué actividades o hábitos te están drenando y haz ajustes inmediatos, como reducir el tiempo en redes sociales o evitar comidas pesadas antes de dormir.
- Acción a largo plazo: Desarrolla un plan de autocuidado que incluya actividad física, alimentación balanceada y tiempo de calidad contigo mismo.

2. Revisa tus emociones:

Observa si tus pensamientos tienden a ser negativos o si reaccionas de manera desproporcionada ante pequeños problemas. Esto puede indicar un desequilibrio en tu conexión mente-cuerpo.

- Acción a corto plazo: Habla con un amigo, familiar o terapeuta sobre cómo te sientes para aliviar la carga emocional.
- Acción a largo plazo: Considera integrar actividades terapéuticas, como escribir en un diario o practicar la visualización positiva, para procesar tus emociones y mejorar tu bienestar general.

Reflexión final

La conexión entre cuerpo y mente es uno de los pilares más importantes de una salud integral. Al cuidar tanto de tu bienestar físico como mental, no solo te sentirás más fuerte y equilibrado, sino también más preparado para enfrentar los desafíos de la vida con confianza y propósito.

Cada acción, por pequeña que sea, cuenta. Desde dedicar unos minutos al día a la respiración consciente hasta elegir alimentos que nutran tu cuerpo, todo contribuye a fortalecer esta sinergia entre mente y cuerpo.

¿Qué pasos puedes tomar hoy para cuidar de esta conexión esencial? ¿Cómo puedes usar esta relación para construir una vida más plena y significativa?

## 3.2. La importancia de la nutrición: Tu alimento como fuente de sanación y bienestar

*"Así que, ya sea que coman o beban o hagan cualquier otra cosa, háganlo todo para la gloria de Dios." (1 Corintios 10:31, NVI)*

La nutrición no solo afecta cómo te ves, sino también cómo te sientes, cómo piensas y cómo vives. Los alimentos que consumes diariamente tienen el poder de sanarte, como también de enfermarte. Elegir sabiamente lo que entra en tu cuerpo es un acto de amor propio y un reflejo de tus valores y propósito. Una alimentación consciente no solo te ayuda a prevenir enfermedades, sino que también te da la energía y vitalidad necesarias para perseguir tus metas y disfrutar de tu vida plenamente.

En esta sección, exploraremos cómo transformar la manera en que te relacionas con los alimentos. También aprenderás cómo hacer elecciones alimenticias que nutran tu cuerpo y tu mente, ayudándote a vivir en armonía con tu propósito.

### 1. Entender el impacto de los alimentos en tu cuerpo y mente

La comida que consumes afecta cada sistema de tu cuerpo, desde tu digestión hasta tu función cerebral. Los alimentos procesados, los azúcares refinados, los aceites vegetales inflamatorios, y los químicos dañinos pueden causar inflamación, desequilibrios hormonales y problemas de salud a largo plazo. Por otro lado, una dieta basada en alimentos naturales y nutritivos fortalece tu sistema inmunológico, mejora tu claridad mental y prolonga tu vida.

- Ejemplo práctico: Piensa en cómo te sientes después de una comida pesada llena de alimentos procesados, versus cómo te sientes después de una comida rica en vegetales, proteínas magras y grasas saludables. El contraste es evidente: los alimentos naturales te energizan, mientras que los procesados pueden hacerte sentir lento y fatigado.

- Acción a corto plazo: Haz una lista de los alimentos que consumes con frecuencia y clasifícalos en dos categorías: "Nutren mi cuerpo" y "No nutren mi cuerpo".
- Acción a largo plazo: Elimina gradualmente los alimentos de la categoría "No nutren mi cuerpo" y reemplázalos por opciones naturales, como vegetales frescos, proteínas y grasas saludables.

## 2. Conoce diferentes enfoques alimenticios saludables

No existe una dieta única que funcione para todos. Cada persona tiene necesidades únicas basadas en su genética, estilo de vida y metas de salud. Sin embargo, hay patrones alimenticios que han demostrado ser efectivos para mejorar la salud, y otros que definitivamente lo empeoran.

### Dieta baja en carbohidratos:

Ideal para quienes buscan controlar el peso, estabilizar los niveles de azúcar en sangre y reducir la inflamación. En nuestra opinión, es ideal reducir el consumo de carbohidratos al mínimo o inclusive eliminarlos. No es fácil ya que vivimos en un mundo saturado de ellos como primera opción.

- Acción a corto plazo: Reduce tu consumo de carbohidratos refinados, como pan blanco y pastas.
- Acción a largo plazo: Adopta alimentos como vegetales bajos en almidón, proteínas magras y grasas saludables como el aguacate y el aceite de oliva.

### Dieta cetogénica:

Enfocada en inducir un estado de cetosis, es decir usar las grasas, incluyendo tus propias grasas, como fuente de energía, al reducir drásticamente los carbohidratos y aumentar las grasas saludables.

- Acción a corto plazo: Aprende a calcular tus macronutrientes para alcanzar un estado de cetosis.
- Acción a largo plazo: Experimenta con recetas cetogénicas que incluyan alimentos como salmón, nueces y vegetales verdes.

**Dieta carnívora:**

Centrada en el consumo de carne de alta calidad y grasas animales (provenientes de animales de libre pastoreo y alimentados con pastos naturales), con beneficios para quienes tienen intolerancias alimenticias.

- Acción a corto plazo: Asegúrate de consumir carne de origen orgánico y criada en pastos.
- Acción a largo plazo: Integra esta dieta según tus necesidades, alternándola con otras fuentes de alimentos naturales.

**Ayuno intermitente:**

Un enfoque que alterna períodos de alimentación y ayuno, promoviendo la regeneración celular y la pérdida de peso.

- Acción a corto plazo: Comienza con un ayuno de 12 horas, incluyendo el tiempo de sueño.
- Acción a largo plazo: Ajusta tu ventana de alimentación según tus necesidades, por ejemplo, 16 horas de ayuno y 8 horas de alimentación.

Ejemplo: Si pruebas la dieta baja en carbohidratos, podrías reemplazar un desayuno de cereal con un omelette de vegetales y aguacate. Este pequeño cambio puede reducir tus niveles de azúcar en sangre y aumentar tu energía.

### 3. Aprende a leer etiquetas y hacer elecciones informadas

Muchos alimentos que parecen saludables contienen azúcares ocultos, químicos dañinos y aceites inflamatorios. Aprender a leer etiquetas te ayuda a tomar decisiones informadas y evitar estos ingredientes o aditivos perjudiciales.

- Acción a corto plazo: Revisa las etiquetas de los alimentos que compras y evita aquellos con ingredientes artificiales o nombres que no reconoces.
- Acción a largo plazo: Prioriza alimentos frescos y mínimamente procesados para reducir tu dependencia de productos empaquetados.

Ejemplo práctico: Si compras una salsa para ensalada, revisa la etiqueta. Si contiene aceites vegetales o jarabe de maíz de alta fructosa, opta por hacer tu propia vinagreta en casa con aceite de oliva y limón.

### 4. La importancia de la hidratación

El agua es esencial para cada función de tu cuerpo. Mantenerte hidratado mejora tu digestión, elimina toxinas y mantiene tu energía.

- Acción a corto plazo: Lleva contigo una botella de agua reutilizable y establece metas diarias, como beber suficiente agua diariamente. Para saber la cantidad de agua que debes consumir, toma la mitad de tu peso corporal en libras, y conviertes este número a onzas de agua... Por ejemplo, si tu peso es 100 lbs, debes consumir 50 oz de agua diariamente.
- Acción a largo plazo: Haz de la hidratación un hábito, ajustando tu consumo según tus actividades y necesidades personales.

Ejemplo práctico: Si sueles olvidar beber agua, instala una alarma en tu teléfono que te recuerde tomar un vaso con agua cada hora.

### 5. Cómo planificar y preparar comidas con propósito

La falta de planificación es una de las principales razones por las que las personas recurren a opciones no saludables. Preparar tus comidas con anticipación te permite controlar lo que comes y asegurarte de que estás nutriendo tu cuerpo adecuadamente.

- Acción a corto plazo: Dedica tiempo una vez a la semana para planificar tus comidas. Haz una lista de compras que incluya alimentos naturales y balanceados.
- Acción a largo plazo: Adopta el hábito de preparar tus comidas en lotes y almacenarlas en porciones para facilitar tus días ocupados.

Ejemplo práctico: Si tienes una semana ocupada, prepara ensaladas con proteínas, sopas saludables y snacks como nueces o quesos maduros para llevar contigo.

**6. Integra la gratitud y la conexión con la comida**

Comer no solo es un acto físico; también es un momento para conectar contigo mismo y con lo que te rodea. Practicar la gratitud por los alimentos que consumes puede transformar tu relación con la comida.

- Acción a corto plazo: Antes de comer, tómate un momento para agradecer por los alimentos que tienes frente a ti. Reflexiona sobre cómo estos alimentos nutren tu cuerpo. En nuestro caso, damos gracias a Dios antes de cada comida no sólo por la comida, sino por todas las manos por las que pasó esta comida antes de llegar a nuestra mesa.
- Acción a largo plazo: Crea un ambiente agradable para tus comidas, evitando distracciones como el televisor o el teléfono, para disfrutar plenamente del momento y de las personas con quienes compartes en ese momento.

Reflexión final

La nutrición es uno de los pilares fundamentales para construir una vida saludable y equilibrada. Cada elección alimenticia que haces es una oportunidad para fortalecer tu cuerpo, tu mente y tu propósito. No se trata de buscar la perfección, sino de tomar decisiones conscientes que reflejen el amor propio y el compromiso con tu bienestar. Recuerda que tu cuerpo es el templo de tu alma.

¿Qué cambios puedes hacer hoy para transformar tu relación con los alimentos? ¿Cómo puedes usar la nutrición como una herramienta para vivir con más energía y propósito?

## 3.3. El papel del movimiento: Vitalidad a través del cuerpo en acción

*"El que cultiva su tierra tendrá comida en abundancia, pero el que sueña despierto es un necio." (Proverbios 12:11, NVI)*

El movimiento no es solo una cuestión de ejercicio; es la manera en que nuestro cuerpo expresa vitalidad y vida. Desde los pequeños gestos diarios hasta una rutina de actividad física más estructurada, mantener el cuerpo en acción es esencial para la salud integral. El movimiento no solo fortalece los músculos y mejora la circulación, sino que también afecta directamente nuestra salud mental, nuestras emociones y nuestra energía para enfrentar la vida con propósito.

En esta sección, exploraremos cómo el movimiento puede transformar tu bienestar físico, mental y emocional, y cómo integrarlo de manera consciente en tu día a día.

### 1. El movimiento como medicina para el cuerpo y la mente

El sedentarismo es una de las principales causas de enfermedades modernas como la obesidad, la diabetes y problemas cardiovasculares. Pero más allá de las consecuencias físicas, la falta de movimiento también afecta nuestro estado de ánimo, incrementa el estrés y disminuye nuestra productividad. Por el contrario, el movimiento regular actúa como una medicina natural que equilibra nuestro cuerpo y mente.

- Ejemplo práctico: Piensa en cómo te sientes después de pasar largas horas sentado frente a una pantalla. Es probable que experimentes rigidez muscular, fatiga y falta de claridad mental. Ahora compara esa sensación con cómo te sientes después de dar un paseo al aire libre: tu energía aumenta, tu mente se despeja y tu estado de ánimo mejora.

- Acción a corto plazo: Levántate y muévete durante 5 minutos cada hora. Puedes caminar, estirarte o realizar pequeños ejercicios en tu lugar de trabajo.
- Acción a largo plazo: Establece un hábito diario de movimiento, como caminar durante 30 minutos, practicar yoga o nadar, para mejorar tu salud física y mental de manera continua.

**2. Encuentra un movimiento que disfrutes**

La clave para mantener una vida activa no es forzarte a hacer ejercicio que no disfrutas, sino encontrar actividades que realmente te inspiren. Cuando el movimiento se convierte en una experiencia placentera, es más fácil integrarlo en tu rutina diaria.

- Ejemplo práctico: Si no te gusta correr, pero disfrutas bailar, elige clases de baile como salsa, zumba o danza contemporánea. Si prefieres actividades más tranquilas, considera caminar en la naturaleza o practicar tai chi.
- Acción a corto plazo: Experimenta con diferentes actividades físicas durante una semana, desde caminar hasta probar clases de yoga, ciclismo o baile, y observa cuál disfrutas más.
- Acción a largo plazo: Convierte tu actividad favorita en un hábito regular. Por ejemplo, inscríbete en un programa semanal o establece una meta personal, como caminar 10,000 pasos diarios. Existen herramientas que te pueden ayudar para este fin, como aplicaciones para tu teléfono celular, relojes, pulseras, anillos, etc.

3. Integra el movimiento en tu vida diaria

El movimiento no siempre tiene que ser estructurado o incluir un gimnasio. Pequeñas decisiones diarias pueden marcar una gran diferencia en tu nivel de actividad física.

- Ejemplo práctico: Opta por subir las escaleras en lugar del ascensor, estaciona tu carro más lejos para caminar más o realiza tareas domésticas como limpiar o jardinería con más energía.
- Acción a corto plazo: Identifica tres oportunidades diarias para moverte más, como caminar mientras hablas por teléfono, estirarte al levantarte o realizar sentadillas mientras esperas algo.
- Acción a largo plazo: Crea un estilo de vida más activo, como reemplazar salidas sedentarias (como ir al cine) por actividades activas en familia, como senderismo o paseos en bicicleta.

**4. La importancia de fortalecer el cuerpo**

El fortalecimiento muscular no solo mejora la apariencia física, sino que también protege tus huesos, mejora tu postura y reduce el riesgo de lesiones.

- Ejemplo práctico: Si pasas mucho tiempo sentado, es común que experimentes dolor de espalda. Incorporar ejercicios de fortalecimiento, como planchas o levantamiento de pesas ligeras, puede mejorar tu postura y aliviar ese malestar.
- Acción a corto plazo: Realiza ejercicios simples de fortalecimiento en casa, como sentadillas, flexiones de brazos o planchas, tres veces por semana.
- Acción a largo plazo: Considera unirte a un gimnasio o programa de entrenamiento para trabajar con pesas y equipos que fortalezcan diferentes grupos musculares. Si para ti es difícil salir de casa, existen aplicaciones que sirven de guía para ejercicios fáciles de hacer en tu propia casa.

**5. El poder del movimiento al aire libre**

El contacto con la naturaleza mientras te mueves no solo beneficia tu cuerpo, sino también tu mente. Estudios han demostrado que el ejercicio al aire libre reduce el estrés, mejora el estado de ánimo y fomenta una sensación de bienestar.

- Ejemplo práctico: Si tienes acceso a un parque, camina o corre en lugar de hacer ejercicio en espacios cerrados. Esto te permitirá respirar aire fresco y conectarte con la naturaleza. En cuanto puedas, camina descalzo, siéntate debajo de un árbol... la energía que recibes es increíble.
- Acción a corto plazo: Dedica al menos una caminata semanal al aire libre, ya sea en un parque, un sendero natural o incluso tu vecindario.
- Acción a largo plazo: Planifica actividades más grandes al aire libre, como caminatas de un día, acampadas o actividades recreativas como remar en kayak.

6. La importancia de la flexibilidad y el equilibrio

La flexibilidad y el equilibrio son componentes clave de la salud física, especialmente a medida que envejecemos. Mantener estas habilidades reduce el riesgo de caídas y mejora nuestra movilidad general.

- Ejemplo práctico: Practicar yoga o ejercicios de estiramiento regularmente puede aliviar la tensión muscular y mejorar tu equilibrio y flexibilidad.
- Acción a corto plazo: Dedica 10 minutos al día a estiramientos simples, como tocarte los dedos de los pies o estirar los brazos sobre la cabeza.
- Acción a largo plazo: Únete a clases de yoga o pilates para mejorar tu flexibilidad, equilibrio y control corporal de manera más estructurada.

**7. Cómo medir tu progreso**

El movimiento no siempre se mide por los resultados físicos, como pérdida de peso o fuerza. También debes considerar cómo te hace sentir y cómo mejora tu calidad de vida.

- Acción a corto plazo: Lleva un registro de tus actividades físicas diarias en un diario o aplicación, anotando cómo te sientes antes y después de moverte.

- Acción a largo plazo: Establece metas personales alcanzables, como aumentar el tiempo de ejercicio o mejorar tu resistencia, y celebra tus logros cuando los alcances.

Ejemplo: Si tu meta inicial es caminar 20 minutos al día, podrías aumentar gradualmente hasta 40 minutos en pocas semanas.

**Reflexión final**

El movimiento no solo transforma tu cuerpo, sino también tu mente y tu espíritu. Cada paso que das, cada músculo que fortaleces y cada momento que dedicas al movimiento es una inversión en tu bienestar y vitalidad. Recuerda que no se trata de cuánto ejercicio haces, sino de cómo integras el movimiento como un estilo de vida consciente y alineado con tus metas y valores.

¿Qué pasos pequeños puedes tomar hoy para mover tu cuerpo con propósito? ¿Cómo puedes usar el movimiento para enriquecer tu vida y perseguir tus sueños con energía y claridad?

## 3.4. Herramientas Innovadoras: Terapia de luz roja, inmersiones en hielo y más

*"La lámpara del cuerpo es el ojo; por eso, si tu visión es clara, todo tu ser disfrutará de la luz." (Mateo 6:22, NVI)*

El avance de la ciencia y la tecnología nos ha brindado herramientas innovadoras que, combinadas con hábitos de vida saludables, pueden mejorar significativamente nuestra salud integral. Desde la terapia de luz roja hasta las inmersiones en hielo, estas prácticas no solo complementan el bienestar físico, sino que también impactan positivamente la mente y las emociones. Integrarlas en tu rutina puede ayudarte a optimizar tu energía, reducir el estrés y promover la regeneración celular.

En esta sección, exploraremos cómo estas herramientas pueden formar parte de tu vida diaria y te daremos acciones específicas para empezar a utilizarlas, adaptándolas a tus necesidades y objetivos.

**1. Terapia de luz roja: Sanación y regeneración celular**

La terapia de luz roja utiliza longitudes de onda específicas de luz roja y cercana al infrarrojo para penetrar en la piel y estimular la regeneración celular. Este tratamiento es conocido por mejorar la producción de colágeno, reducir la inflamación y aumentar la energía celular a través de las mitocondrias.

Beneficios clave:

- Mejora la salud de la piel, reduciendo arrugas y cicatrices.
- Alivia el dolor muscular y articular.
- Aumenta la energía celular, promoviendo la recuperación física.
- Acción a corto plazo: Si no tienes acceso inmediato a un dispositivo de luz roja, pasa más tiempo bajo la luz solar natural durante las primeras horas del día o hacia el final del día, lo que también aporta beneficios similares para la producción de vitamina D y el bienestar general. Evalúa hacerlo sin el uso de bloqueador solar, especialmente si lo haces durante estas horas del día.
- Acción a largo plazo: Invierte en un dispositivo de terapia de luz roja portátil para usar en casa, dedicando de 10 a 20 minutos al día a tratar áreas específicas de tu cuerpo.

Ejemplo práctico: Si sufres de dolor muscular después de hacer ejercicio, utiliza la terapia de luz roja en los músculos afectados para acelerar la recuperación y reducir la inflamación. Estos son solo algunos de los beneficios que puedes alcanzar.

**2. Inmersiones en hielo: Resiliencia y recuperación**

Las inmersiones en hielo, también conocidas como crioterapia, consisten en exponerse a bajas temperaturas para activar respuestas fisiológicas que fortalecen el cuerpo y la mente. Esta práctica ha ganado popularidad por sus efectos en la reducción de la inflamación, la mejora de la circulación y el fortalecimiento del sistema inmunológico.

Beneficios clave:

- Reduce la inflamación y alivia dolores musculares.
- Mejora la claridad mental y la resiliencia emocional al superar la incomodidad del frío.
- Estimula la circulación sanguínea y fortalece el sistema inmunológico.
- Acción a corto plazo: Comienza con duchas de agua fría al final de tu baño, aumentando gradualmente el tiempo de exposición al frío. Esto ayuda a tu cuerpo a adaptarse y a obtener beneficios similares a las inmersiones en hielo.
- Acción a largo plazo: Considera invertir en una tina para inmersiones en hielo o busca centros especializados donde puedas realizar sesiones de crioterapia con regularidad.

Ejemplo práctico: Si te sientes agotado o mentalmente abrumado, prueba una ducha fría de 30 segundos para reactivar tu energía y enfocar tu mente.

### 3. Tecnología EMR: Protección contra la radiación electromagnética

En un mundo cada vez más conectado, estamos constantemente expuestos a radiación electromagnética (EMR) proveniente de dispositivos electrónicos como teléfonos móviles, computadoras y redes Wi-Fi. Aunque esta exposición es inevitable, hay herramientas y prácticas que pueden ayudarte a minimizar sus efectos en tu salud.

Beneficios clave:

- Reduce la carga de radiación en el cuerpo.

- Mejora la calidad del sueño al disminuir la exposición nocturna.
- Promueve un ambiente más saludable en el hogar y el trabajo.
- Acción a corto plazo: Apaga el Wi-Fi y coloca tu teléfono en modo avión antes de dormir para reducir la exposición durante la noche.
- Acción a largo plazo: Invierte en protectores contra EMR, como fundas para dispositivos y filtros para el hogar, que minimicen la radiación emitida por los aparatos electrónicos.

Ejemplo práctico: Si trabajas frente a una computadora todo el día, utiliza un filtro de pantalla anti-radiación y asegúrate de tomar descansos para moverte y desconectarte.

**4. Grounding: Reconectando con la tierra**

El grounding, o conexión a tierra, implica caminar descalzo sobre superficies naturales como césped, arena o tierra. Este simple acto permite que tu cuerpo absorba electrones de la tierra, lo que ayuda a neutralizar los radicales libres y reducir la inflamación.

Beneficios clave:

- Reduce el estrés y mejora el estado de ánimo.
- Mejora la calidad del sueño al equilibrar los ritmos circadianos.
- Disminuye la inflamación en el cuerpo.
- Acción a corto plazo: Dedica 10 minutos al día a caminar descalzo en un parque o jardín cercano.
- Acción a largo plazo: Incorpora el grounding como parte de tus actividades diarias, como practicar yoga al aire libre o meditar en contacto directo con la tierra.

Ejemplo práctico: Si te sientes desconectado o ansioso, siéntate descalzo en el césped y respira profundamente para restablecer tu equilibrio emocional.

**5. Meditación y visualización: Poder para la mente y el cuerpo**

La meditación y la visualización no solo calman la mente, sino que también fortalecen la conexión entre cuerpo y mente. Estas prácticas reducen el estrés, mejoran la concentración y promueven una visión positiva de la vida.

Beneficios clave:

- Reduce los niveles de cortisol, la hormona del estrés.
- Mejora la claridad mental y la toma de decisiones.
- Promueve un enfoque en metas personales y propósito.
- Acción a corto plazo: Dedica 5 minutos al día a meditar, enfocándote en tu respiración y dejando que tus pensamientos fluyan sin juzgarlos.
- Acción a largo plazo: Practica visualización creativa, imaginando tus metas alcanzadas y los pasos que darás para lograrlas. Esto te ayudará a mantenerte enfocado y motivado.

Ejemplo práctico: Si tienes una presentación importante, visualiza cómo te sentirás al completarla con éxito, lo que aumentará tu confianza y reducirá la ansiedad.

### 6. Trampolines (Rebounding): Movimiento para la salud celular

El uso de trampolines pequeños, también conocido como rebounding, es una forma divertida y efectiva de mejorar la circulación, fortalecer el sistema linfático y aumentar la energía.

Beneficios clave:

- Mejora la circulación sanguínea y linfática.
- Fortalece los músculos y las articulaciones sin impacto excesivo.
- Incrementa la energía y la vitalidad.
- Acción a corto plazo: Dedica 5 minutos al día a saltar suavemente en un trampolín pequeño para activar tu sistema linfático.
- Acción a largo plazo: Haz del rebounding una parte regular de tu rutina de ejercicios, aumentando gradualmente la intensidad y la duración.

Ejemplo práctico: Usa un trampolín durante tus descansos laborales para despejar la mente y reactivar tu cuerpo.

**Reflexión final**

Las herramientas innovadoras como la terapia de luz roja, las inmersiones en hielo, el grounding y más son recursos poderosos que puedes integrar en tu vida diaria para optimizar tu salud integral. No se trata de implementar todas a la vez, sino de identificar las que más resuenen contigo y adaptarlas a tus necesidades.

¿Qué herramienta podrías probar esta semana para dar el primer paso hacia una vida más equilibrada y vital? Recuerda que el cuidado de tu cuerpo y mente es un reflejo de tu compromiso con tu propósito y bienestar.

## 3.5. El poder del sueño y el descanso reparador

*"En paz me acuesto y me duermo, porque solo tú, Señor, me haces vivir confiado." (Salmos 4:8, NVI)*

El sueño y el descanso son componentes esenciales de una vida equilibrada y saludable, pero a menudo son subestimados en nuestra sociedad acelerada. Mientras perseguimos nuestras metas y enfrentamos responsabilidades, el sueño suele quedar relegado a un segundo plano. Sin embargo, un descanso adecuado no solo es vital para el cuerpo, sino también para la mente y el espíritu. Dormir bien no es un lujo, es una necesidad para el bienestar integral, ya que permite al cuerpo reparar tejidos, consolidar aprendizajes y restaurar energía.

En esta sección, exploraremos el impacto del sueño en tu salud física, mental y emocional. También discutiremos estrategias prácticas que puedes implementar para mejorar la calidad de tu descanso y maximizar sus beneficios.

### 1. ¿Por qué es importante el sueño reparador?

El sueño no es simplemente "apagar el cuerpo" por la noche. Durante el sueño, el cuerpo realiza funciones críticas como la regeneración celular, la producción de hormonas y el fortalecimiento del sistema inmunológico. También permite que el cerebro procese emociones, consolide recuerdos y tome decisiones más claras al día siguiente.

- Ejemplo práctico: Si alguna vez has dormido solo 4 o 5 horas, probablemente notaste fatiga, irritabilidad y dificultad para concentrarte al día siguiente. Esto ocurre porque tu cuerpo y mente no tuvieron el tiempo necesario para recuperarse.
- Acción a corto plazo: Establece una hora fija para acostarte y levantarte, incluso los fines de semana, para regular tu ritmo circadiano.
- Acción a largo plazo: Crea una rutina nocturna relajante que incluya actividades como lectura ligera, meditación o una ducha tibia para preparar tu cuerpo y mente para el sueño.

**2. Las fases del sueño y cómo afectan tu salud**

El sueño se divide en varias fases, desde el sueño ligero hasta el sueño profundo y la fase REM (movimientos oculares rápidos). Cada una de estas fases cumple una función específica, y un descanso reparador requiere que el cuerpo pase por todas ellas de manera adecuada.

- Sueño profundo: Es cuando ocurre la mayor parte de la regeneración física, incluyendo la reparación de tejidos y la liberación de la hormona del crecimiento.
- Sueño REM: Es esencial para el aprendizaje, la memoria y la regulación emocional.
- Acción a corto plazo: Utiliza una aplicación o un dispositivo que monitoree tu sueño para entender cuánto tiempo pasas en cada fase.
- Acción a largo plazo: Asegúrate de dormir al menos 7-9 horas por noche, ya que la cantidad de tiempo en cada fase aumenta con el total de horas dormidas.

Ejemplo práctico: Si notas que te despiertas sintiéndote cansado, podría ser porque no estás pasando suficiente tiempo en las fases profundas del sueño. Ajustar tus hábitos puede ayudarte a optimizar estas fases.

**3. Factores que afectan la calidad del sueño**

El sueño no solo depende de cuántas horas duermes, sino también de la calidad de ese descanso. Factores como el estrés, la exposición a la luz azul y el ambiente de tu dormitorio pueden interrumpir tu descanso.

1. Exposición a pantallas y luz azul: La luz azul emitida por teléfonos, computadoras y televisores interfiere con la producción de melatonina, la hormona que regula el sueño.

- Acción a corto plazo: Apaga las pantallas al menos 30 minutos antes de acostarte o utiliza filtros de luz azul.
- Acción a largo plazo: Crea un ambiente libre de tecnología en tu dormitorio para evitar distracciones y mejorar la calidad del sueño.

2. Estrés y ansiedad: Las preocupaciones acumuladas pueden mantener tu mente activa cuando deberías estar descansando. Mi padre suele decir que lo que no se resuelve durante el día en la noche es muy poco probable solucionarlo.

- Acción a corto plazo: Escribe en un diario antes de acostarte para descargar pensamientos y preocupaciones.
- Acción a largo plazo: Practica técnicas de relajación, como la meditación o ejercicios de respiración, para reducir el estrés antes de dormir. Ten fe, y también la certeza de que Dios está en control de todo.

3. Ambiente del dormitorio: La temperatura, el ruido y la luz pueden influir en tu capacidad para dormir bien.

- Acción a corto plazo: Usa cortinas opacas y una máquina de ruido blanco para crear un entorno propicio para el sueño.
- Acción a largo plazo: Invierte en un colchón y almohadas de alta calidad que ofrezcan el soporte adecuado para tu cuerpo.

Ejemplo práctico: Si vives en un área ruidosa, usar tapones para los oídos o un purificador de aire que también funcione como ruido blanco puede mejorar significativamente tu descanso.

4. Rutinas matutinas y nocturnas para un mejor descanso

1. Rutina nocturna: La forma en que te preparas para dormir tiene un impacto directo en la calidad de tu descanso.

- Acción a corto plazo: Dedica los últimos 30 minutos de tu día a actividades relajantes como leer, escribir en un diario o meditar.
- Acción a largo plazo: Establece una rutina consistente que incluya apagar dispositivos electrónicos, ajustar la iluminación y realizar una actividad que te calme.

2. Rutina matutina: Cómo comienzas el día también afecta tu capacidad para dormir bien la noche siguiente.

- Acción a corto plazo: Exponte a la luz natural por la mañana para regular tu reloj interno.
- Acción a largo plazo: Mantén horarios consistentes para despertarte, incluso los fines de semana, para reforzar tu ritmo circadiano.

Ejemplo práctico: Si te cuesta conciliar el sueño, prueba tomar una infusión de hierbas relajantes, como manzanilla o lavanda, como parte de tu rutina nocturna.

**5. Alimentación y sueño: La conexión clave**

Lo que comes y bebes también afecta tu capacidad para dormir bien. Consumir alimentos pesados, cafeína o alcohol antes de acostarte puede interrumpir tu sueño.

- Acción a corto plazo: Evita el consumo de cafeína después de las dos de la tarde, y limita el alcohol en la noche.
- Acción a largo plazo: Incorpora alimentos ricos en triptófano, como pavo y nueces, que ayudan a producir serotonina y melatonina, hormonas clave para el sueño.

Ejemplo práctico: Si tienes problemas para dormir, prueba una cena ligera con alimentos como pescado y vegetales, acompañada de una infusión relajante. Una vez has finalizado tu última comida del día, espera mínimo 2 o 3 horas para irte a dormir.

**6. El impacto del sueño en tu productividad y propósito**

Dormir bien no solo mejora tu salud, sino también tu capacidad para cumplir tus metas y vivir con propósito. Un descanso adecuado te permite tomar mejores decisiones, manejar mejor el estrés y enfrentar desafíos con energía renovada.

- Acción a corto plazo: Evalúa cómo te sientes después de una buena noche de sueño y observa cómo mejora tu enfoque y productividad.
- Acción a largo plazo: Haz del sueño una prioridad, viendo sus beneficios como una inversión en tu bienestar integral y en tu capacidad para alcanzar tus objetivos.

Ejemplo práctico: Si estás trabajando en un proyecto importante, prioriza dormir bien para asegurarte de que tu mente esté clara y tus decisiones sean las mejores posibles.

**Reflexión final**

El sueño no es tiempo perdido; es una inversión esencial en tu salud y bienestar. Al priorizar el descanso reparador, no solo mejoras tu cuerpo y mente, sino también tu capacidad para vivir con propósito y energía. Cada pequeña acción que tomes para optimizar tu sueño contribuirá a una vida más plena y equilibrada.

¿Qué cambios puedes hacer hoy para mejorar tu descanso? Recuerda que cuidar de tu sueño es cuidar de tu vida.

**Conclusión**

A lo largo de este capítulo, hemos explorado cómo la salud integral es un pilar fundamental para una vida equilibrada, plena y con propósito. Desde la conexión entre cuerpo y mente, pasando por la importancia de la nutrición, el movimiento consciente, las herramientas innovadoras, hasta el descanso reparador, cada aspecto nos recuerda que cuidar de nuestra salud no es un lujo, sino una responsabilidad que nos permite vivir con energía y vitalidad.

La salud no es solo la ausencia de enfermedad, sino un estado de bienestar físico, mental, emocional y espiritual. Es la base sobre la cual construimos nuestra vida, nuestras relaciones y nuestra capacidad para impactar el mundo que nos rodea. Sin salud, nuestros logros financieros, personales y espirituales pierden parte de su significado, porque no podemos disfrutar plenamente de ellos.

**El poder de pequeñas acciones diarias**

Uno de los puntos clave de este capítulo es que mejorar nuestra salud integral no requiere grandes cambios de la noche a la mañana. Al contrario, pequeños pasos consistentes generan grandes resultados a largo plazo. Algo tan simple como dedicar unos minutos al día a la meditación, caminar en la naturaleza, preparar comidas saludables o priorizar el sueño puede transformar nuestra calidad de vida.

Ejemplo práctico: Si decides caminar 20 minutos al día durante un mes, no solo notarás una mejora en tu energía física, sino también en tu estado de ánimo y claridad mental. Este simple hábito puede ser el inicio de una transformación más profunda en tu bienestar.

Cada pequeña decisión que tomas hoy es una semilla que dará frutos en el futuro. Al elegir alimentos que nutran tu cuerpo, moverte con propósito, aprovechar herramientas como la terapia de luz roja o priorizar el sueño, estás invirtiendo en una vida más plena y saludable.

**El equilibrio entre cuerpo, mente y espíritu**

Cuidar nuestra salud integral es un acto de equilibrio. No se trata solo de concentrarnos en lo físico, sino de integrar cada aspecto de nuestro ser. La conexión entre cuerpo y mente nos permite reconocer cómo nuestras emociones y pensamientos influyen en nuestro bienestar físico, mientras que el cuidado espiritual nos da paz, propósito y fortaleza en los momentos de desafío.

Ejemplo práctico: Si enfrentas estrés en tu vida diaria, tomar un momento para respirar profundamente, orar o reflexionar puede calmar tu mente y mejorar tu salud física, al reducir los niveles de cortisol y equilibrar tu sistema nervioso.

Este capítulo nos recuerda que somos un todo integrado y que cada decisión que tomamos afecta tanto a nuestro cuerpo como a nuestra mente y espíritu.

**La importancia de la conciencia y la intención**

Vivir con intención es fundamental cuando se trata de salud integral. No se trata de seguir modas o tendencias, sino de tomar decisiones conscientes que reflejen nuestro compromiso con nosotros mismos y con nuestro propósito de vida. Al adoptar hábitos saludables, no solo cuidamos de nuestro cuerpo, sino que también nos posicionamos como modelos a seguir para nuestras familias, comunidades y generaciones futuras.

Ejemplo práctico: Imagínate cómo puedes inspirar a tus hijos, amigos o colegas al demostrar que cuidar tu salud es una prioridad. Al hacerlo, no solo estás impactando tu vida, sino también creando un legado de bienestar para quienes te rodean.

**Reflexión final**

Este capítulo no es solo una invitación a mejorar tu salud física, sino también un recordatorio de que tienes el poder de diseñar una vida en armonía con tus valores y propósitos. La salud integral no es un objetivo lejano, sino un camino que se recorre paso a paso, con intención y compromiso.

Quiero invitarte a reflexionar:

- ¿Qué aspectos de tu salud integral podrías mejorar hoy?
- ¿Cómo puedes integrar pequeños hábitos en tu rutina que marquen una diferencia en tu bienestar?
- ¿Qué cambios simples puedes hacer para honrar el cuerpo y la mente que Dios te ha dado?

Recuerda que cada elección que haces es una oportunidad para construir una vida más plena y significativa. No importa dónde estés en este momento; siempre hay espacio para crecer, aprender y transformar tu vida.

**Un llamado a la acción**

Hoy es el día perfecto para comenzar. Ya sea eligiendo alimentos más saludables, moviéndote con propósito o priorizando tu descanso, cada acción cuenta. No subestimes el poder de los pequeños pasos; son esos pasos los que te llevarán a un futuro lleno de energía, vitalidad y propósito.

Tu salud es el mayor regalo que tienes, y cuidarla es un acto de amor propio, gratitud y responsabilidad. Al hacerlo, estarás en la mejor posición para servir a los demás, cumplir tus metas y dejar una huella positiva en el mundo.

Has dado un paso crucial hacia una vida plena y sostenible. En el capítulo anterior, aprendiste que la salud integral es el motor que impulsa tu vitalidad, claridad mental y capacidad para enfrentar cada día con energía renovada. Ahora entiendes que no solo se trata de vivir más tiempo, sino de vivir con calidad, disfrutando cada momento al máximo. Pero la salud y la vitalidad no existen en el vacío: necesitan un propósito, un contexto que les dé sentido. Y ese contexto son tus relaciones.

Aquí surge una verdad fundamental: las relaciones auténticas son la esencia de una vida significativa. Puedes alcanzar la cumbre del éxito financiero, tener una salud inquebrantable y cumplir tus metas más ambiciosas, pero si no tienes vínculos genuinos que nutran tu alma, todo eso se sentirá vacío.

Piensa en las personas más importantes en tu vida. Tus relaciones con ellos no solo definen quién eres, sino también cómo te sientes y cómo vives. Las relaciones auténticas —ya sean familiares, de amistad, románticas o profesionales— son el espacio donde compartes tu alegría, superas tus desafíos y construyes un legado que trascienda generaciones.

En el próximo capítulo, descubrirás cómo construir y fortalecer esos vínculos de una manera que transforme tu vida. Exploraremos cómo amar con propósito, comunicarte de forma efectiva, superar conflictos con sabiduría y crear relaciones que no solo duren, sino que trasciendan.

Así que te dejo con esta pregunta:

¿Cómo están tus relaciones hoy? ¿Están fortaleciendo tu vida o limitándola?

El próximo capítulo es una invitación a reflexionar, sanar, conectar y construir vínculos auténticos que no solo te inspiren, sino que también inspiren a quienes te rodean. Porque al final del día, los logros se disfrutan más y las cargas se hacen más ligeras cuando tienes a las personas correctas a tu lado. Por ejemplo, en el momento de escribir este libro, nosotros, autores de este libro, estamos pasando por un momento crítico en nuestras vidas al tener al padre de Adriana en cuidados intensivos en un hospital debatiéndose entre la vida y la muerte. El soporte de nuestra familia, amigos, iglesia y comunidad ha sido clave y muy importante para mantenernos con una actitud positiva.

¡Prepárate para transformar tu forma de relacionarte y dar un salto hacia una vida más plena y conectada!

## 4. Relaciones Auténticas: Construyendo Vínculos que Trascienden

*"Así que, en todo traten ustedes a los demás tal y como quieren que ellos los traten a ustedes." (Mateo 7:12, NVI)*

Las relaciones auténticas son uno de los pilares más importantes de una vida plena y con propósito. Estas conexiones profundas, basadas en el amor, el respeto y la honestidad, tienen el poder de transformar no solo nuestra vida, sino también la de quienes nos rodean. Más allá de los logros materiales o profesionales, son las relaciones que cultivamos las que realmente nos definen y nos dan un sentido duradero de significado y pertenencia.

En un mundo cada vez más acelerado y enfocado en las conexiones superficiales, construir vínculos auténticos se ha convertido en un desafío. Las redes sociales, las agendas ocupadas y la presión por cumplir con múltiples responsabilidades pueden alejarnos de las personas que realmente importan. Sin embargo, nutrir relaciones verdaderas no solo nos fortalece emocionalmente, sino que también nos impulsa a ser mejores, nos llena de propósito y nos ayuda a dejar un legado de amor y apoyo para las generaciones futuras.

Este capítulo es una invitación a reflexionar sobre las relaciones que realmente importan en tu vida y a aprender cómo construir, mantener y fortalecer vínculos que trasciendan las circunstancias, el tiempo y los desafíos.

Relaciones que edifican: El poder de lo auténtico

Las relaciones auténticas son aquellas que nos edifican y nos retan a crecer. No se basan en lo que podemos obtener, sino en lo que podemos aportar y construir juntos. Estas conexiones no son perfectas, pero se nutren de la sinceridad, el perdón y el esfuerzo mutuo por superar diferencias y dificultades.

- Ejemplo práctico: Piensa en una relación significativa en tu vida. Tal vez sea tu pareja, un amigo cercano o un mentor. ¿Qué hace que esa relación sea especial? ¿Qué acciones específicas puedes tomar hoy para fortalecer ese vínculo?

Relaciones auténticas no son aquellas sin conflicto, sino aquellas en las que ambos están dispuestos a enfrentarlo con respeto y amor. Cada conversación sincera, cada acto de apoyo y cada momento compartido es un ladrillo en la construcción de un vínculo que trasciende.

**El impacto de los valores y la espiritualidad en las relaciones auténticas**

Las relaciones más fuertes suelen estar arraigadas en valores compartidos. Cuando dos personas comparten principios y una visión común, es más fácil construir un camino juntos, incluso en medio de los desafíos. La espiritualidad también juega un papel importante al unir a las personas en un propósito más elevado, recordándonos que nuestras conexiones son un reflejo del amor que recibimos y damos.

- Ejemplo práctico: Una pareja que ora junta cada mañana o una familia que dedica tiempo a reflexionar sobre sus metas y valores puede superar los retos con más facilidad, porque su vínculo no solo se basa en el presente, sino también en una visión compartida para el futuro.

**El equilibrio entre dar y recibir**

Una relación auténtica no se mide por lo que obtenemos, sino por lo que estamos dispuestos a dar sin esperar nada a cambio. Sin embargo, también es esencial que las relaciones sean recíprocas, un balance natural entre el dar y el recibir. Este equilibrio no solo fortalece el vínculo, sino que también asegura que ambas partes se sientan valoradas y apreciadas.

- Ejemplo práctico: Pregúntate: ¿Cuándo fue la última vez que le expresaste gratitud a alguien importante en tu vida? Tal vez sea el momento de enviar un mensaje de agradecimiento, planificar un gesto especial o simplemente dedicar tiempo de calidad a esa persona.

Dar y recibir son partes esenciales de cualquier relación auténtica, y pequeñas acciones diarias pueden marcar una gran diferencia en la vida de quienes amamos.

**Conexiones que trascienden el tiempo y las circunstancias**

Las relaciones auténticas trascienden los desafíos y el paso del tiempo porque están construidas sobre una base sólida de confianza, respeto y amor incondicional. Estas relaciones no dependen de las circunstancias externas, sino de un compromiso mutuo por cuidar el vínculo, incluso en los momentos más difíciles.

- Ejemplo práctico: Considera una relación que ha perdurado a lo largo de los años, incluso a pesar de la distancia o los cambios en la vida. Reflexiona sobre las cualidades que han mantenido esa conexión viva y busca formas de honrar y fortalecer esa relación.

Las relaciones que trascienden no se construyen en un día; son el resultado de un esfuerzo continuo, una comunicación abierta y una voluntad constante de priorizar a las personas que realmente importan.

**Reflexión inicial**

Este capítulo es una oportunidad para detenerte y evaluar las relaciones en tu vida. ¿Estás dedicando tiempo y energía a las personas que más te importan? ¿Tus relaciones reflejan tus valores y tu propósito?

Mientras lees este capítulo, te invito a reflexionar sobre las conexiones que son más importantes para ti y a comprometerte a nutrirlas con acciones concretas. Recuerda que cada momento invertido en construir relaciones auténticas es una inversión en tu felicidad, tu paz y tu legado.

## 4.1. Amar como Dios nos ama

*"Este es mi mandamiento: que se amen los unos a los otros, así como yo los he amado." (Juan 15:12, NVI)*

El amor verdadero es más que un sentimiento; es una decisión diaria de servir, perdonar y cuidar a los demás con generosidad y compasión. Cuando aprendemos a amar como Dios nos ama, nuestras relaciones alcanzan una profundidad y autenticidad que trascienden las circunstancias. Este amor no es condicional ni superficial; es un reflejo del amor incondicional que Dios nos ha dado.

En esta sección, exploraremos cómo adoptar el amor divino como la base para nuestras relaciones. Este tipo de amor transforma nuestra forma de relacionarnos con los demás, ya sea en el matrimonio, la familia, las amistades o incluso con aquellos que no comparten nuestras creencias o perspectivas. Al final, amar como Dios nos ama no solo fortalece nuestras relaciones, sino que también nos llena de paz y propósito.

### 1. ¿Qué significa amar como Dios nos ama?

Amar como Dios nos ama implica actuar con gracia, compasión y paciencia, incluso cuando no es fácil. Este amor no se basa en lo que recibimos a cambio, sino en un compromiso desinteresado de buscar el bienestar de los demás. Es un amor que perdona, que da y que se sacrifica.

- Ejemplo práctico: Imagina una discusión con un ser querido. Amar como Dios nos ama significa escuchar con paciencia, incluso cuando no estás de acuerdo, y responder con respeto en lugar de con impulsividad.
- Acción a corto plazo: Reflexiona sobre cómo tratas a las personas en tu vida, especialmente en momentos de tensión. Pregúntate: "¿Estoy respondiendo con amor y gracia, como lo haría Dios conmigo?"

- Acción a largo plazo: Haz del amor un hábito diario, practicando actos de bondad pequeños pero significativos, como dedicar tiempo a alguien que necesita apoyo o enviar un mensaje alentador a un amigo.

**2. Amar a través del servicio y el sacrificio**

El amor de Dios es un amor servicial, que pone las necesidades de los demás por encima de las propias. Este tipo de amor no busca reconocimiento, sino que se expresa a través de acciones desinteresadas que enriquecen la vida de los demás.

- Ejemplo práctico: Si alguien en tu familia está pasando por un momento difícil, podrías ofrecerte a ayudar con tareas prácticas, como cocinar, limpiar o simplemente estar presente para escuchar.
- Acción a corto plazo: Identifica una persona en tu vida que necesite apoyo y haz algo por ella sin esperar nada a cambio. Puede ser algo tan sencillo como ayudar con un mandado o preparar una comida.
- Acción a largo plazo: Integra el servicio en tu rutina diaria, como participar en actividades comunitarias, voluntariado o apoyar causas que reflejen tus valores.

**3. El perdón como expresión de amor**

El amor de Dios es un amor que perdona, incluso cuando no lo merecemos. Aprender a perdonar es uno de los actos más poderosos de amor, porque libera tanto a la persona que perdona como a la que es perdonada.

- Ejemplo práctico: Si alguien te ha lastimado, comienza por orar para pedir fuerza y guía. El perdón no significa justificar el daño, sino liberar el resentimiento que puede estar envenenando tu corazón.
- Acción a corto plazo: Escribe una carta (aunque no la envíes) expresando tu decisión de perdonar a alguien que te ha lastimado. Esto puede ayudarte a procesar tus emociones y dar el primer paso hacia la sanación.

- Acción a largo plazo: Haz del perdón un hábito. Reflexiona regularmente sobre las personas o situaciones que podrían estar afectando tu paz interior y comprométete a liberar ese peso emocional.

**4. Amar en las diferencias**

Uno de los mayores desafíos del amor es aprender a amar a quienes son diferentes de nosotros, ya sea por sus creencias, personalidad o experiencias. El amor de Dios nos llama a aceptar y respetar a los demás, reconociendo que cada persona tiene un valor único.

- Ejemplo práctico: Si tienes un desacuerdo con alguien en tu trabajo o comunidad, en lugar de evitar a esa persona, busca un punto en común y construye la relación desde allí.
- Acción a corto plazo: Haz un esfuerzo consciente por acercarte a alguien que normalmente evitarías. Escucha su perspectiva con mente abierta y busca comprender su punto de vista.
- Acción a largo plazo: Practica la empatía y la aceptación como un estilo de vida. Participa en actividades o grupos donde puedas interactuar con personas de diferentes culturas o creencias, ampliando tu visión y fortaleciendo tus relaciones.

**5. Modelar el amor de Dios en el matrimonio y la familia**

El matrimonio y la familia son lugares donde podemos practicar el amor divino diariamente. Amar como Dios nos ama significa ser pacientes, apoyar y priorizar a nuestras parejas e hijos, incluso cuando es difícil.

- Ejemplo práctico: Si tu pareja o un hijo tiene un mal día, responde con paciencia y ánimo en lugar de frustración. A veces, una palabra amable o un abrazo puede cambiar el tono de toda una conversación.
- Acción a corto plazo: Dedica tiempo de calidad a tu familia cada semana, como una cena sin distracciones tecnológicas o una actividad divertida juntos.

- Acción a largo plazo: Trabaja en fortalecer los lazos familiares a través de prácticas regulares, como orar juntos, establecer metas familiares y resolver conflictos con amor y respeto.

**6. Amar en comunidad: Crear un impacto positivo**

El amor que recibimos de Dios no está destinado a quedarse solo dentro de nosotros; debe fluir hacia los demás y hacia nuestra comunidad. Este amor puede manifestarse en actos de bondad, apoyo mutuo y un compromiso de construir un mundo mejor.

- Ejemplo práctico: Ofrece tu tiempo y habilidades para ayudar a personas necesitadas en tu comunidad, como colaborar con una organización benéfica o participar en proyectos de servicio comunitario.
- Acción a corto plazo: Busca una oportunidad cercana para servir en tu comunidad, ya sea a través de voluntariado o apoyando a una persona específica que necesite ayuda.
- Acción a largo plazo: Haz del servicio una parte integral de tu vida. Identifica causas que te apasionen y encuentra formas de contribuir de manera regular, ya sea con tu tiempo, tus recursos o tus habilidades.

**Reflexión final**

Amar como Dios nos ama no es fácil, pero es una de las decisiones más poderosas que podemos tomar. Este tipo de amor transforma nuestras relaciones y nos permite vivir con propósito y autenticidad. No se trata de alcanzar la perfección, sino de esforzarnos diariamente por reflejar el amor de Dios en nuestras palabras, acciones y pensamientos.

¿Qué pequeños pasos puedes dar hoy para amar más como Dios nos ama? Tal vez sea perdonar a alguien, mostrar gratitud o servir a una persona necesitada. Recuerda que cada acto de amor, por pequeño que parezca, tiene el poder de dejar una huella positiva en el mundo.

## 4.2. La comunicación como puente

*"La respuesta amable calma el enojo, pero la agresiva echa leña al fuego." (Proverbios 15:1, NVI)*

La comunicación es uno de los elementos más importantes en cualquier relación. Es el puente que conecta corazones, pensamientos y emociones. Una comunicación efectiva no solo fortalece los vínculos con las personas que amamos, sino que también resuelve conflictos, fomenta la confianza y crea un espacio seguro para la autenticidad. Sin embargo, la comunicación no se limita a hablar; también implica escuchar, comprender y responder con empatía.

En esta sección, exploraremos cómo desarrollar habilidades de comunicación que construyan relaciones auténticas y duraderas. Aprenderás cómo evitar malentendidos, expresar tus necesidades y abrir espacios para el diálogo constructivo, permitiendo que tus relaciones florezcan a través de la conexión genuina.

### 1. La importancia de escuchar con empatía

Escuchar no es lo mismo que oír. Escuchar con empatía significa prestar atención no solo a las palabras, sino también a las emociones y al contexto detrás de ellas. Este tipo de escucha crea un espacio donde la otra persona se siente valorada, entendida y apoyada.

- Ejemplo práctico: En lugar de interrumpir a tu pareja mientras habla de un problema, practica escuchar activamente manteniendo contacto visual, asintiendo y esperando a que termine de expresar sus ideas antes de responder.
- Acción a corto plazo: Dedica cinco minutos al día a practicar la escucha activa con alguien cercano. Apaga el teléfono, míralo a los ojos y presta atención sin interrumpir.

- Acción a largo plazo: Haz de la escucha una práctica habitual. Establece una regla personal de no interrumpir y de validar las emociones de los demás antes de ofrecer soluciones.

**2. Expresarte con claridad y respeto**

La comunicación efectiva no se trata solo de lo que decimos, sino de cómo lo decimos. Hablar con claridad, respeto y sinceridad evita malentendidos y fortalece la confianza.

- Ejemplo práctico: En lugar de decir "Nunca me escuchas," prueba decir "Me siento ignorado cuando no me prestas atención. ¿Podríamos hablar sobre esto juntos?" Este enfoque evita acusaciones y fomenta el diálogo.
- Acción a corto plazo: Practica el uso de "declaraciones yo" cuando expreses tus sentimientos, como "Yo siento..." o "Me preocupa..." en lugar de señalar con "Tú siempre..." o "Tú nunca...".
- Acción a largo plazo: Aprende a expresar tus necesidades de manera clara y constructiva. Inscríbete en un taller de comunicación o lee libros sobre cómo mejorar tus habilidades en este ámbito.

**3. Resolver conflictos con gracia**

Los conflictos son inevitables en cualquier relación, pero la manera en que los manejamos define si fortalecen o debilitan nuestros vínculos. Resolver conflictos con gracia implica abordar los problemas con paciencia, respeto y un enfoque en encontrar soluciones en lugar de culpables.

- Ejemplo práctico: Si tienes un desacuerdo con un amigo, establece un momento para hablar con calma, lejos de distracciones. Comienza reconociendo lo que valoras de esa amistad antes de abordar el problema.
- Acción a corto plazo: Cuando surja un conflicto, respira profundamente y tómate un momento para reflexionar antes de responder. Esto te ayudará a evitar reacciones impulsivas.

- Acción a largo plazo: Practica la resolución de conflictos al aprender técnicas como la mediación o el enfoque colaborativo, que priorizan el entendimiento mutuo y la búsqueda de soluciones.

**4. El lenguaje no verbal: Lo que tus acciones dicen de ti**

La comunicación no verbal, como el tono de voz, las expresiones faciales y el lenguaje corporal, puede reforzar o contradecir tus palabras. Ser consciente de estas señales es clave para una comunicación auténtica y efectiva.

- Ejemplo práctico: Si estás hablando con tu hijo, agáchate a su altura, mantén contacto visual y utiliza un tono de voz calmado. Esto le demostrará que estás presente y comprometido con la conversación.
- Acción a corto plazo: Practica observar tus propias señales no verbales durante una conversación. Pregúntate: "¿Mi postura y tono de voz reflejan lo que realmente quiero expresar?"
- Acción a largo plazo: Aprende sobre comunicación no verbal a través de cursos o libros que te ayuden a interpretar mejor las señales de los demás y a ser más consciente de las tuyas.

**5. Crear un espacio seguro para el diálogo**

Las relaciones auténticas se construyen en espacios donde ambas partes se sienten seguras para ser vulnerables y expresar sus pensamientos sin temor al juicio. Crear este espacio requiere intencionalidad y apertura.

- Ejemplo práctico: Establece momentos regulares para dialogar con tu pareja o familia, como una cena semanal donde todos compartan cómo se sienten y qué necesitan sin interrupciones.
- Acción a corto plazo: Pregunta a tus seres queridos cómo puedes mejorar la comunicación con ellos. Esto muestra tu disposición a crecer y fortalecer la relación.

- Acción a largo plazo: Implementa rituales de comunicación, como reuniones familiares o "check-ins" semanales con tu pareja, para mantener un diálogo abierto y constante.

**6. La importancia del perdón en la comunicación**

El resentimiento y la falta de perdón pueden bloquear la comunicación efectiva. Aprender a perdonar y pedir perdón, cuando sea necesario, es esencial para reconstruir puentes y avanzar en las relaciones.

- Ejemplo práctico: Si has herido a alguien con tus palabras, toma la iniciativa de disculparte sinceramente y preguntar cómo puedes reparar el daño. Esto no solo restaura la confianza, sino que también demuestra humildad y respeto.
- Acción a corto plazo: Identifica una relación en tu vida donde haya resentimiento o heridas no resueltas. Da el primer paso para disculparte o abrir el diálogo.
- Acción a largo plazo: Haz del perdón una práctica regular. Reflexiona cada semana sobre cualquier tensión en tus relaciones y toma medidas para solucionarla antes de que se acumule.

**7. La espiritualidad como guía en la comunicación**

La fe puede ser una brújula para guiar nuestra comunicación. Al recordar que somos llamados a amar y servir a los demás, podemos abordar cada interacción con humildad, paciencia y compasión.

- Ejemplo práctico: Antes de una conversación difícil, ora o reflexiona pidiendo sabiduría para hablar con amor y comprensión. Esto te ayudará a mantener la calma y enfocarte en construir, no destruir.
- Acción a corto plazo: Antes de cada conversación importante, dedica unos minutos a orar o meditar para centrarte en tus valores y propósito.

- Acción a largo plazo: Establece un hábito de reflexión diaria para evaluar cómo estás comunicándote con los demás y alinearlo con tus principios espirituales.

**Reflexión final**

La comunicación es el puente que conecta nuestros corazones con los de las personas que amamos. Cada palabra, gesto y acción tiene el poder de construir o derribar ese puente. Al desarrollar habilidades de comunicación efectivas, no solo fortaleces tus relaciones, sino que también creas un impacto positivo en tu entorno.

¿Qué puedes hacer hoy para mejorar la forma en que te comunicas? Tal vez sea escuchar más atentamente, expresar gratitud o pedir perdón. Recuerda que la comunicación no es perfecta, pero siempre puedes dar un paso más hacia la conexión auténtica.

## 4.3. Construyendo relaciones familiares sólidas

*"Instruye al niño en el camino correcto, y aun en su vejez no lo abandonará." (Proverbios 22:6, NVI)*

La familia es el primer lugar donde aprendemos sobre el amor, el respeto y el valor de las relaciones. Es en este núcleo donde experimentamos nuestras primeras conexiones emocionales y donde se forman los fundamentos que impactan nuestras relaciones futuras. Una familia fuerte y unida no ocurre por casualidad; requiere intención, compromiso y acciones diarias que fomenten el respeto, la comunicación y el amor.

En esta sección, exploraremos cómo construir relaciones familiares sólidas que sean una fuente de apoyo, alegría y propósito. Veremos cómo pequeñas acciones pueden transformar las dinámicas familiares y cómo crear un entorno donde cada miembro se sienta valorado, escuchado y amado.

**1. La base: Establecer valores familiares compartidos**

Una familia sólida se construye sobre valores claros y compartidos. Estos valores no solo guían las decisiones familiares, sino que también fortalecen los lazos al unir a todos en un propósito común.

- Ejemplo práctico: Una familia que prioriza el tiempo juntos puede decidir reservar una noche a la semana para una cena familiar sin distracciones tecnológicas. Este hábito refuerza el valor de la conexión y la comunicación.
- Acción a corto plazo: Reúne a tu familia y hablen sobre los valores que consideran importantes, como la honestidad, la fe, la gratitud o el servicio.
- Acción a largo plazo: Establezcan tradiciones familiares que reflejen esos valores, como orar juntos, realizar actos de servicio comunitario o celebrar logros personales de cada miembro.

**2. Fomentar la comunicación abierta y honesta**

La comunicación es esencial para construir relaciones familiares sólidas. Cuando los miembros de una familia se sienten escuchados y comprendidos, es más fácil resolver conflictos y mantener un ambiente armonioso.

- Ejemplo práctico: Si tu hijo está pasando por un momento difícil, en lugar de apresurarte a dar consejos, siéntate con él y escucha con atención lo que tiene que decir. A veces, simplemente ser escuchado es suficiente para aliviar una carga emocional.
- Acción a corto plazo: Establece un momento cada día o semana para que cada miembro de la familia comparta cómo se siente o qué necesita, sin interrupciones ni juicios.
- Acción a largo plazo: Implementa un sistema de "check-ins" familiares, donde todos puedan expresar preocupaciones o ideas sobre cómo mejorar la dinámica familiar.

**3. Pasar tiempo de calidad juntos**

El tiempo de calidad es uno de los mejores regalos que puedes dar a tu familia. No se trata de la cantidad de tiempo, sino de la calidad de las interacciones. Estos momentos refuerzan los lazos y crean recuerdos que perduran en el tiempo.

- Ejemplo práctico: Planifica un día de juegos en casa, una salida al parque o una caminata en la naturaleza. Estas actividades no solo fortalecen la conexión, sino que también fomentan la diversión y la relajación.
- Acción a corto plazo: Dedica al menos 30 minutos diarios a una actividad en familia, como cenar juntos, leer un libro o simplemente conversar sobre el día.
- Acción a largo plazo: Planifica escapadas familiares regulares, como vacaciones o actividades al aire libre, que permitan a la familia desconectarse de las distracciones y enfocarse en pasar tiempo juntos.

**4. Resolver conflictos con respeto y empatía**

Los conflictos son inevitables en cualquier familia, pero cómo se manejan puede fortalecer o debilitar las relaciones. Resolver conflictos con respeto implica escuchar las perspectivas de los demás, controlar las emociones y buscar soluciones que beneficien a todos.

- Ejemplo práctico: Si surge una discusión entre hermanos, actúa como mediador. Pídeles que expliquen cómo se sienten y trabajen juntos para encontrar una solución justa.
- Acción a corto plazo: Establece reglas claras para resolver conflictos en el hogar, como evitar gritar, no interrumpir y tomarse un tiempo para calmarse si las emociones son intensas.
- Acción a largo plazo: Enseña a cada miembro de la familia habilidades de resolución de conflictos, como la comunicación asertiva y la empatía, para que puedan manejar desacuerdos de manera constructiva.

**5. Celebrar los logros y apoyar en los fracasos**

Una familia fuerte celebra los triunfos de cada miembro, grandes o pequeños, y ofrece apoyo en los momentos difíciles. Estas acciones refuerzan el sentido de pertenencia y seguridad en el hogar.

- Ejemplo práctico: Si tu hijo logra una meta escolar, como aprobar un examen difícil, celébralo con un gesto especial, como su comida favorita o una nota de felicitación.
- Acción a corto plazo: Toma un momento cada semana para reconocer los logros de los miembros de tu familia, ya sea con palabras de aliento, un gesto de cariño o un pequeño detalle.
- Acción a largo plazo: Crea un espacio en el hogar, como un tablero o una sección en la sala, donde puedan destacar los logros de todos y compartir mensajes de ánimo.

**6. El papel de la fe en las relaciones familiares**

La fe puede ser un ancla poderosa en las relaciones familiares, proporcionando guía, propósito y un sentido de unidad. Orar juntos, leer textos sagrados o participar en actividades espirituales refuerza los lazos y ayuda a las familias a superar desafíos con esperanza y fortaleza.

- Ejemplo práctico: Dedica un momento cada día para orar juntos como familia, dando gracias por las bendiciones y pidiendo guía en los retos.
- Acción a corto plazo: Participa en una actividad espiritual en familia, como asistir a un servicio religioso o reflexionar juntos sobre un pasaje de la Biblia.
- Acción a largo plazo: Haz de la espiritualidad una parte integral de la vida familiar, estableciendo tradiciones como estudios bíblicos semanales o actos de servicio que reflejen tus creencias.

**7. Ser un modelo a seguir para tus hijos y seres queridos**

Los niños aprenden observando, y como padres o figuras de autoridad, nuestras acciones tienen un impacto profundo en sus valores y comportamientos. Ser un modelo a seguir implica vivir de acuerdo con los principios que deseas inculcar en tu familia.

- Ejemplo práctico: Si quieres que tus hijos valoren la gratitud, asegúrate de expresar agradecimiento regularmente, ya sea por algo que ellos hicieron o por las bendiciones que recibes.
- Acción a corto plazo: Reflexiona sobre las áreas donde puedes mejorar como modelo a seguir y haz un esfuerzo consciente por liderar con el ejemplo.
- Acción a largo plazo: Evalúa regularmente cómo tus acciones y decisiones afectan la dinámica familiar, y ajusta tu comportamiento para reflejar los valores que quieres enseñar.

**Reflexión final**

Construir relaciones familiares sólidas no sucede de la noche a la mañana, pero cada acción intencional que tomas contribuye a fortalecer el amor, el respeto y la unidad en tu hogar. Una familia fuerte no es perfecta, pero es resiliente, solidaria y un refugio donde cada miembro puede ser auténtico.

¿Qué puedes hacer hoy para mejorar las relaciones dentro de tu familia? Tal vez sea dedicar más tiempo a escuchar, planificar una actividad juntos o simplemente decir "te quiero." Cada pequeño esfuerzo cuenta y deja una huella duradera en los corazones de quienes amas.

## 4.4. La importancia de la lealtad y la confianza

*"Los amigos siempre son leales, y un hermano nace para ayudar en tiempo de necesidad." (Proverbios 17:17, NTV)*

La lealtad y la confianza son los pilares sobre los que se construyen las relaciones más sólidas y duraderas. Sin ellas, los vínculos se vuelven frágiles y vulnerables ante los desafíos. Cuando alguien sabe que puede contar contigo, sin importar las circunstancias, y cuando la confianza fluye de forma natural, las relaciones se fortalecen y se convierten en un refugio seguro.

Sin embargo, la lealtad y la confianza no surgen de la nada; se ganan, se nutren y se demuestran con acciones consistentes a lo largo del tiempo. Esta sección explora cómo cultivar estos valores esenciales en nuestras relaciones, ya sea con nuestra pareja, familia, amigos o en el ámbito profesional.

**1. ¿Qué significa ser leal?**

La lealtad no se trata solo de estar presente en los buenos tiempos, sino de permanecer firme y comprometido, incluso en las adversidades. Es ser fiel a las personas, los valores y los compromisos que has asumido. La lealtad crea un entorno donde las personas se sienten seguras y valoradas.

- Ejemplo práctico: Si un amigo está enfrentando críticas injustas en un grupo, ser leal significa defenderlo o, al menos, no participar en esas conversaciones.
- Acción a corto plazo: Reflexiona sobre las relaciones en tu vida y pregúntate: ¿Cómo puedo demostrar más lealtad hacia las personas que me importan?
- Acción a largo plazo: Haz de la lealtad un hábito al cumplir tus promesas y estar presente cuando alguien te necesite, incluso en los momentos más complicados.

**2. La confianza como base de todas las relaciones**

La confianza es la columna vertebral de cualquier relación auténtica. Sin confianza, incluso las relaciones más cercanas pueden desmoronarse. Construir confianza requiere honestidad, coherencia y un compromiso constante de actuar con integridad.

- Ejemplo práctico: Si prometes a tu pareja que llegarás temprano a cenar y lo haces, refuerzas la confianza al cumplir con tus palabras. Sin embargo, si constantemente no cumples, comienzas a erosionar ese vínculo.
- Acción a corto plazo: Identifica un área donde podrías ser más confiable, como llegar a tiempo, cumplir un compromiso o comunicarte de manera más transparente.
- Acción a largo plazo: Cultiva una reputación de integridad al actuar con coherencia. Por ejemplo, si te comprometes con algo, asegúrate de hacerlo, incluso cuando sea difícil o inconveniente. Honra tu palabra, que tu *"sí"* sea un verdadero *"sí"*.

**3. Cómo construir lealtad y confianza en la familia**

En el entorno familiar, la lealtad y la confianza son esenciales para mantener la unidad y el apoyo mutuo. Estas cualidades se construyen a través de acciones diarias que demuestran compromiso y cuidado.

- Ejemplo práctico: Si tu hijo comete un error y te lo confiesa, en lugar de criticarlo de inmediato, escucha con empatía y ofrécele apoyo. Esto fortalece la confianza y le muestra que puede acudir a ti en el futuro.
- Acción a corto plazo: Dedica tiempo a conversaciones abiertas y sin juicio con los miembros de tu familia. Pregúntales cómo puedes apoyarlos mejor.
- Acción a largo plazo: Establece tradiciones familiares que refuercen la lealtad y la confianza, como noches de juegos, reuniones regulares o actividades donde todos participen y se sientan valorados.

**4. La lealtad en las amistades: Un compromiso genuino**

Las amistades auténticas se sostienen con lealtad, especialmente en los momentos difíciles. Ser leal en una amistad implica ser honesto, apoyar en tiempos de necesidad y evitar hablar negativamente de esa persona cuando no está presente.

- Ejemplo práctico: Si un amigo te confía algo personal, respeta su privacidad y no compartas esa información con otros. Esto refuerza la confianza en la relación.
- Acción a corto plazo: Toma la iniciativa de contactar a un amigo cercano y pregúntale cómo está. Ofrece tu apoyo si está enfrentando algún desafío.
- Acción a largo plazo: Haz un esfuerzo consciente por mantener las amistades con actos regulares de cuidado y apoyo, como recordarle a un amigo que estás ahí para él en cualquier circunstancia.

**5. La importancia de la integridad en la confianza**

La confianza no solo se construye con palabras, sino también con acciones que reflejan integridad. Ser honesto y actuar de manera coherente con tus valores demuestra a los demás que pueden confiar en ti.

- Ejemplo práctico: Si cometes un error en tu relación o trabajo, admite tu responsabilidad y busca una solución en lugar de justificarte o culpar a otros.
- Acción a corto plazo: Evalúa tus acciones recientes y pregúntate si has actuado con integridad en todas las áreas de tu vida. Si encuentras áreas donde puedes mejorar, toma medidas para corregirlas.
- Acción a largo plazo: Establece un estándar personal de honestidad y transparencia en todas tus relaciones. Haz de la integridad un valor central en tu vida.

**6. Cómo recuperar la confianza perdida**

La confianza puede romperse, pero también puede reconstruirse con esfuerzo y paciencia. Recuperar la confianza requiere humildad, honestidad y un compromiso genuino de cambiar las conductas que la dañaron.

- Ejemplo práctico: Si has lastimado a alguien cercano, comienza por disculparte sinceramente y demostrar con acciones consistentes que estás comprometido a no repetir el error.

- Acción a corto plazo: Pide perdón a alguien cuya confianza hayas perdido y pregúntale qué puedes hacer para reparar la relación.
- Acción a largo plazo: Haz un seguimiento constante para demostrar tu cambio. Por ejemplo, si prometiste ser más confiable, muestra con acciones diarias que estás comprometido con esa promesa.

## 7. El papel de la lealtad y la confianza en la comunidad y el trabajo

En el ámbito profesional y comunitario, la lealtad y la confianza generan respeto, credibilidad y colaboración. Estas cualidades te convierten en alguien en quien los demás confían y buscan apoyo.

- Ejemplo práctico: Si trabajas en equipo y alguien comete un error, en lugar de culparlo, apoya a esa persona en encontrar una solución. Esto demuestra tu lealtad al equipo y fomenta la confianza mutua.
- Acción a corto plazo: Sé honesto y transparente en tus interacciones laborales o comunitarias. Por ejemplo, si no puedes cumplir un compromiso, informa a tiempo y busca una solución.
- Acción a largo plazo: Cultiva relaciones profesionales y comunitarias basadas en la confianza, demostrando integridad, confiabilidad y disposición para colaborar.

## Reflexión final

La lealtad y la confianza son más que valores abstractos; son los cimientos sobre los que se construyen las relaciones más significativas de nuestra vida. Al vivir de acuerdo con estos principios, no solo fortalecemos nuestras conexiones con los demás, sino que también creamos un legado de integridad y amor que trasciende.

¿Qué puedes hacer hoy para demostrar más lealtad y construir confianza en tus relaciones? Tal vez sea cumplir una promesa, ofrecer apoyo incondicional o simplemente escuchar con atención. Recuerda que cada acción cuenta y que las relaciones auténticas se construyen a través de pequeños actos diarios de compromiso y amor.

## 4.5. Superando conflictos con sabiduría

*"El necio da rienda suelta a su enojo, pero el sabio sabe controlarlo." (Proverbios 29:11, NVI)*

Los conflictos son inevitables en cualquier relación, ya sea en el hogar, el trabajo, o entre amigos. Sin embargo, no tienen que ser destructivos; al contrario, pueden convertirse en oportunidades para crecer, fortalecer la confianza y profundizar nuestras conexiones con los demás. Superar conflictos con sabiduría implica abordar los desacuerdos con paciencia, respeto y un compromiso genuino de encontrar soluciones que beneficien a ambas partes.

Esta sección está diseñada para ayudarte a transformar los conflictos en oportunidades de aprendizaje y reconciliación. Exploraremos cómo manejar el enojo, escuchar con empatía y utilizar herramientas prácticas para resolver conflictos de manera pacífica y efectiva.

### 1. Reconocer el conflicto y mantener la calma

El primer paso para superar un conflicto es reconocer su existencia y enfrentarlo con una actitud tranquila y abierta. Ignorar el problema o reaccionar de forma impulsiva puede agravar la situación.

- Ejemplo práctico: Si tienes un desacuerdo con tu pareja, en lugar de alzar la voz o evitar la conversación, reconoce el problema y sugiere un momento adecuado para hablar con calma.
- Acción a corto plazo: Cuando sientas enojo o frustración, respira profundamente durante 10 segundos antes de responder. Esto te ayudará a calmar tus emociones y a pensar con claridad.

- Acción a largo plazo: Practica la autorregulación emocional a través de técnicas como la meditación o los ejercicios de respiración, para que estés mejor preparado para manejar los conflictos de manera sabia.

**2. Escuchar con empatía y comprensión**

En cualquier conflicto, es fácil enfocarse en defender nuestro punto de vista y olvidar que la otra persona también tiene sentimientos y necesidades. Escuchar con empatía significa tratar de comprender el punto de vista del otro, incluso si no estás de acuerdo.

- Ejemplo práctico: Si un colega en el trabajo está molesto contigo, en lugar de interrumpirlo para justificarte, escúchalo atentamente y repite lo que has entendido para asegurarte de que comprendes su perspectiva.
- Acción a corto plazo: Durante una discusión, practica la escucha activa asintiendo y evitando interrumpir. Pregunta algo como: "¿Puedes explicarme un poco más cómo te sientes sobre esto?"
- Acción a largo plazo: Haz del escuchar una práctica diaria. Tómate el tiempo para entender realmente a las personas en tu vida, incluso cuando no haya un conflicto presente. Esto fortalecerá la confianza y hará que sea más fácil resolver desacuerdos cuando surjan.

**3. Comunicarte de manera clara y respetuosa**

La comunicación efectiva es clave para resolver conflictos. En lugar de culpar o atacar, enfócate en expresar tus sentimientos y necesidades de manera clara y sin juzgar.

- Ejemplo práctico: En lugar de decir "Siempre haces lo mismo y nunca me escuchas," prueba decir "Me siento ignorado cuando no me escuchas. ¿Podemos trabajar juntos para mejorar nuestra comunicación?"
- Acción a corto plazo: Practica el uso de "declaraciones yo" durante los desacuerdos para expresar tus sentimientos sin culpar a la otra persona.

- Acción a largo plazo: Aprende técnicas de comunicación efectiva, como el lenguaje asertivo, para que puedas expresar tus ideas y emociones de manera respetuosa y constructiva.

**4. Buscar soluciones en lugar de culpables**

Cuando enfrentamos un conflicto, es fácil caer en la trampa de buscar a quién culpar. Sin embargo, el verdadero objetivo debe ser encontrar soluciones que beneficien a ambas partes.

- Ejemplo práctico: Si hay un desacuerdo sobre las tareas del hogar, en lugar de discutir sobre quién tiene la culpa, trabaja con tu pareja para crear un horario que sea justo para ambos.
- Acción a corto plazo: Cuando surja un conflicto, haz una lista de posibles soluciones juntos, en lugar de enfocarte en el problema.
- Acción a largo plazo: Desarrolla un enfoque de resolución colaborativa en tus relaciones, donde cada desacuerdo sea visto como una oportunidad para trabajar en equipo.

**5. Controlar el orgullo y practicar la humildad**

El orgullo puede ser uno de los mayores obstáculos para resolver conflictos. Admitir tus errores y estar dispuesto a pedir perdón no solo fortalece las relaciones, sino que también demuestra madurez y sabiduría.

- Ejemplo práctico: Si te das cuenta de que reaccionaste de manera exagerada durante una discusión, toma la iniciativa de disculparte y admitir tu error.
- Acción a corto plazo: Reflexiona sobre tu papel en cualquier conflicto reciente y pregúntate: "¿Hay algo que podría haber hecho mejor?"
- Acción a largo plazo: Haz del perdón y la humildad una parte central de tu vida, recordando que reconocer tus errores no te hace débil, sino más fuerte y más confiable.

### 6. El papel del tiempo y la paciencia en la resolución de conflictos

No todos los conflictos se pueden resolver de inmediato. A veces, ambas partes necesitan tiempo para calmarse, reflexionar y regresar con una mente más clara. Ser paciente y dar espacio cuando sea necesario puede ser clave para encontrar una solución efectiva.

- Ejemplo práctico: Si una discusión se está intensificando, sugiere tomar un descanso y volver a hablar más tarde cuando ambos estén más tranquilos.
- Acción a corto plazo: Cuando notes que las emociones están aumentando, di algo como: "Creo que necesitamos un poco de tiempo para reflexionar. ¿Podemos hablar de esto en una hora?"
- Acción a largo plazo: Cultiva la paciencia al recordar que los conflictos son una parte natural de las relaciones y que resolverlos con sabiduría lleva tiempo.

### 7. Incluir a Dios en el proceso de resolución de conflictos

Cuando enfrentamos conflictos, buscar la guía de Dios a través de la oración puede darnos sabiduría, paz y claridad. También nos recuerda que nuestras relaciones son un reflejo del amor y la gracia que hemos recibido de Él.

- Ejemplo práctico: Antes de abordar un conflicto difícil, ora pidiendo sabiduría y humildad para actuar con amor y comprensión.
- Acción a corto plazo: Tómate unos minutos para orar o reflexionar antes de cualquier conversación importante o difícil.
- Acción a largo plazo: Haz de la oración una práctica habitual en tus relaciones, pidiendo a Dios que te guíe para manejar los conflictos con gracia y sabiduría.

### Reflexión final

Los conflictos no tienen que ser una fuente de división; pueden ser una oportunidad para fortalecer nuestras relaciones y crecer como personas. Al manejarlos con sabiduría, empatía y humildad, no solo resolvemos problemas, sino que también construimos conexiones más profundas y auténticas.

¿Qué puedes hacer hoy para manejar los conflictos de manera más sabia? Tal vez sea practicar la escucha activa, reflexionar antes de responder o buscar la guía de Dios para actuar con amor. Recuerda que cada conflicto superado con sabiduría es un paso hacia relaciones más fuertes y significativas.

**Conclusión**

A lo largo de este capítulo, hemos explorado la importancia de construir relaciones auténticas que trasciendan el tiempo, las circunstancias y las adversidades. Desde aprender a amar como Dios nos ama, hasta desarrollar una comunicación efectiva, construir relaciones familiares sólidas, practicar la lealtad y la confianza, y superar conflictos con sabiduría, hemos visto que los vínculos verdaderos no son accidentales. Requieren intención, esfuerzo y un compromiso diario por nutrirlos y fortalecerlos.

Las relaciones auténticas son un reflejo de nuestros valores más profundos y de cómo elegimos vivir nuestra vida. Son la base de nuestra felicidad, el refugio en los momentos difíciles y el terreno fértil donde crecemos y ayudamos a los demás a crecer. En un mundo que parece cada vez más desconectado, las relaciones auténticas nos recuerdan nuestra necesidad innata de conexión, amor y apoyo mutuo.

**El impacto de las relaciones auténticas**

Cuando cultivamos relaciones auténticas, no solo transformamos nuestra vida, sino también la vida de quienes nos rodean. Estas relaciones generan un impacto positivo que se extiende más allá de nosotros, creando comunidades más fuertes y una sociedad más compasiva.

- Ejemplo práctico: Reflexiona sobre una relación significativa en tu vida. ¿Cómo ha impactado esa conexión tu bienestar emocional, tus decisiones y tu capacidad de afrontar los retos? Ahora, piensa en cómo puedes replicar ese impacto en otras relaciones.

Las relaciones auténticas no son perfectas, pero están construidas sobre una base sólida de amor, respeto y propósito compartido. Son aquellas donde el apoyo y la comprensión mutua prevalecen sobre los desacuerdos, y donde el compromiso de crecer juntos supera cualquier obstáculo.

**Pequeñas acciones con un gran impacto**

Una de las lecciones más importantes de este capítulo es que no necesitas hacer grandes cambios para mejorar tus relaciones. Pequeñas acciones diarias, como escuchar con empatía, expresar gratitud o tomar la iniciativa de resolver conflictos, pueden marcar una gran diferencia.

- Acción a corto plazo: Elige una relación que quieras fortalecer y da un paso pequeño pero significativo para mejorarla. Tal vez sea escribir una nota de agradecimiento, hacer una llamada inesperada o simplemente dedicar tiempo de calidad.
- Acción a largo plazo: Haz del fortalecimiento de tus relaciones una prioridad continua. Reflexiona regularmente sobre lo que puedes hacer para nutrir tus vínculos y asegúrate de actuar con intención.

**Relaciones auténticas como un legado duradero**

Las relaciones auténticas son uno de los legados más valiosos que podemos dejar. Cuando invertimos tiempo y energía en construir vínculos significativos, no solo impactamos el presente, sino que también dejamos una huella en la vida de las futuras generaciones.

- Ejemplo práctico: Una familia que prioriza la comunicación, la lealtad y el amor no solo crea un hogar lleno de paz, sino que también transmite esos valores a sus hijos, quienes los llevarán a sus propias relaciones y comunidades.

El amor, la confianza y la lealtad que cultivamos en nuestras relaciones tienen un efecto multiplicador que se extiende mucho más allá de nuestra propia vida. Este capítulo es una invitación a reflexionar sobre el tipo de legado que quieres dejar a través de tus relaciones.

Un llamado a la acción

Mientras cierras este capítulo, queremos invitarte a hacer una pausa y reflexionar sobre tus relaciones más importantes. Pregúntate:

- ¿Estoy priorizando las personas que más importan en mi vida?
- ¿Qué puedo hacer hoy para demostrarles amor, lealtad y gratitud?
- ¿Cómo puedo construir relaciones que trasciendan el tiempo y las circunstancias?

Recuerda que las relaciones auténticas no se construyen de la noche a la mañana, pero cada pequeño esfuerzo cuenta. El amor, la paciencia y la intención que inviertes en tus vínculos son semillas que darán frutos a lo largo del tiempo.

**Reflexión final**

Las relaciones auténticas son un reflejo del amor de Dios en nuestras vidas. Nos recuerdan que no estamos solos y que, a través de nuestras conexiones, podemos encontrar fuerza, propósito y alegría. Al cultivar vínculos que trasciendan, no solo transformamos nuestra vida, sino que también inspiramos a otros a hacer lo mismo.

Hoy es el día perfecto para comenzar. Ya sea fortaleciendo una relación existente, sanando un vínculo roto o construyendo nuevas conexiones con propósito, recuerda que cada acción de amor deja una huella que trasciende.

Las relaciones auténticas son un regalo que nos damos a nosotros mismos y a los demás, y son uno de los mayores tesoros que podemos construir a lo largo de nuestra vida.

---

En el capítulo anterior, exploraste el poder transformador de las relaciones auténticas. Aprendiste que los vínculos genuinos son más que conexiones superficiales: son puentes que te ayudan a superar desafíos, celebrar victorias y dejar un impacto duradero en la vida de los demás. Ahora entiendes que las relaciones no solo te sostienen, sino que también son el reflejo de quién eres y de los valores que guían tu vida.

Pero aquí surge una pregunta que va más allá de los vínculos humanos: ¿Qué conexión guía tu vida desde lo más profundo?

En medio de las responsabilidades, los sueños y los vínculos que construyes, existe una dimensión aún más esencial para tu existencia: tu espiritualidad. Es esa conexión con algo más grande que tú, con el propósito que Dios tiene para tu vida, lo que da sentido a todo lo demás. Porque no importa cuán exitosas sean tus relaciones o cuántos logros alcances, sin un propósito claro y una paz interior, el vacío sigue siendo un peligro constante.

El próximo capítulo te llevará a explorar la base de una vida realmente plena: vivir con propósito y paz espiritual. Descubrirás cómo fortalecer tu conexión con Dios, encontrar calma en medio del caos y desarrollar una fe que ilumine tu camino incluso en los momentos más oscuros.

Así que te dejo con esta reflexión:

Si tus relaciones reflejan quién eres, ¿qué refleja tu conexión con Dios?

El siguiente capítulo no solo será un viaje hacia tu interior, sino una oportunidad para alinear cada área de tu vida con un propósito eterno. Porque cuando tu espíritu está en paz y tu fe es sólida, todo lo demás encuentra su lugar. ¡Prepárate para descubrir el verdadero poder de vivir con propósito y experimentar la paz que solo una conexión espiritual auténtica puede ofrecer!

## 5. Espiritualidad: Viviendo con Propósito y Paz

*"Confía en el Señor de todo corazón, y no en tu propia inteligencia. Reconócelo en todos tus caminos, y él allanará tus sendas." (Proverbios 3:5-6, NVI)*

La espiritualidad es el corazón de una vida con propósito. Es la brújula que nos guía en momentos de incertidumbre, el refugio que nos da paz en medio de las tormentas y la fuente de fortaleza que nos impulsa a seguir adelante cuando enfrentamos desafíos. No importa cuál sea tu ocupación, tus metas o tus responsabilidades, una conexión profunda con tu fe y tu espíritu puede transformar completamente la manera en que experimentas la vida.

En un mundo lleno de ruido, distracciones y demandas constantes, la espiritualidad nos invita a pausar, a mirar hacia adentro y a reconectar con lo que realmente importa. Este capítulo no trata solo de religión, sino de cómo vivir una vida alineada con valores más elevados, encontrando un sentido de propósito, gratitud y paz interior.

### La espiritualidad como guía para una vida plena

La espiritualidad no se trata de tener todas las respuestas, sino de caminar con confianza, sabiendo que nuestras vidas están guiadas por un propósito más grande que nosotros mismos. Es un recordatorio de que no estamos solos en nuestras luchas ni en nuestras victorias. A través de nuestra conexión espiritual, podemos encontrar la claridad para tomar decisiones importantes, la fuerza para enfrentar desafíos y la humildad para aceptar nuestras limitaciones.

- Ejemplo práctico: Piensa en un momento difícil que hayas enfrentado. ¿Qué te dio la fuerza para seguir adelante? Probablemente fue una combinación de fe, esperanza y el apoyo de quienes te rodean. Ese es el poder transformador de la espiritualidad en acción.

### El propósito como ancla de la espiritualidad

La espiritualidad nos ayuda a responder una de las preguntas más importantes de la vida: "¿Por qué estoy aquí?" Descubrir tu propósito no solo te da dirección, sino que también infunde tus acciones diarias con un significado más profundo. Al vivir con propósito, puedes afrontar cada día con intención y gratitud, sabiendo que incluso las tareas más pequeñas contribuyen a algo más grande.

- Ejemplo práctico: Si tu propósito es servir a los demás, tal vez eso se refleje en cómo tratas a tus compañeros de trabajo, a tu familia o incluso a desconocidos. Cada interacción es una oportunidad para vivir alineado con ese propósito.

**La paz interior como fruto de la espiritualidad**

La paz no es la ausencia de problemas, sino la certeza de que, incluso en medio de ellos, todo estará bien. La espiritualidad nos da acceso a una paz que no depende de las circunstancias externas, sino de nuestra relación con Dios y con nosotros mismos. Esta paz nos permite manejar el estrés, la incertidumbre y las preocupaciones con una perspectiva más amplia y esperanzadora.

- Ejemplo práctico: Dedicar unos minutos al día a la oración, la meditación o la reflexión puede ayudarte a reconectar con esa paz interior, recordándote que no tienes que llevar todas las cargas solo.

**Un camino hacia la gratitud y la esperanza**

Cuando vivimos con espiritualidad, aprendemos a ver la vida con gratitud, incluso en los momentos difíciles. La espiritualidad nos enseña a enfocarnos en las bendiciones, a encontrar significado en los desafíos y a caminar con esperanza hacia el futuro.

- Ejemplo práctico: Antes de dormir, toma un momento para reflexionar sobre tres cosas por las que estás agradecido ese día. Este simple hábito puede cambiar tu perspectiva y fortalecer tu conexión espiritual.

**Reflexión inicial**

Este capítulo es una invitación a profundizar en tu espiritualidad y a permitir que guíe cada área de tu vida. ¿Estás viviendo alineado con tu propósito? ¿Tienes una práctica espiritual que te ayude a encontrar paz y claridad? ¿Cómo puedes integrar más gratitud, esperanza y propósito en tu día a día?

A medida que avances en este capítulo, descubrirás cómo la espiritualidad puede transformar no solo tu relación con Dios, sino también contigo mismo y con los demás. Vivir con propósito y paz no es un destino; es un camino que se recorre con intención, humildad y fe.

**5.1. ¿Qué significa caminar con Dios?**

*"Haz de la voluntad de Dios el deseo de tu corazón, y Él hará realidad tus anhelos." (Salmos 37:4, NVI)*

Caminar con Dios significa tener una relación personal, constante y comprometida con Él. Es un viaje diario de fe y confianza, donde buscamos Su guía en nuestras decisiones, encontramos consuelo en Su presencia y nos esforzamos por vivir de acuerdo con Sus principios. No se trata de alcanzar la perfección, sino de caminar con un corazón dispuesto, confiando en que Él nos sostiene y nos dirige en cada paso de nuestra vida.

Este caminar no es un camino recto ni exento de desafíos, pero es un viaje que transforma nuestra perspectiva, fortalece nuestro espíritu y nos da un propósito más grande. En esta sección, exploraremos qué significa caminar con Dios, cómo podemos construir y nutrir esa relación, y cómo este acto de fe impacta cada área de nuestra vida.

**1. Reconocer a Dios como tu guía y compañero**

Caminar con Dios comienza con reconocer que no estás solo en este viaje. Dios no es un espectador distante, sino un compañero cercano que desea guiarte, consolarte y fortalecer tu espíritu. Este reconocimiento requiere humildad y la disposición de entregar tus preocupaciones, sueños y decisiones a Su cuidado.

- Ejemplo práctico: Antes de tomar una decisión importante, como un cambio de carrera o un compromiso personal, ora pidiendo dirección y sabiduría. Escucha en silencio y confía en que Dios te guiará.
- Acción a corto plazo: Dedica unos minutos cada mañana para agradecer a Dios por Su presencia y pedirle que guíe tu día.
- Acción a largo plazo: Haz de la oración una práctica constante en tu vida, no solo para pedir ayuda, sino también para agradecer, reflexionar y conectar con Su propósito.

**2. Vivir con propósito y alineado con Sus principios**

Caminar con Dios implica vivir con propósito y asegurarte de que tus acciones reflejen Sus enseñanzas. Esto no significa que no cometerás errores, sino que en cada paso buscas actuar con integridad, compasión y amor, confiando en que Dios te ayudará a corregir el rumbo cuando sea necesario.

- Ejemplo práctico: Si te enfrentas a un conflicto con alguien, en lugar de reaccionar impulsivamente, recuerda los principios de amor y perdón. Tómate un momento para reflexionar antes de actuar.
- Acción a corto plazo: Identifica un área en tu vida que necesite alinearse más con los principios de Dios, como tus finanzas, tus relaciones o tu salud, y toma una acción específica para mejorarla.
- Acción a largo plazo: Establece metas personales que reflejen los valores y principios de Dios, como dedicar más tiempo a servir a los demás, profundizar en el estudio de Su Palabra o ser más generoso con tu tiempo y recursos.

**3. Escuchar Su voz en medio del ruido**

En un mundo lleno de distracciones, caminar con Dios requiere aprender a escuchar Su voz en medio del ruido. Esto implica apartar tiempo para la reflexión, la oración y el estudio de Su Palabra, permitiendo que Sus enseñanzas sean la luz que guíe tus pasos.

- Ejemplo práctico: Si sientes incertidumbre sobre el rumbo de tu vida, busca pasajes bíblicos relacionados con la dirección y la confianza, y medita en ellos para encontrar claridad.
- Acción a corto plazo: Dedica al menos 10 minutos al día para leer un pasaje de la Biblia y reflexionar sobre cómo puedes aplicarlo en tu vida diaria.
- Acción a largo plazo: Crea un hábito semanal de silencio y reflexión, como un tiempo de meditación o retiro personal, donde puedas escuchar la voz de Dios sin distracciones.

**4. Confiar en Dios en tiempos de incertidumbre**

Caminar con Dios no significa que no enfrentaremos desafíos, sino que enfrentaremos esos desafíos con la confianza de que no estamos solos. La fe nos permite avanzar, incluso cuando no podemos ver el camino completo, sabiendo que Dios tiene un plan para nosotros.

- Ejemplo práctico: Si estás enfrentando una crisis financiera, en lugar de permitir que el miedo te paralice, ora por dirección, busca recursos para gestionar la situación y confía en que Dios proveerá lo necesario.
- Acción a corto plazo: Cuando enfrentes incertidumbre, escribe tus preocupaciones en un diario de oración y entrégaselas a Dios.
- Acción a largo plazo: Cultiva una mentalidad de confianza al reflexionar regularmente sobre los momentos en los que Dios te ha guiado y provisto en el pasado. Usa esos recuerdos como anclas de fe para el futuro.

**5. Actuar con fe y obediencia**

Caminar con Dios también implica actuar con fe, incluso cuando no entendemos completamente Su plan. La obediencia no siempre es fácil, pero es una muestra de nuestra confianza en que Sus caminos son mejores que los nuestros.

- Ejemplo práctico: Si sientes el llamado de Dios a servir en tu comunidad o a cambiar de rumbo en tu carrera, da un paso de fe, incluso si no tienes todas las respuestas.
- Acción a corto plazo: Identifica un área en la que sientas que Dios te está llamando a actuar y da un paso pequeño pero concreto en esa dirección.
- Acción a largo plazo: Haz de la obediencia un hábito al evaluar tus decisiones importantes a la luz de lo que crees que Dios te está pidiendo, buscando Su dirección a través de la oración y la reflexión.

**6. Caminar con Dios en comunidad**

Aunque caminar con Dios es una experiencia personal, también se fortalece al compartirlo con otros. Estar rodeado de personas que comparten tu fe y propósito puede animarte en momentos difíciles y ayudarte a crecer espiritualmente.

- Ejemplo práctico: Participa en un grupo de estudio bíblico o en una comunidad de fe donde puedas compartir tus experiencias, aprender de los demás y apoyarte mutuamente.
- Acción a corto plazo: Invita a un amigo o familiar a orar o reflexionar juntos sobre un tema espiritual que les preocupe.
- Acción a largo plazo: Haz del compañerismo espiritual una prioridad al establecer conexiones regulares con personas que compartan tu fe, ya sea a través de encuentros semanales, retiros espirituales o actividades de servicio.

**Reflexión final**

Caminar con Dios es un viaje continuo de fe, aprendizaje y transformación. No se trata de alcanzar un destino perfecto, sino de mantenerte en el camino, confiando en que Él está a tu lado en cada paso. Al vivir con propósito, escuchar Su voz, confiar en Su plan y actuar con obediencia, descubrirás una paz y una claridad que solo puede venir de una relación cercana con Él.

**Hoy te invito a reflexionar:**

- ¿Estás caminando con Dios en este momento?
- ¿Qué pasos puedes dar para profundizar tu relación con Él?
- ¿Cómo puedes invitar a Dios a ser parte de cada aspecto de tu vida?

Caminar con Dios no solo transformará tu vida, sino también la de quienes te rodean, porque Su amor y guía siempre dejan una huella duradera.

## 5.2. La oración como pilar de tu vida

*"Clama a mí, y te responderé, y te daré a conocer cosas grandes y ocultas que tú no sabes." (Jeremías 33:3, NVI)*

La oración es uno de los actos más poderosos y transformadores que podemos realizar en nuestra vida diaria. Más que un ritual, es un diálogo íntimo con Dios, una conexión que nos llena de paz, guía y propósito. A través de la oración, reconocemos nuestra dependencia de Dios, entregamos nuestras cargas, y buscamos Su dirección en cada área de nuestra vida. Es el puente que nos permite cultivar una relación personal con Él, experimentar Su presencia y caminar en Su propósito.

En esta sección, exploraremos cómo hacer de la oración un pilar esencial en tu vida, profundizando en su propósito, los beneficios que ofrece y cómo integrarla de manera práctica en tu día a día. También veremos ejemplos de cómo este hábito puede transformar tanto tu vida espiritual como emocional, y daremos pasos claros para construir una vida sostenida por la oración.

### 1. ¿Qué significa orar realmente?

La oración no es solo una lista de peticiones; es una conversación con Dios. Es un tiempo para hablar, pero también para escuchar. Es el momento donde podemos expresar gratitud, pedir ayuda, buscar consuelo o simplemente compartir nuestras inquietudes. A través de la oración, abrimos nuestro corazón a Dios y permitimos que Su amor y sabiduría transformen nuestras circunstancias y nuestra perspectiva.

- Ejemplo práctico: Imagina que estás enfrentando un día lleno de decisiones difíciles. En lugar de preocuparte, toma cinco minutos para hablar con Dios, expresar tus inquietudes y pedir Su guía.
- Acción a corto plazo: Dedica un momento al inicio de tu día para hablar con Dios sobre tus planes, decisiones y preocupaciones, entregándole cada aspecto de tu jornada.
- Acción a largo plazo: Desarrolla un hábito constante de oración en el que hables con Dios no solo en momentos de necesidad, sino también en los de gratitud y alegría.

**2. Los diferentes tipos de oración y su propósito**

La oración tiene muchas formas, cada una diseñada para enriquecer nuestra relación con Dios y responder a diferentes necesidades espirituales y emocionales. Algunos de los tipos de oración más comunes son:

1. Oración de gratitud: Reconocer y agradecer a Dios por Sus bendiciones.

- Ejemplo práctico: Al final del día, reflexiona sobre tres cosas por las que estás agradecido y agradécelas en oración.
- Acción a corto plazo: Comienza cada mañana agradeciendo a Dios por una bendición específica, como tu salud, tu familia o el simple hecho de despertar.
- Acción a largo plazo: Mantén un diario de gratitud espiritual donde anotes tus bendiciones diarias y cómo has visto a Dios trabajar en tu vida.

2. Oración de petición: Presentar nuestras necesidades y preocupaciones a Dios.

- Ejemplo práctico: Si estás preocupado por una entrevista de trabajo, ora pidiendo sabiduría y confianza para afrontarla con éxito.
- Acción a corto plazo: Identifica una preocupación específica en tu vida y llévala a Dios en oración, confiando en que Él está en control.
- Acción a largo plazo: Aprende a entregar tus preocupaciones a Dios diariamente, dejando que Su paz reemplace tus ansiedades.

3. Oración de intercesión: Orar por las necesidades de los demás.

- Ejemplo práctico: Si conoces a alguien que está pasando por una enfermedad o dificultad, ora específicamente por su sanación, fortaleza y paz.
- Acción a corto plazo: Crea una lista de personas que necesitan oración y dedica tiempo a interceder por ellas cada día.
- Acción a largo plazo: Desarrolla una mentalidad de servicio al incluir regularmente a otros en tus oraciones, mostrando amor y apoyo espiritual.

4. Oración de adoración: Alabar y honrar a Dios por quién es Él.

- Ejemplo práctico: Dedica unos minutos a meditar sobre los atributos de Dios, como Su amor, misericordia y fidelidad, y agradece por Su presencia constante en tu vida.
- Acción a corto plazo: Comienza tus oraciones diarias con palabras de alabanza y reconocimiento a Dios.
- Acción a largo plazo: Haz de la adoración una parte central de tu vida espiritual, participando en actividades que celebren la grandeza de Dios, como cantar himnos o reflexionar en Su Palabra.

**3. El poder transformador de la oración**

La oración tiene el poder de transformar no solo nuestras circunstancias, sino también nuestro corazón y nuestra perspectiva. Nos ayuda a ver nuestras situaciones desde el punto de vista de Dios, recordándonos que Él tiene el control y que Su plan es perfecto.

- Ejemplo práctico: Si te sientes abrumado por las responsabilidades, ora pidiendo paz y claridad para priorizar lo más importante. Muchas veces, la oración nos permite liberar cargas que no estamos destinados a llevar solos.
- Acción a corto plazo: Cuando enfrentes un desafío, haz una pausa y ora antes de actuar, pidiendo sabiduría para tomar la mejor decisión.
- Acción a largo plazo: Reflexiona regularmente sobre cómo Dios ha respondido a tus oraciones y cómo Su presencia ha transformado tu vida. Esto fortalecerá tu fe y te animará a orar con más frecuencia.

### 4. Cómo establecer una rutina de oración constante

Convertir la oración en un pilar de tu vida requiere intención y disciplina. No se trata de orar por obligación, sino de crear un espacio diario donde puedas conectarte con Dios de manera significativa.

- Ejemplo práctico: Encuentra un lugar tranquilo en tu hogar donde puedas orar sin distracciones, como un rincón especial con tu Biblia y un cuaderno para anotar tus pensamientos.
- Acción a corto plazo: Establece un horario fijo para orar cada día, como en la mañana al despertar o antes de dormir.
- Acción a largo plazo: Crea una rutina de oración más profunda al incluir tiempo para meditar en pasajes bíblicos, reflexionar y escribir tus peticiones y agradecimientos en un diario.

### 5. Superando los desafíos en la oración

Es común enfrentar obstáculos al intentar establecer una vida de oración constante, como distracciones, dudas o falta de tiempo. Sin embargo, estos desafíos pueden convertirse en oportunidades para fortalecer tu fe y tu compromiso.

- Ejemplo práctico: Si te cuesta concentrarte durante la oración, comienza con una breve meditación o una canción de alabanza para centrarte en la presencia de Dios.
- Acción a corto plazo: Cuando te distraigas durante la oración, lleva esas distracciones directamente a Dios, pidiéndole que te ayude a enfocarte.
- Acción a largo plazo: Aprende a perseverar en la oración incluso cuando sientas que no hay respuestas inmediatas, confiando en que Dios siempre está obrando en tu favor.

**Reflexión final**

La oración no es solo una herramienta para pedir ayuda; es el cimiento que sostiene nuestra relación con Dios y nuestra vida espiritual. A través de la oración, encontramos paz en medio de las tormentas, dirección en los momentos de incertidumbre y fuerza para enfrentar cualquier desafío.

Hoy te invito a reflexionar:

- ¿Qué lugar ocupa la oración en tu vida diaria?
- ¿Cómo puedes hacer de la oración un hábito constante que transforme tu relación con Dios?
- ¿Qué pasos específicos puedes tomar hoy para profundizar tu vida de oración?

Recuerda que la oración no necesita ser perfecta ni larga; lo más importante es que sea sincera. Habla con Dios, escúchalo y confía en que Él siempre está contigo, listo para guiarte, sostenerte y mostrarte Su amor infinito.

## 5.3. Encontrando paz en medio del caos

*"Tú guardarás en completa paz a aquel cuyo pensamiento en ti persevera, porque en ti ha confiado." (Isaías 26:3, NVI)*

En un mundo lleno de caos, presiones y cambios constantes, encontrar paz puede parecer un desafío. Las responsabilidades diarias, los problemas inesperados y las incertidumbres de la vida nos llevan con frecuencia a un estado de estrés y ansiedad. Sin embargo, la paz no depende de la ausencia de dificultades, sino de nuestra capacidad para confiar en Dios y centrarnos en Su presencia, incluso en medio de la tormenta.

En esta sección, aprenderás cómo encontrar una paz que trascienda las circunstancias externas, basada en la fe, la perspectiva correcta y acciones intencionales que transformen tu forma de enfrentar el caos. Veremos estrategias prácticas y ejemplos concretos para ayudarte a construir una vida de calma y equilibrio, incluso en los momentos más difíciles.

**1. Entendiendo la paz de Dios**

La paz que Dios ofrece no se encuentra en el control de las circunstancias, sino en la certeza de que Él está en control. Esta paz, descrita en la Biblia como "que sobrepasa todo entendimiento" (Filipenses 4:7), nos permite afrontar los desafíos con serenidad, sabiendo que no estamos solos.

- Ejemplo práctico: Piensa en un momento de dificultad en el que sentiste paz, incluso cuando no tenías todas las respuestas. Ese sentimiento no viene del mundo, sino de una confianza profunda en Dios.
- Acción a corto plazo: Memoriza un versículo sobre la paz, como Isaías 26:3, y recítalo cuando sientas estrés o ansiedad.
- Acción a largo plazo: Haz del tiempo con Dios una prioridad diaria para fortalecer tu confianza en Él y cultivar una paz que no dependa de las circunstancias externas.

**2. Identificar las fuentes de caos en tu vida**

Para encontrar paz, primero debes identificar las fuentes de caos y estrés en tu vida. Estas pueden incluir sobrecarga laboral, problemas familiares, preocupaciones financieras o incluso tus propios pensamientos negativos. Al reconocer estas áreas, puedes tomar medidas específicas para enfrentarlas y reducir su impacto.

- Ejemplo práctico: Si sientes que tu calendario está demasiado lleno, revisa tus compromisos y elimina las actividades que no son esenciales para tu bienestar o propósito.
- Acción a corto plazo: Escribe una lista de las cosas que están generando estrés en tu vida y elige una de ellas para abordar esta semana.
- Acción a largo plazo: Haz una evaluación mensual de tus prioridades y compromisos, asegurándote de que estén alineados con tus valores y propósito.

### 3. Construir una rutina de calma en medio del caos

Una rutina diaria que incluya momentos de calma y reflexión puede ayudarte a mantener la paz, incluso en medio de las demandas más exigentes. Esto incluye prácticas espirituales, tiempo para descansar y actividades que nutran tu bienestar emocional y físico.

- Ejemplo práctico: Dedica los primeros 10 minutos de tu día a la oración o la meditación, enfocándote en la gratitud y en entregar tus preocupaciones a Dios.
- Acción a corto plazo: Establece un horario específico cada día para desconectarte de las redes sociales, el correo electrónico y otras distracciones, y utiliza ese tiempo para reflexionar o relajarte.
- Acción a largo plazo: Desarrolla un plan de autocuidado semanal que incluya actividades como ejercicio, lectura inspiradora, tiempo en la naturaleza o pasatiempos que disfrutes.

### 4. Cambiar tu perspectiva en medio de los desafíos

Muchos de los momentos de caos en nuestra vida se intensifican debido a nuestra perspectiva. Cuando vemos las dificultades como oportunidades para crecer y confiar en Dios, en lugar de obstáculos insuperables, podemos experimentar paz incluso en medio del caos.

- Ejemplo práctico: Si enfrentas un revés financiero, en lugar de enfocarte solo en la pérdida, busca lecciones que puedas aprender y oportunidades para ajustar tu enfoque hacia la administración.
- Acción a corto plazo: Cuando te enfrentes a un desafío, haz una lista de tres cosas positivas que puedan surgir de esa situación. Esto cambiará tu enfoque hacia la gratitud y el crecimiento.
- Acción a largo plazo: Practica la reflexión diaria, preguntándote: "¿Qué lecciones puedo aprender de los desafíos de hoy? ¿Cómo puedo confiar más en Dios en estas situaciones?"

**5. Practicar la entrega y la confianza en Dios**

Mucho del caos que experimentamos proviene de intentar controlar todo en nuestra vida. Practicar la entrega significa confiar en que Dios tiene el control, incluso cuando las cosas parecen fuera de nuestro alcance. Esta confianza nos libera de la carga de tratar de resolverlo todo por nuestra cuenta.

- Ejemplo práctico: Si estás preocupado por un proyecto en el trabajo, ora pidiendo dirección y haz lo mejor que puedas, dejando el resto en manos de Dios.
- Acción a corto plazo: Identifica una preocupación específica y escribe una oración entregándosela a Dios. Repite esta práctica cada vez que esa preocupación regrese a tu mente.
- Acción a largo plazo: Cultiva una mentalidad de entrega al reflexionar regularmente sobre los momentos en los que Dios ha guiado y provisto en el pasado. Usa esos recuerdos como base para confiar en Él en el futuro.

**6. Construir un entorno de paz en tu vida diaria**

El entorno en el que vivimos también influye en nuestra capacidad para encontrar paz. Un espacio físico organizado y un ambiente emocional positivo pueden ayudarnos a reducir el caos y fomentar la tranquilidad.

- Ejemplo práctico: Dedica tiempo a ordenar tu espacio de trabajo o tu hogar, eliminando el desorden físico que pueda estar contribuyendo al estrés.
- Acción a corto plazo: Crea un "espacio de paz" en tu hogar donde puedas orar, reflexionar o simplemente descansar.
- Acción a largo plazo: Fomenta un ambiente positivo en tus relaciones al practicar la gratitud, resolver conflictos rápidamente y rodearte de personas que te inspiren y apoyen.

**7. Encontrar paz a través del servicio a los demás**

A veces, el mejor antídoto contra el caos interno es salir de nuestra propia perspectiva y servir a los demás. Ayudar a otros no solo trae alegría y propósito, sino que también nos recuerda que nuestras propias dificultades no son insuperables.

- Ejemplo práctico: Si te sientes abrumado, busca una oportunidad para ayudar a alguien más, como ofrecer apoyo a un amigo o participar en una actividad de voluntariado.
- Acción a corto plazo: Dedica una hora esta semana para servir a alguien en necesidad, ya sea en tu comunidad, en tu iglesia o en tu círculo cercano.
- Acción a largo plazo: Haz del servicio una práctica regular, buscando maneras de impactar a tu comunidad y recordarte que siempre puedes ser un canal de bendición para los demás.

**Reflexión final**

Encontrar paz en medio del caos no significa que tus circunstancias cambiarán de inmediato, sino que tu enfoque y actitud pueden transformarse. A través de la fe, la reflexión y acciones intencionales, puedes experimentar una paz que sobrepasa el entendimiento humano, incluso en los momentos más difíciles.

Hoy te invito a reflexionar:

- ¿Qué áreas de tu vida están llenas de caos en este momento?
- ¿Cómo puedes buscar a Dios en medio de esas circunstancias para encontrar Su paz?
- ¿Qué pasos concretos puedes tomar esta semana para construir un ambiente de calma y confianza?

Recuerda que la paz verdadera no viene del control, sino de la confianza en Aquel que tiene el control. Al entregarle tus cargas a Dios y centrarte en Su presencia, puedes encontrar descanso, fortaleza y claridad, incluso en los momentos más turbulentos.

### 5.4. La gratitud como práctica diaria

*"Den gracias a Dios en toda situación, porque esta es su voluntad para ustedes en Cristo Jesús." (1 Tesalonicenses 5:18, NVI)*

La gratitud es más que un sentimiento; es una actitud que puede transformar tu perspectiva y tu vida. Es un acto intencional de reconocer y apreciar las bendiciones, grandes y pequeñas, que recibimos diariamente. En un mundo donde las preocupaciones, los desafíos y las metas por alcanzar a menudo ocupan nuestra mente, cultivar la gratitud nos ayuda a enfocarnos en lo que ya tenemos, a valorar lo que nos rodea y a encontrar alegría incluso en los momentos más simples.

En esta sección, exploraremos cómo la gratitud puede convertirse en una práctica diaria que nutra tu espíritu, mejore tu salud emocional y fortalezca tus relaciones. Aprenderás cómo desarrollar el hábito de la gratitud y cómo esta simple acción puede impactar profundamente tu vida y la de los demás.

**1. ¿Qué significa vivir con gratitud?**

Vivir con gratitud no significa ignorar los desafíos o pretender que todo es perfecto. En cambio, significa elegir enfocarte en las bendiciones en medio de las dificultades. Es una forma de reconocer que, incluso en los momentos difíciles, hay algo por lo cual estar agradecido.

- Ejemplo práctico: Si estás pasando por un momento difícil en el trabajo, en lugar de enfocarte únicamente en los problemas, agradece por las habilidades que tienes para superar el desafío o por el apoyo de tus colegas.
- Acción a corto plazo: Tómate cinco minutos al final del día para identificar al menos tres cosas por las que estés agradecido, sin importar lo pequeñas que parezcan.
- Acción a largo plazo: Haz de la gratitud una mentalidad diaria al comenzar y terminar cada día con una reflexión sobre las bendiciones que has recibido.

**2. Los beneficios de la gratitud para tu vida**

La ciencia y la fe coinciden en que la gratitud tiene un impacto positivo en nuestra vida. Estudios han demostrado que las personas que practican la gratitud regularmente tienen menos estrés, duermen mejor y disfrutan de relaciones más saludables. Desde una perspectiva espiritual, la gratitud nos acerca más a Dios, recordándonos Su fidelidad y provisión.

- Ejemplo práctico: Si te sientes abrumado por las preocupaciones, haz una pausa y escribe en un papel las bendiciones que puedes contar en este momento. Verlas de manera tangible puede ayudarte a cambiar tu enfoque.
- Acción a corto plazo: Cuando enfrentes estrés o ansiedad, haz una pausa para orar o reflexionar, agradeciendo por al menos una cosa buena en tu vida.

- Acción a largo plazo: Mantén un diario de gratitud y dedica unos minutos cada día a registrar lo que agradeces. Con el tiempo, esto te ayudará a desarrollar una perspectiva más positiva y esperanzadora.

**3. Practicar la gratitud hacia Dios**

La gratitud comienza con Dios, quien es la fuente de todas nuestras bendiciones. Reconocer Su mano en nuestras vidas, incluso en los momentos difíciles, fortalece nuestra fe y nos ayuda a confiar en Su plan.

- Ejemplo práctico: Si estás enfrentando una situación desafiante, agradece a Dios por estar contigo y por las lecciones que puedes aprender a través de esa experiencia.
- Acción a corto plazo: Incluye un momento de gratitud en tus oraciones diarias, agradeciendo a Dios por algo específico que Él ha hecho por ti.
- Acción a largo plazo: Haz un esfuerzo consciente por agradecer a Dios incluso por las pequeñas cosas, como un día soleado, una comida deliciosa o una conversación edificante.

**4. Cultivar la gratitud en las relaciones**

La gratitud también transforma nuestras relaciones. Cuando expresamos agradecimiento hacia las personas que nos rodean, fortalecemos los lazos, fomentamos la confianza y creamos un ambiente de amor y aprecio.

- Ejemplo práctico: Si un amigo o familiar te ayuda con algo, no solo le digas "gracias," sino que también explica por qué su acción fue significativa para ti.
- Acción a corto plazo: Identifica a alguien en tu vida que haya hecho algo especial por ti recientemente y exprésale tu agradecimiento de manera personal, ya sea en persona, por mensaje o con una nota escrita a mano.
- Acción a largo plazo: Haz del agradecimiento una práctica regular en tus relaciones. Cada semana, elige a alguien en tu vida y encuentra una manera de expresar tu gratitud hacia esa persona.

### 5. Encontrar gratitud en los momentos difíciles

Uno de los mayores desafíos es practicar la gratitud cuando enfrentamos dificultades. Sin embargo, estos momentos son una oportunidad para desarrollar una perspectiva más profunda, aprendiendo a encontrar las bendiciones ocultas incluso en medio del dolor.

- Ejemplo práctico: Si estás atravesando una pérdida o un cambio inesperado, reflexiona sobre las formas en que Dios te ha fortalecido o sobre las personas que te han apoyado durante este tiempo.
- Acción a corto plazo: Durante un momento difícil, escribe una lista de las cosas buenas que aún están presentes en tu vida.
- Acción a largo plazo: Practica la gratitud en los momentos de prueba reflexionando regularmente sobre cómo las dificultades han moldeado tu carácter y te han acercado más a Dios.

### 6. Gratitud como una práctica comunitaria

La gratitud no solo es un acto individual; también puede convertirse en una práctica comunitaria que inspire y motive a otros. Cuando compartimos nuestras bendiciones y expresamos agradecimiento públicamente, animamos a las personas a adoptar una actitud similar.

- Ejemplo práctico: Durante una reunión familiar o un momento con amigos, pide a cada persona que comparta algo por lo que están agradecidos.
- Acción a corto plazo: Organiza un momento de gratitud en tu hogar, como una cena especial donde cada miembro de la familia comparta sus bendiciones.
- Acción a largo plazo: Participa en actividades comunitarias o religiosas que fomenten la gratitud, como grupos de oración, retiros o eventos especiales centrados en el agradecimiento.

### 7. Gratitud como un legado duradero

Cuando practicamos la gratitud, dejamos un impacto positivo en las generaciones futuras. Al enseñar a nuestros hijos y a los más jóvenes la importancia de ser agradecidos, les damos una herramienta poderosa para enfrentar la vida con esperanza y alegría.

- Ejemplo práctico: Enseña a tus hijos a orar cada noche, agradeciendo a Dios por tres cosas específicas que hayan experimentado durante el día.
- Acción a corto plazo: Habla con los niños de tu familia sobre lo que significa ser agradecido y anímales a expresar gratitud hacia los demás.
- Acción a largo plazo: Crea tradiciones familiares que celebren la gratitud, como escribir cartas de agradecimiento en fechas especiales o reflexionar juntos sobre las bendiciones del año al final de cada diciembre.

**Reflexión final**

La gratitud no elimina los desafíos, pero transforma la manera en que los enfrentamos. Nos ayuda a reconocer las bendiciones de Dios en nuestras vidas, a valorar a las personas que nos rodean y a encontrar alegría incluso en las pequeñas cosas. Al hacer de la gratitud una práctica diaria, no solo enriquecemos nuestra propia vida, sino que también dejamos una huella positiva en las vidas de los demás.

Hoy, te invito a reflexionar:

- ¿Qué bendiciones puedes reconocer en este momento?
- ¿Cómo puedes expresar más gratitud hacia Dios y hacia las personas en tu vida?
- ¿Qué pasos concretos puedes tomar para hacer de la gratitud un hábito constante?

Recuerda que la gratitud no depende de las circunstancias, sino de la actitud con la que eliges vivir. Al practicar la gratitud diariamente, experimentarás una paz y una alegría que transformarán tu vida de maneras inimaginables.

## 5.5. Viviendo con propósito eterno

*"Sin embargo, yo considero que mi vida no vale nada para mí mismo, con tal de que termine mi carrera y lleve a cabo el servicio que me ha encomendado el Señor Jesús, que es dar testimonio del evangelio de la gracia de Dios." (Hechos 20:24, NVI)*

Vivir con propósito eterno significa entender que nuestra vida no se trata solo de acumular logros, bienes materiales o experiencias temporales, sino de contribuir a un propósito más grande que trasciende esta vida. Se trata de alinear nuestras acciones diarias con un significado más profundo, reconociendo que somos parte de un plan divino y que nuestra vida puede dejar un impacto eterno en el mundo y en las personas que nos rodean.

Esta sección te invita a reflexionar sobre el propósito eterno para el cual fuiste creado y a tomar decisiones conscientes que reflejen tus valores y fe. Aprenderás cómo identificar y vivir alineado con ese propósito, dejando una huella significativa en tu vida, en tu comunidad y, sobre todo, en tu relación con Dios.

### 1. Entendiendo el propósito eterno

El propósito eterno comienza con la pregunta fundamental: "¿Para qué fui creado?" Según las Escrituras, Dios nos creó para glorificar Su nombre, amar a los demás y ser instrumentos de Su voluntad en la tierra. Este propósito no está limitado por nuestra profesión, posición o edad; se trata de cómo usamos nuestras vidas para reflejar Su amor y cumplir Su plan.

- Ejemplo práctico: Si trabajas en un ambiente corporativo, puedes vivir tu propósito eterno al demostrar integridad, tratar a tus colegas con respeto y buscar formas de servir a los demás, incluso en tareas aparentemente simples.
- Acción a corto plazo: Reflexiona sobre tus talentos y habilidades únicas y cómo puedes usarlos para servir a Dios y a los demás.

- Acción a largo plazo: Dedica tiempo a buscar en oración y en la Biblia cuál es el propósito específico que Dios tiene para ti y comprométete a caminar en esa dirección.

**2. Diferenciar entre el éxito temporal y el propósito eterno**

El mundo nos enseña a buscar el éxito material, la fama y la comodidad, pero el propósito eterno nos llama a enfocarnos en lo que tiene valor duradero. Esto no significa que no debamos buscar metas profesionales o personales, sino que debemos asegurarnos de que estén alineadas con los principios de Dios.

- Ejemplo práctico: En lugar de medir el éxito por cuánto dinero ganas, pregúntate si estás usando tus recursos para bendecir a otros y contribuir a un impacto duradero.
- Acción a corto plazo: Evalúa tus metas actuales y pregúntate: "¿Esto contribuye a mi propósito eterno, o solo está enfocado en mis logros personales?"
- Acción a largo plazo: Redefine el éxito en tu vida basándote en los valores eternos, como amar a los demás, servir con humildad y vivir con integridad.

**3. Impactar a otros con tu propósito eterno**

El propósito eterno no se trata solo de tu relación con Dios, sino también de cómo influencias y sirves a los demás. Cada interacción, cada acto de bondad y cada palabra de aliento son oportunidades para reflejar el amor de Dios y marcar una diferencia en la vida de alguien más.

- Ejemplo práctico: Si tienes un vecino que está pasando por un momento difícil, ofrecerte para ayudar o simplemente escuchar puede ser un acto pequeño con un impacto eterno.
- Acción a corto plazo: Busca una oportunidad esta semana para servir a alguien, ya sea en tu familia, tu comunidad o tu lugar de trabajo.

- Acción a largo plazo: Haz del servicio a los demás una práctica regular, encontrando formas de usar tus dones y recursos para impactar vidas de manera significativa.

**4. Alinear tus prioridades con un propósito eterno**

Vivir con propósito eterno requiere que nuestras prioridades reflejen lo que realmente importa. Esto incluye dedicar tiempo a nuestras relaciones, cuidar de nuestra salud espiritual y emocional, y mantenernos enfocados en lo que Dios nos llama a hacer.

- Ejemplo práctico: Si tu agenda está demasiado ocupada, evalúa cómo estás gastando tu tiempo y si estás dejando espacio para cosas que tienen un impacto eterno, como tu relación con Dios y tus seres queridos.
- Acción a corto plazo: Haz una lista de tus actividades diarias y clasifícalas en función de su impacto a largo plazo. Elimina o reduce las que no contribuyen a tu propósito eterno.
- Acción a largo plazo: Establece metas que reflejen tus prioridades eternas, como pasar más tiempo en oración, dedicarte al servicio comunitario o fortalecer tus relaciones familiares.

**5. Viviendo con fe y esperanza en el propósito eterno**

El propósito eterno también nos da esperanza, especialmente en tiempos de dificultad. Nos recuerda que nuestra vida tiene un significado más grande y que nuestras luchas no son en vano. Esta perspectiva nos permite avanzar con confianza, sabiendo que cada paso que damos tiene un impacto duradero.

- Ejemplo práctico: Si enfrentas una prueba en tu vida, como una pérdida o un desafío financiero, recuerda que Dios puede usar esa situación para un propósito mayor y busca Su guía en oración.
- Acción a corto plazo: Cuando enfrentes dificultades, escribe una oración agradeciendo a Dios por Su presencia y pidiendo claridad sobre cómo esa experiencia puede contribuir a tu propósito eterno.

- Acción a largo plazo: Haz de la fe y la esperanza un pilar en tu vida al meditar regularmente en pasajes bíblicos que te recuerden el propósito eterno de tus luchas y triunfos.

### 6. Dejar un legado que refleje tu propósito eterno

Vivir con propósito eterno también significa dejar un legado que inspire a otros a buscar a Dios y a vivir con intención. Este legado no se mide en bienes materiales, sino en las vidas que impactamos y el ejemplo que dejamos.

- Ejemplo práctico: Enseña a tus hijos o a los jóvenes de tu comunidad sobre la importancia de vivir una vida centrada en Dios y en el servicio a los demás.
- Acción a corto plazo: Reflexiona sobre el legado que estás dejando actualmente y cómo puedes alinearlo más con tus valores eternos.
- Acción a largo plazo: Crea tradiciones familiares o comunitarias que promuevan el amor, la fe y el servicio, asegurándote de que tu impacto perdure en las generaciones futuras.

### 7. Conectarte diariamente con tu propósito eterno

Vivir con propósito eterno no es un evento único, sino una decisión diaria. Cada día es una oportunidad para buscar a Dios, reflexionar sobre tus acciones y asegurarte de que estás avanzando hacia el impacto que Él te ha llamado a tener.

- Ejemplo práctico: Dedica unos minutos al inicio de tu día para orar y pedir a Dios que guíe tus decisiones hacia Su propósito eterno.
- Acción a corto plazo: Establece un recordatorio diario, como una nota en tu espejo o una alarma en tu teléfono, para reflexionar sobre cómo tus acciones están alineadas con tu propósito eterno.
- Acción a largo plazo: Mantén un diario espiritual donde puedas registrar tus metas, oraciones y reflexiones sobre cómo estás viviendo con propósito eterno.

**Reflexión final**

Vivir con propósito eterno no solo transforma tu vida, sino también la de quienes te rodean. Es un llamado a salir de las metas temporales y enfocarte en lo que tiene un valor duradero. Hoy te invito a reflexionar:

- ¿Estás viviendo con propósito eterno, o estás enfocado solo en metas temporales?
- ¿Qué cambios puedes hacer hoy para alinear tu vida con el propósito para el cual fuiste creado?
- ¿Cómo puedes impactar a otros y dejar un legado que refleje los valores eternos?

Recuerda que cada acción que tomas, por pequeña que sea, puede tener un impacto eterno. Al caminar con fe, esperanza y amor, estás construyendo una vida que no solo glorifica a Dios, sino que también deja una huella duradera en este mundo.

**Conclusión**

La espiritualidad es el ancla que nos conecta con algo mucho más grande que nosotros mismos. Nos da propósito, dirección y, sobre todo, paz en medio de las tormentas de la vida. A través de este capítulo, hemos explorado cómo caminar con Dios, cómo la oración se convierte en un pilar esencial, cómo encontrar paz en medio del caos, cultivar gratitud y vivir con un propósito eterno. Cada una de estas prácticas no solo transforma nuestra relación con Dios, sino que también impacta profundamente la manera en que vivimos y nos relacionamos con los demás.

Vivir con espiritualidad no significa llevar una vida sin problemas, sino tener la certeza de que, sin importar las circunstancias, estamos en manos de un Dios que nos ama y que tiene un propósito perfecto para nosotros. Es un llamado a confiar, a soltar nuestras cargas, y a buscar intencionalmente la paz que solo Él puede ofrecer.

**Espiritualidad como un estilo de vida**

La espiritualidad no es un evento aislado, ni algo que solo ocurre durante un momento de oración o en un servicio religioso. Es un estilo de vida, una forma de vivir cada día con la conciencia de que Dios está presente en todo lo que hacemos. Desde nuestras decisiones más importantes hasta los detalles más pequeños, vivir con espiritualidad significa caminar de la mano de Dios en cada aspecto de nuestra vida.

- Reflexión: ¿Cómo estás integrando la espiritualidad en tu vida diaria? ¿Tus pensamientos, palabras y acciones reflejan tu relación con Dios?

Una vida espiritual plena no es perfecta, pero sí intencional. Es un esfuerzo constante por buscar a Dios, escuchar Su voz y alinear nuestras acciones con Su propósito.

**El poder de la paz espiritual**

La paz que proviene de una vida espiritual no se encuentra en el mundo, sino en nuestra relación con Dios. Esta paz nos permite enfrentar desafíos con fortaleza, confiar en que Dios tiene el control y encontrar serenidad en medio del caos. Es una paz que transforma nuestra perspectiva, recordándonos que no estamos solos y que nuestras luchas tienen un propósito más grande.

- Acción diaria: Tómate un momento cada día para conectarte con Dios y permitir que Su paz llene tu corazón, especialmente en los momentos de mayor incertidumbre.

Cuando vivimos con esta paz, impactamos también a quienes nos rodean. Nos convertimos en un reflejo del amor y la gracia de Dios, creando un ambiente de esperanza y tranquilidad en nuestras relaciones y comunidades.

**El legado de una vida con propósito eterno**

Uno de los mayores regalos de vivir con espiritualidad es el legado que dejamos. Al vivir con propósito eterno, nuestras acciones tienen un impacto duradero que trasciende nuestras vidas. Cada momento de oración, cada acto de gratitud, cada esfuerzo por encontrar paz en medio de los desafíos deja una huella que inspira a otros a buscar lo mismo.

- Ejemplo: Piensa en alguien que haya impactado tu vida a través de su espiritualidad. ¿Cómo te inspiró su ejemplo y qué puedes hacer para transmitir esa inspiración a los demás?

Vivir con propósito eterno significa entender que nuestra vida tiene un significado más grande. No se trata solo de lo que logramos, sino de cómo usamos nuestras vidas para glorificar a Dios, amar a los demás y construir un impacto que perdure.

**Un llamado a la acción**

Mientras cierras este capítulo, quiero invitarte a reflexionar sobre tu propia espiritualidad y las áreas donde puedes crecer. ¿Estás caminando con Dios cada día? ¿Tu vida refleja un propósito eterno? ¿Estás practicando gratitud y buscando paz en medio de los desafíos?

- Acción inmediata: Dedica unos minutos hoy para orar y reflexionar sobre lo que has aprendido en este capítulo. Pide a Dios que te guíe en tu camino espiritual y te muestre las áreas donde puedes crecer.
- Acción a largo plazo: Haz de la espiritualidad una prioridad constante en tu vida. Desarrolla hábitos como la oración diaria, la gratitud intencional y la búsqueda activa de tu propósito eterno, sabiendo que cada pequeño paso te acerca más a Dios.

**Reflexión final**

La espiritualidad es un viaje continuo, lleno de aprendizajes, desafíos y momentos de transformación. No se trata de alcanzar la perfección, sino de caminar con un corazón dispuesto y una fe constante. A través de la oración, la gratitud, la paz y el propósito, nos acercamos más a Dios y descubrimos la vida plena y significativa que Él desea para nosotros.

Recuerda que no importa dónde te encuentres en tu camino espiritual, Dios siempre está ahí, listo para caminar contigo, guiarte y sostenerte. Cada paso que das hacia Él no solo transforma tu vida, sino también la de quienes te rodean. Al vivir con propósito y paz, dejas una huella que trasciende, reflejando el amor y la gracia de Dios en todo lo que haces.

Hoy es el momento perfecto para dar ese paso, para profundizar tu relación con Dios y para vivir con una intención renovada. Porque cuando vivimos con propósito eterno, encontramos una paz y una alegría que trascienden cualquier circunstancia.\n\n

---

En el capítulo anterior, exploraste la espiritualidad como el fundamento para vivir con propósito y paz. Comprendiste que una conexión profunda con Dios y una vida guiada por la fe son los pilares que dan sentido y dirección a cada decisión, cada relación y cada meta. Ahora caminas con un propósito eterno, sabiendo que no estás solo en este viaje. Pero aquí surge una pregunta esencial: ¿Qué sucede cuando tus propios pensamientos se interponen en el camino hacia ese propósito?

La espiritualidad te brinda la guía, pero tu mentalidad determina si aceptas esa guía o si permites que tus creencias limitantes te frenen. Tus pensamientos tienen el poder de construir o destruir, de empujarte hacia adelante o de mantenerte atrapado en la duda, el miedo o el conformismo. Para avanzar hacia la vida que deseas, necesitas algo más que fe: necesitas transformar tu forma de pensar.

En el próximo capítulo, te adentrarás en el fascinante mundo de tu mentalidad. Descubrirás cómo tus creencias, conscientes e inconscientes, moldean tus decisiones y tu realidad. Más importante aún, aprenderás a identificar esas creencias limitantes que te han frenado durante años y a reemplazarlas con pensamientos de posibilidad, confianza y éxito.

Así que te dejo con esta reflexión:

¿Tus pensamientos actuales están construyendo el futuro que deseas o están limitándolo?

Este próximo capítulo será un llamado a desafiar lo que creías imposible y a reclamar el poder de tu mente. Porque cuando transformas tu mentalidad, transformas tu vida. ¡Prepárate para desatar tu potencial y avanzar con fuerza hacia la vida que estás destinado a vivir! ¡El siguiente paso en tu viaje está lleno de descubrimientos y posibilidades!

## 6. El Poder de Tu Mentalidad: Superando Creencias Limitantes

*"Porque cual es su pensamiento en su corazón, tal es él." (Proverbios 23:7, RV60)*

Tu mentalidad es la brújula que guía cada decisión, cada acción y, en última instancia, el curso de tu vida. Lo que crees sobre ti mismo, sobre el mundo y sobre lo que es posible determina cómo enfrentas los desafíos, cómo persigues tus metas y cómo experimentas el éxito o el estancamiento. Una mentalidad fortalecida puede llevarte a conquistar tus sueños, mientras que las creencias limitantes pueden detenerte antes incluso de comenzar.

Este capítulo se centra en el poder transformador de tu mentalidad y en cómo identificar, desafiar y superar las creencias limitantes que te impiden alcanzar tu máximo potencial. Estas creencias no siempre son evidentes; muchas veces se forman en la infancia, como resultado de experiencias pasadas, palabras de otros o incluso patrones culturales. Sin embargo, al tomar conciencia de ellas y reemplazarlas por pensamientos alineados con tu propósito, puedes desbloquear nuevas oportunidades y vivir una vida más plena y significativa.

### La mentalidad como el eje de tu transformación

Todo cambio significativo comienza en tu mente. Antes de que puedas transformar tu realidad externa, debes trabajar en tu realidad interna. Una mentalidad de crecimiento y confianza en ti mismo no solo te prepara para enfrentar desafíos, sino que también te permite ver posibilidades donde otros ven limitaciones. Es aquí donde radica el verdadero poder: en tu capacidad para reprogramar tus pensamientos y dirigir tu energía hacia lo que realmente importa.

- Ejemplo práctico: Piensa en una meta que alguna vez te parecía imposible. ¿Qué pensamientos o miedos te detenían? Ahora considera qué habría cambiado si hubieras creído firmemente que sí era posible. Este es el impacto de tu mentalidad.

- Reflexión: ¿Qué pensamientos sobre ti mismo o tus circunstancias están limitando tu capacidad de avanzar?

**El origen de las creencias limitantes**

Las creencias limitantes son pensamientos o ideas que aceptamos como verdades absolutas, pero que en realidad no lo son. Estas creencias suelen formarse a lo largo de nuestra vida a partir de experiencias negativas, críticas o mensajes que hemos recibido. Sin embargo, lo que una vez fue interpretado como verdad no tiene por qué definir tu presente ni tu futuro.

- Ejemplo práctico: Si de niño te dijeron que no eras bueno para las matemáticas, podrías haber crecido creyendo que nunca podrías manejar tus finanzas. Esta creencia, aunque falsa, puede haber influido en tus decisiones y en cómo abordas las situaciones relacionadas con los números.
- Reflexión: ¿Qué creencias limitantes puedes identificar en tu vida? ¿De dónde crees que provienen?

**El impacto de una mentalidad empoderada**

Por otro lado, cuando trabajas para desarrollar una mentalidad fortalecida, comienzas a ver resultados tangibles en todas las áreas de tu vida. Una mentalidad empoderada no elimina los desafíos, pero te equipa para enfrentarlos con resiliencia, creatividad y confianza. También te permite soñar en grande y actuar con valentía, sabiendo que tienes el poder de construir la vida que deseas.

- Ejemplo práctico: Personas como Nelson Mandela, que enfrentaron adversidades extremas, lograron superar los límites de sus circunstancias gracias a una mentalidad enfocada en la esperanza, la perseverancia y el propósito.

- Reflexión: ¿Cómo cambiaría tu vida si reemplazaras una creencia limitante por una convicción poderosa y positiva?

**Un llamado a la acción**

Este capítulo es una invitación a reflexionar sobre los pensamientos que te están frenando y a tomar las riendas de tu mentalidad. Aprenderás a:

- Identificar las creencias limitantes que han moldeado tu vida hasta ahora.
- Reemplazar esas creencias con pensamientos que reflejen tu verdadero potencial y propósito.
- Practicar estrategias diarias que fortalezcan tu mentalidad y te preparen para enfrentar cualquier desafío con confianza y determinación.

Vivir con una mentalidad empoderada no es solo un cambio interno; es un paso hacia una vida más plena, con menos miedo y más acción. Es el momento de dejar de lado las excusas y los pensamientos autolimitantes, para abrazar una nueva forma de pensar que te acerque más a tus metas y al propósito que Dios tiene para ti.

**Reflexión inicial**

Mientras lees este capítulo, quiero que te hagas estas preguntas:

- ¿Qué historias me estoy contando a mí mismo que están limitando mi crecimiento?
- ¿Qué posibilidades podrían abrirse si cambiara mi manera de pensar?
- ¿Qué dice Dios sobre mi potencial y mi propósito, y cómo puedo alinear mi mentalidad con esa verdad?

Recuerda que cambiar tu mentalidad no es algo que ocurra de la noche a la mañana, pero cada pequeño paso cuenta. Comienza hoy, con la convicción de que Dios te ha dado el poder de renovar tu mente y transformar tu vida.

## 6.1. Cómo identificar y romper patrones negativos

"No se amolden al mundo actual, sino sean transformados mediante la renovación de su mente. Así podrán comprobar cuál es la voluntad de Dios, buena, agradable y perfecta." (Romanos 12:2, NVI)

Todos tenemos patrones de pensamiento y comportamiento que, en algún momento, nos han limitado. Estos patrones, muchas veces inconscientes, moldean nuestras decisiones, nuestras relaciones y la forma en que enfrentamos la vida. Pueden ser hábitos heredados, creencias adquiridas por experiencias pasadas o incluso respuestas automáticas a situaciones desafiantes. Identificarlos y romperlos no solo es posible, sino necesario para alcanzar nuestro máximo potencial y vivir alineados con nuestro propósito.

Esta sección te llevará a explorar cómo detectar esos patrones negativos, comprender su origen y, lo más importante, aprender a reemplazarlos por pensamientos y comportamientos que te impulsen hacia adelante.

### 1. ¿Qué son los patrones negativos y cómo se forman?

Un patrón negativo es cualquier pensamiento o comportamiento repetitivo que te impide crecer, alcanzar tus metas o vivir plenamente. Estos patrones suelen estar arraigados en creencias limitantes o en experiencias pasadas que moldearon nuestra percepción de nosotros mismos y del mundo.

- Ejemplo práctico: Imagina que creciste en un ambiente donde te decían que no eras lo suficientemente bueno. Como resultado, desarrollaste un patrón de auto-sabotaje, evitando asumir riesgos o desafíos por miedo al fracaso.
- Acción a corto plazo: Reflexiona sobre un área de tu vida donde sientas que estás estancado. Escribe los pensamientos o comportamientos que surgen en esa situación.
- Acción a largo plazo: Lleva un diario para registrar momentos en los que detectes estos patrones y analiza cómo afectan tus decisiones y emociones.

**2. Identificar los patrones negativos en tu vida**

El primer paso para romper un patrón negativo es identificarlo. Esto requiere introspección, honestidad y disposición para enfrentarte a tus propios pensamientos y comportamientos.

- Ejemplo práctico: Si notas que tienes dificultades para mantener relaciones saludables, pregúntate: ¿Qué comportamientos repito en cada relación? ¿Hay un patrón de desconfianza, miedo al compromiso o necesidad de control?
- Acción a corto plazo: Haz una lista de áreas en tu vida donde experimentes frustración, estancamiento o insatisfacción. Analiza si hay patrones recurrentes que contribuyan a estos resultados.
- Acción a largo plazo: Pide retroalimentación a personas de confianza, como amigos cercanos o mentores, para que te ayuden a identificar patrones que quizás no puedas ver por ti mismo.

**3. Comprender el origen de los patrones negativos**

Una vez que identificas un patrón, es importante comprender de dónde viene. Esto no es para culpar al pasado, sino para encontrar claridad y romper el ciclo. Muchos patrones tienen sus raíces en experiencias de la infancia, traumas, influencias culturales o incluso mensajes repetidos que internalizamos.

- Ejemplo práctico: Si tienes dificultades para aceptar elogios, podría ser porque en el pasado fuiste criticado constantemente o sentiste que no eras digno de reconocimiento.
- Acción a corto plazo: Reflexiona sobre los eventos o circunstancias que pudieron haber dado origen a tus patrones negativos. Escribe sobre cómo esas experiencias te hicieron sentir y cómo influyen en tu vida actual.
- Acción a largo plazo: Considera buscar apoyo profesional, como un coach o terapeuta, para profundizar en la comprensión de estos patrones y trabajar en liberarte de ellos.

### 4. Romper los patrones negativos con nuevas creencias y acciones

Identificar el patrón no es suficiente; necesitas reemplazarlo por nuevas creencias y acciones que te ayuden a avanzar. Esto requiere intencionalidad y práctica constante.

- Ejemplo práctico: Si tienes un patrón de procrastinación, comienza por identificar las razones detrás de él (miedo al fracaso, perfeccionismo, falta de motivación) y reemplázalo con acciones pequeñas y manejables, como dividir tus tareas en pasos más pequeños y celebrar cada logro.
- Acción a corto plazo: Elige un patrón negativo que quieras cambiar y define una acción pequeña y concreta que puedas implementar hoy para romperlo.
- Acción a largo plazo: Desarrolla afirmaciones positivas para contrarrestar las creencias limitantes asociadas a ese patrón. Por ejemplo, en lugar de pensar "No soy suficiente," repite "Estoy aprendiendo y creciendo cada día."

### 5. La importancia de la paciencia y la perseverancia

Romper patrones negativos no sucede de la noche a la mañana. Requiere tiempo, esfuerzo y, a veces, recaídas. Lo importante es mantenerte enfocado en tu progreso, no en la perfección. Cada pequeño paso cuenta y te acerca más a una vida de libertad y plenitud.

- Ejemplo práctico: Si estás trabajando en dejar de ser crítico contigo mismo, es posible que tengas días en los que vuelvas a caer en ese hábito. En lugar de castigarte, reconoce tu esfuerzo y vuelve a intentarlo.
- Acción a corto plazo: Celebra cada pequeño avance que hagas, como darte cuenta de un pensamiento negativo antes de que controle tus acciones.
- Acción a largo plazo: Haz un seguimiento de tu progreso en un diario, anotando los patrones que has identificado, los pasos que has tomado para cambiarlos y los resultados que has obtenido.

### 6. Buscar apoyo y rendición de cuentas

Romper patrones negativos es más fácil cuando no lo haces solo. Buscar apoyo en personas que te inspiren o en una comunidad con valores similares puede brindarte ánimo y perspectiva.

- Ejemplo práctico: Comparte tu objetivo de romper un patrón negativo con un amigo cercano o un mentor, y pídele que te ayude a mantenerte responsable.
- Acción a corto plazo: Encuentra a alguien en quien confíes para compartir tus metas y que pueda alentarte durante el proceso.
- Acción a largo plazo: Únete a un grupo de apoyo o busca un coach que pueda guiarte y mantenerte enfocado en tu progreso.

### 7. Fortalecer tu mentalidad con fe y confianza en Dios

Tu fuerza para romper patrones negativos no viene solo de tu voluntad, sino de tu fe. Al confiar en Dios, puedes superar las barreras que parecen insuperables y renovar tu mente con Su verdad.

- Ejemplo práctico: Ora pidiendo a Dios que te ayude a identificar y superar los patrones negativos en tu vida, y busca versículos que te recuerden Su poder para transformar.
- Acción a corto plazo: Memoriza un versículo que te inspire a confiar en la transformación, como Romanos 12:2, y recítalo cada vez que te enfrentes a pensamientos limitantes.
- Acción a largo plazo: Dedica tiempo diario a la oración y la reflexión para alinear tus pensamientos y acciones con los principios y promesas de Dios.

### Reflexión final

Identificar y romper patrones negativos es un acto de valentía y fe. Requiere honestidad contigo mismo, disposición para aprender del pasado y compromiso para cambiar el futuro. Al reemplazar estos patrones con pensamientos y comportamientos alineados con tu propósito, experimentarás una vida más libre, más plena y más conectada con Dios.

Hoy te invito a reflexionar:

- ¿Qué patrones negativos están frenando tu crecimiento?
- ¿Qué pasos puedes tomar hoy para comenzar a romper esos ciclos?
- ¿Cómo puedes invitar a Dios a ser parte de este proceso de transformación?

Recuerda que cada paso cuenta. Al comprometerte a identificar y superar estos patrones, no solo cambiarás tu vida, sino también la manera en que impactas el mundo a tu alrededor.

### 6.2. Transformando tu mentalidad hacia el éxito

*"Todo lo puedo en Cristo que me fortalece." (Filipenses 4:13, RV60)*

El éxito no es solo el resultado de las acciones que tomas, sino también de la mentalidad que llevas contigo a lo largo del camino. Tu mentalidad es como un par de lentes: lo que ves y cómo lo interpretas depende de las creencias y perspectivas que has elegido adoptar. Una mentalidad fortalecida no solo te permite visualizar el éxito, sino también persistir, aprender y superar los desafíos que inevitablemente surgirán en el camino.

Transformar tu mentalidad hacia el éxito implica romper con pensamientos limitantes, adoptar nuevas creencias empoderadoras y desarrollar hábitos mentales que te impulsen hacia adelante. En esta sección, exploraremos cómo reconfigurar tu mentalidad para que sea una herramienta que trabaje a tu favor, en lugar de un obstáculo que te detenga.

#### 1. Comprender qué significa una mentalidad de éxito

Una mentalidad de éxito no se basa únicamente en alcanzar metas, sino en cómo piensas, actúas y reaccionas a las oportunidades y desafíos. Es una combinación de confianza en ti mismo, resiliencia, visión a largo plazo y un compromiso constante con el aprendizaje y el crecimiento.

- Ejemplo práctico: Personas como Thomas Edison, quien enfrentó miles de intentos fallidos antes de perfeccionar la bombilla, no se rindieron porque su mentalidad estaba enfocada en aprender de cada fracaso en lugar de verlo como un final.
- Acción a corto plazo: Reflexiona sobre un desafío reciente y encuentra al menos una lección positiva que puedas aplicar en el futuro.
- Acción a largo plazo: Practica reinterpretar cada situación difícil como una oportunidad para aprender y crecer, adoptando una perspectiva optimista.

**2. Identificar las creencias limitantes que frenan tu éxito**

El primer paso para transformar tu mentalidad es reconocer las creencias que están limitando tu progreso. Estas creencias suelen manifestarse como pensamientos como "No soy lo suficientemente bueno," "No merezco esto," o "No tengo lo que se necesita para tener éxito."

- Ejemplo práctico: Si alguna vez pensaste que no podrías iniciar un negocio porque "no eres lo suficientemente experto," ese pensamiento refleja una creencia limitante que puede estar impidiéndote avanzar.
- Acción a corto plazo: Identifica una creencia limitante que tengas sobre el éxito y anótala. Luego, escribe una creencia opuesta y empoderadora para reemplazarla, como "Estoy aprendiendo cada día y tengo lo necesario para construir mi éxito."
- Acción a largo plazo: Repite tus nuevas creencias positivas diariamente, ya sea en forma de afirmaciones o reflexiones, hasta que se conviertan en parte de tu mentalidad habitual.

**3. Reprogramar tu mente con pensamientos positivos y constructivos**

Cambiar la mentalidad requiere intencionalidad. Es necesario reemplazar pensamientos negativos o autolimitantes con pensamientos que reflejen confianza, optimismo y una perspectiva de crecimiento.

- Ejemplo práctico: Si te encuentras pensando "Nunca lograré alcanzar mi meta," reemplaza ese pensamiento con "Estoy progresando y cada paso me acerca más a mi meta."
- Acción a corto plazo: Cada vez que detectes un pensamiento negativo, haz una pausa y escribe tres razones por las que ese pensamiento no es verdad.
- Acción a largo plazo: Crea un sistema de afirmaciones diarias que refuercen tu mentalidad de éxito, como "Soy capaz de superar cualquier desafío" o "El éxito es el resultado de mi perseverancia y esfuerzo."

**4. Cultivar la resiliencia como parte de tu mentalidad**

El éxito no es un camino lineal; está lleno de altibajos, fracasos y desafíos. Una mentalidad resiliente te permite levantarte después de cada caída y continuar avanzando con fuerza renovada.

- Ejemplo práctico: Si una entrevista de trabajo no sale como esperabas, en lugar de desanimarte, evalúa qué puedes mejorar y prepárate para la próxima oportunidad con más confianza.
- Acción a corto plazo: Reflexiona sobre un fracaso pasado y escribe tres cosas que aprendiste de esa experiencia.
- Acción a largo plazo: Haz del fracaso una parte natural de tu proceso de aprendizaje, celebrando tus esfuerzos y reconociendo el crecimiento que viene con cada intento.

**5. Visualizar tu éxito como un paso hacia tu transformación mental**

La visualización es una herramienta poderosa para reprogramar tu mente hacia el éxito. Al imaginarte alcanzando tus metas con claridad y detalle, estás entrenando a tu cerebro para trabajar en esa dirección.

- Ejemplo práctico: Si estás trabajando para iniciar un negocio, visualiza cómo sería tu vida una vez que tu negocio esté en funcionamiento. Imagina los clientes, las conversaciones y el impacto que estás creando.
- Acción a corto plazo: Dedica 5 minutos al día a visualizarte logrando una meta específica. Enfócate en los detalles, como cómo te sentirías, cómo sería el entorno y qué significaría para ti.
- Acción a largo plazo: Haz de la visualización un hábito diario, combinándola con la oración o la meditación para mantenerte enfocado en tus objetivos.

**6. Rodearte de personas y ambientes que fomenten una mentalidad de éxito**

Las personas con las que te rodeas y los ambientes en los que pasas tu tiempo tienen un impacto significativo en tu mentalidad. Para transformar tu mentalidad hacia el éxito, es crucial rodearte de personas que te inspiren, te apoyen y te desafíen a ser mejor.

- Ejemplo práctico: Busca un mentor o únete a un grupo de personas con objetivos similares que te motiven a crecer y a superar tus limitaciones.
- Acción a corto plazo: Identifica a alguien en tu red que te inspire y pídele que te comparta consejos o reflexiones sobre cómo ha superado sus propios desafíos.
- Acción a largo plazo: Construye una comunidad intencional de personas positivas, exitosas y motivadoras que te impulsen a alcanzar tus metas.

**7. Desarrollar hábitos que fortalezcan tu mentalidad de éxito**

El éxito no depende solo de grandes decisiones, sino también de los pequeños hábitos diarios que cultivas. Construir hábitos positivos refuerza una mentalidad de éxito y crea una base sólida para lograr tus metas.

- Ejemplo práctico: Si quieres mejorar tu productividad, desarrolla el hábito de planificar tu día con anticipación y enfocarte en las tareas más importantes primero.
- Acción a corto plazo: Elige un hábito positivo que te acerque a tu meta, como leer un libro sobre desarrollo personal o dedicar 30 minutos diarios a trabajar en tu proyecto.
- Acción a largo plazo: Crea un sistema de rutinas diarias que reflejen tu compromiso con el éxito, como levantarte temprano, cuidar tu salud física y dedicar tiempo a la oración o la meditación.

**Reflexión final**

Transformar tu mentalidad hacia el éxito no es un proceso inmediato, pero cada pequeño paso que tomas tiene un impacto significativo en tu vida. Al cambiar tus pensamientos, reprogramar tus creencias y construir hábitos positivos, estarás creando una mentalidad que te permita no solo alcanzar tus metas, sino también disfrutar del proceso y encontrar significado en cada etapa del camino.

Hoy te invito a reflexionar:

- ¿Qué pensamientos limitantes necesitas reemplazar para avanzar hacia el éxito?
- ¿Qué hábitos puedes empezar a desarrollar hoy para fortalecer tu mentalidad?
- ¿Cómo puedes invitar a Dios a ser parte de este proceso de transformación, confiando en Su guía y fortaleza?

Recuerda que el éxito comienza en tu mente. Al transformar tu mentalidad, estarás abriendo la puerta a un mundo de posibilidades y construyendo una vida que refleje tu propósito y potencial.

### 6.3. Resiliencia en medio de los desafíos

*"Dios es nuestro refugio y nuestra fortaleza, nuestra ayuda segura en momentos de angustia." (Salmos 46:1, NVI)*

La vida está llena de desafíos, pero lo que realmente define quién eres no es lo que enfrentas, sino cómo respondes a ello. La resiliencia es esa capacidad de levantarte una y otra vez, incluso cuando las circunstancias parecen insuperables. Es una fortaleza interna que te permite adaptarte, crecer y perseverar, sabiendo que cada desafío trae consigo oportunidades de aprendizaje y transformación.

La resiliencia no significa ignorar el dolor o las dificultades, sino abrazarlos como parte del proceso y confiar en que Dios te da la fuerza necesaria para superarlos. En esta sección, exploraremos cómo cultivar la resiliencia, enfrentarte a los desafíos con valentía y mantener tu fe y propósito intactos, incluso en los momentos más oscuros.

#### 1. ¿Qué es la resiliencia y por qué es importante?

La resiliencia es la capacidad de recuperarte rápidamente de las adversidades, de adaptarte a los cambios y de encontrar una forma de avanzar, incluso cuando las cosas no salen como esperabas. Es más que resistir los golpes; es crecer a través de ellos. La resiliencia es esencial porque te permite mantener la esperanza, superar los desafíos y alcanzar tus metas, incluso cuando las circunstancias son difíciles.

- Ejemplo práctico: Piensa en alguien que perdió su empleo y, en lugar de rendirse, utilizó esa experiencia como una oportunidad para emprender un negocio o aprender una nueva habilidad. Esa es la resiliencia en acción.

- Acción a corto plazo: Reflexiona sobre un desafío reciente que enfrentaste y escribe cómo lo manejaste. Identifica una lección positiva que surgió de esa experiencia.
- Acción a largo plazo: Desarrolla la práctica de analizar cada desafío como una oportunidad para crecer, enfocándote en lo que puedes aprender y cómo puedes mejorar.

**2. Desarrollar una mentalidad resiliente**

La resiliencia comienza en tu mente. Una mentalidad resiliente se basa en el optimismo, la fe y la creencia de que puedes superar cualquier obstáculo con esfuerzo y perseverancia. Cambiar tu perspectiva hacia los desafíos te permite verlos como oportunidades en lugar de barreras.

- Ejemplo práctico: Si estás enfrentando un conflicto en el trabajo, en lugar de verlo como una amenaza, considera cómo puedes aprender habilidades de comunicación o resolución de problemas que te serán útiles en el futuro.
- Acción a corto plazo: Cada vez que enfrentes un desafío, pregúntate: "¿Qué oportunidad hay aquí para aprender o crecer?"
- Acción a largo plazo: Haz de la gratitud una parte clave de tu mentalidad, enfocándote en las bendiciones y oportunidades que surgen incluso en medio de las dificultades.

**3. Aprender a manejar el estrés y las emociones difíciles**

La resiliencia no significa que no sentirás dolor, miedo o frustración, sino que aprenderás a manejarlos de manera constructiva. Reconocer tus emociones y trabajar con ellas, en lugar de ignorarlas, es clave para superar los momentos difíciles.

- Ejemplo práctico: Si sientes ansiedad durante un desafío, tómate unos minutos para respirar profundamente, orar y centrarte en el momento presente. Esto te ayudará a calmar tu mente y responder de manera más efectiva.

- Acción a corto plazo: Practica una técnica de manejo del estrés, como la respiración profunda o la meditación, cuando te enfrentes a una situación difícil.
- Acción a largo plazo: Desarrolla un sistema regular de cuidado personal que incluya ejercicio, oración, journaling y actividades que te ayuden a mantenerte emocionalmente equilibrado.

**4. Apoyarte en tu fe como fuente de resiliencia**

La fe es uno de los pilares más fuertes de la resiliencia. Saber que Dios está contigo en cada paso del camino te da la fuerza para continuar, incluso cuando las circunstancias parecen imposibles. La oración, la reflexión en Su Palabra y la confianza en Su plan pueden brindarte una paz que trasciende cualquier dificultad.

- Ejemplo práctico: Durante un período de incertidumbre, dedica tiempo a leer versículos que fortalezcan tu confianza, como Filipenses 4:13, y pídele a Dios que renueve tu espíritu.
- Acción a corto plazo: Ora cada mañana, pidiendo sabiduría y fortaleza para enfrentar los desafíos del día.
- Acción a largo plazo: Haz de la lectura bíblica y la oración una práctica diaria para fortalecer tu fe y tu resiliencia.

**5. Construir una red de apoyo emocional**

La resiliencia no es un camino que debas recorrer solo. Rodearte de personas que te inspiren, te apoyen y te animen puede marcar una gran diferencia en cómo enfrentas los desafíos. Una comunidad sólida de amigos, familiares y mentores puede ser una fuente invaluable de fortaleza.

- Ejemplo práctico: Si estás pasando por una dificultad, habla con un amigo de confianza o un mentor y compárteles tus sentimientos. A veces, una nueva perspectiva o unas palabras de aliento pueden cambiar completamente cómo ves una situación.

- Acción a corto plazo: Identifica a alguien en tu vida con quien puedas hablar abiertamente sobre tus desafíos y pídele su apoyo.
- Acción a largo plazo: Construye relaciones significativas basadas en la confianza y el apoyo mutuo, y sé intencional en ofrecer tu ayuda a los demás cuando la necesiten.

## 6. Aprender a ser flexible y adaptarte al cambio

La resiliencia también implica ser flexible y estar dispuesto a adaptarte cuando las cosas no salen como esperabas. En lugar de resistirte al cambio, busca formas de ajustarte y encontrar nuevas oportunidades en medio de las dificultades.

- Ejemplo práctico: Si un plan de negocios no da los resultados esperados, en lugar de rendirte, evalúa qué puedes cambiar o mejorar para ajustar tu enfoque.
- Acción a corto plazo: Identifica un área de tu vida donde estés experimentando resistencia al cambio y escribe una forma en la que puedas adaptarte.
- Acción a largo plazo: Haz de la flexibilidad una habilidad práctica, recordándote a ti mismo que cada cambio es una oportunidad para reinventarte y crecer.

## 7. Celebrar tus logros y progreso

Parte de construir resiliencia es reconocer tu capacidad para superar desafíos. Celebrar tus logros, incluso los más pequeños, te recuerda que eres capaz de enfrentar dificultades y salir fortalecido.

- Ejemplo práctico: Si has logrado avanzar en un proyecto o superar un desafío personal, tómate un momento para reflexionar sobre tu esfuerzo y reconocerte por no rendirte.

- Acción a corto plazo: Al final de cada día, escribe una cosa que hayas logrado o superado, sin importar lo pequeña que parezca.
- Acción a largo plazo: Haz del reconocimiento personal una práctica habitual, recordándote constantemente tus logros y tu capacidad para seguir adelante.

### Reflexión final

La resiliencia no es algo con lo que nacemos; es una habilidad que se construye con intención, esfuerzo y fe. A medida que enfrentas los desafíos de la vida, recuerda que cada uno de ellos es una oportunidad para fortalecer tu espíritu, aprender algo nuevo y avanzar hacia tus metas.

Hoy te invito a reflexionar:

- ¿Qué desafíos estás enfrentando actualmente y cómo puedes usar la resiliencia para superarlos?
- ¿Qué prácticas puedes implementar para construir una mentalidad más resiliente?
- ¿Cómo puedes apoyarte en tu fe y en tu comunidad para avanzar con fortaleza y esperanza?

Recuerda que, con Dios a tu lado, no hay desafío que no puedas superar. La resiliencia es la clave para enfrentar cada batalla con confianza, sabiendo que cada paso te acerca más a la persona que estás destinado a ser.

## 6.4. La importancia de rodearte de personas positivas

*"El hierro se afila con el hierro, y el hombre en el trato con el hombre." (Proverbios 27:17, NVI)*

El entorno en el que te encuentras tiene un impacto significativo en quién eres y en quién puedes llegar a ser. Las personas que eliges tener cerca de ti moldean tu mentalidad, tus decisiones y, en última instancia, el curso de tu vida.

Rodearte de personas positivas no solo influye en tu bienestar emocional, sino que también alimenta tu crecimiento personal y te inspira a alcanzar tus metas. Por el contrario, un ambiente tóxico o negativo puede limitar tu progreso, drenar tu energía y reforzar creencias limitantes.

Esta sección explora la importancia de construir una red de relaciones positivas que te impulse hacia adelante, te apoye en momentos difíciles y te inspire a vivir alineado con tu propósito. Aprenderás cómo identificar a las personas que suman a tu vida, cómo nutrir esas relaciones y cómo tomar decisiones intencionales para rodearte de quienes reflejan los valores que deseas encarnar.

**1. ¿Por qué es importante rodearte de personas positivas?**

Las personas que te rodean tienen el poder de elevarte o de frenarte. Aquellos que son positivos no solo te animan, sino que también te ayudan a mantener una perspectiva optimista, a superar desafíos y a enfocarte en tus metas. La positividad es contagiosa, y estar en un entorno que fomente el crecimiento y la esperanza te inspira a ser tu mejor versión.

- Ejemplo práctico: Si tienes un mentor o amigo que constantemente te anima a salir de tu zona de confort, probablemente te sentirás más motivado a tomar riesgos calculados y a perseguir tus sueños.
- Acción a corto plazo: Reflexiona sobre tu círculo social actual y clasifica tus relaciones según el impacto que tienen en tu vida. ¿Te inspiran o te limitan?
- Acción a largo plazo: Dedica tiempo y esfuerzo a fortalecer las relaciones con las personas que te inspiran y te motivan, asegurándote de estar rodeado de quienes te ayudan a crecer.

**2. Identificando a las personas que suman valor a tu vida**

Las personas positivas no siempre son aquellas que te dicen lo que quieres escuchar, sino aquellas que te desafían a ser mejor, que creen en ti y que te apoyan genuinamente. Estas personas suelen tener características como:

- Actitud optimista: Ven oportunidades incluso en los desafíos.
- Sinceridad: Ofrecen retroalimentación honesta con la intención de ayudarte a crecer.
- Empatía: Están presentes en los momentos difíciles y te brindan apoyo emocional.
- Ejemplo práctico: Un amigo que, en lugar de criticarte por un error, te ayuda a aprender de él y a buscar soluciones demuestra ser una influencia positiva en tu vida.
- Acción a corto plazo: Haz una lista de las personas en tu vida que cumplen con estas características y busca formas de pasar más tiempo con ellas.
- Acción a largo plazo: Busca nuevas conexiones con personas positivas uniéndote a grupos, comunidades o actividades que compartan tus valores y metas.

### 3. Los peligros de un entorno tóxico

Así como un entorno positivo puede elevarte, un entorno tóxico puede limitarte. Las personas negativas pueden transmitir dudas, miedo o actitudes derrotistas que frenan tu progreso. Identificar estas relaciones es crucial para proteger tu energía y tu enfoque.

- Ejemplo práctico: Si un compañero de trabajo siempre minimiza tus logros o te desanima de intentar cosas nuevas, esa negatividad puede influir en tu confianza y en tus decisiones.
- Acción a corto plazo: Identifica una relación que consideres tóxica y establece límites claros para proteger tu bienestar emocional.
- Acción a largo plazo: Aprende a soltar relaciones que no contribuyan a tu crecimiento, enfocándote en construir conexiones más saludables y significativas.

### 4. Cómo atraer a personas positivas a tu vida

Atraer a personas positivas comienza contigo. Cuando trabajas en tu propia mentalidad y actitud, naturalmente comienzas a rodearte de personas que comparten tus valores y visión. Convertirte en alguien positivo y generoso en tus relaciones también te ayuda a atraer a personas similares.

- Ejemplo práctico: Si eres alguien que expresa gratitud y ánimo a los demás, es más probable que te rodees de personas que hagan lo mismo contigo.
- Acción a corto plazo: Practica actos de bondad y gratitud en tus relaciones actuales, mostrando el tipo de energía que deseas atraer.
- Acción a largo plazo: Enfócate en tu desarrollo personal, cultivando una mentalidad de crecimiento y optimismo que inspire a otros a acercarse a ti.

**5. Nutrir las relaciones positivas en tu vida**

Las relaciones positivas requieren esfuerzo y cuidado para crecer. No se trata solo de recibir apoyo, sino también de ofrecerlo. Al invertir tiempo y energía en tus conexiones más significativas, creas un círculo de apoyo mutuo que te ayuda a enfrentar cualquier desafío.

- Ejemplo práctico: Si tienes un amigo que siempre te apoya, asegúrate de demostrarle tu gratitud y estar presente para él cuando lo necesite.
- Acción a corto plazo: Dedica tiempo esta semana para conectarte con alguien que haya tenido un impacto positivo en tu vida. Llámalo, escríbele o haz algo especial para demostrarle tu aprecio.
- Acción a largo plazo: Establece el hábito de fortalecer tus relaciones importantes al programar momentos regulares para pasar tiempo con esas personas, ya sea en reuniones, llamadas o actividades compartidas.

**6. Construir una red de apoyo intencional**

Una red de apoyo sólida incluye amigos, mentores, colegas y familiares que comparten tus valores y te impulsan a alcanzar tus metas. Construir esta red requiere intencionalidad, pero los beneficios son inmensos.

- Ejemplo práctico: Si deseas avanzar en tu carrera, busca un mentor que ya haya logrado lo que aspiras a alcanzar y pídele orientación.
- Acción a corto plazo: Asiste a eventos o actividades donde puedas conocer a personas que compartan tus intereses y objetivos.
- Acción a largo plazo: Mantén una lista de contactos importantes y trabaja en fortalecer esas relaciones con el tiempo, asegurándote de aportar tanto o más de lo que recibes.

**7. Ser una influencia positiva para los demás**

No solo se trata de rodearte de personas positivas, sino también de convertirte en alguien que inspire y eleve a los demás. Al ser una fuente de ánimo, apoyo y optimismo, no solo transformas tu entorno, sino que también contribuyes al bienestar de quienes te rodean.

- Ejemplo práctico: Si notas que un colega está desmotivado, ofrécele palabras de aliento o ayuda práctica para superar su situación.
- Acción a corto plazo: Identifica a alguien en tu vida que necesite apoyo y haz algo positivo por él, como escucharlo o motivarlo.
- Acción a largo plazo: Practica la empatía y la gratitud en todas tus interacciones, esforzándote por ser una fuente constante de positividad y esperanza para los demás.

**Reflexión final**

Rodearte de personas positivas no solo mejora tu bienestar emocional, sino que también te ayuda a crecer, a superar desafíos y a alcanzar tus metas. Las relaciones positivas son una inversión en tu futuro, y el tiempo y el esfuerzo que dediques a construir y nutrir esas conexiones valen la pena.

Hoy te invito a reflexionar:

- ¿Qué impacto tienen las personas en tu círculo actual sobre tu vida?
- ¿Cómo puedes atraer y mantener relaciones positivas en tu entorno?
- ¿Qué pasos concretos puedes tomar hoy para convertirte en una influencia positiva para los demás?

Recuerda que Dios nos diseñó para vivir en comunidad y para apoyarnos mutuamente en el camino. Al rodearte de personas que reflejan Su amor y propósito, estarás construyendo una vida más plena y significativa, tanto para ti como para quienes te rodean.

## 6.5. Cómo convertir los fracasos en aprendizajes

*"Sabemos que a los que aman a Dios, todas las cosas les ayudan a bien, esto es, a los que conforme a su propósito son llamados." (Romanos 8:28, RV60)*

El fracaso no es el final del camino, sino una oportunidad para aprender, crecer y redirigir nuestros esfuerzos hacia algo mejor. Aunque a menudo el fracaso es percibido como algo negativo, en realidad, puede ser una de las herramientas más poderosas para el desarrollo personal y profesional. Convertir los fracasos en aprendizajes significa cambiar nuestra perspectiva y ver cada error como una lección valiosa, una señal que nos guía hacia un propósito mayor.

En esta sección, exploraremos cómo transformar los fracasos en escalones hacia el éxito. Aprenderás a interpretar los desafíos desde una perspectiva positiva, identificar las lecciones escondidas en ellos y usar esas experiencias para avanzar con más claridad y fortaleza.

### 1. Cambiando la percepción del fracaso

El primer paso para convertir los fracasos en aprendizajes es cambiar la forma en que los percibimos. El fracaso no es un reflejo de tu valor o capacidad, sino un evento que te ofrece retroalimentación. Es un recordatorio de que estás intentando algo nuevo, de que te estás esforzando y de que estás creciendo.

- Ejemplo práctico: Thomas Edison, al hablar de los miles de intentos fallidos antes de inventar la bombilla, dijo: "No he fracasado. He encontrado 10,000 formas que no funcionan." Su mentalidad de aprendizaje le permitió perseverar hasta alcanzar el éxito.
- Acción a corto plazo: Cada vez que enfrentes un fracaso, pregúntate: "¿Qué puedo aprender de esto?" Haz una lista de las lecciones que identificas.
- Acción a largo plazo: Practica reinterpretar tus fracasos como parte de un proceso mayor. Mantén un diario donde registres tus errores y las lecciones que has aprendido de ellos.

**2. Identificando las lecciones en cada fracaso**

Cada fracaso contiene una lección, pero a menudo estas lecciones no son evidentes de inmediato. Es importante tomarte el tiempo para reflexionar sobre lo ocurrido, analizar qué salió mal y determinar qué podrías hacer de manera diferente en el futuro.

- Ejemplo práctico: Si un negocio no tuvo éxito, reflexiona sobre factores como la planificación, la ejecución y el mercado. ¿Qué podrías haber hecho de manera distinta?
- Acción a corto plazo: Haz una lluvia de ideas después de cada experiencia difícil, identificando las áreas que podrían mejorarse y los errores que no deseas repetir.
- Acción a largo plazo: Usa las lecciones aprendidas para desarrollar estrategias claras y concretas para tus próximos proyectos o decisiones importantes.

**3. Practicar la auto-compasión y el perdón**

El fracaso puede traer consigo sentimientos de culpa, vergüenza o frustración. Para aprender de estas experiencias, es fundamental practicar la auto-compasión, perdonarte por los errores cometidos y darte permiso para ser humano. La auto-crítica excesiva solo alimenta el miedo al fracaso y puede detener tu progreso.

- Ejemplo práctico: Si cometes un error en el trabajo, en lugar de castigarte con pensamientos como "Soy un fracaso," reemplázalo con "Estoy aprendiendo y puedo mejorar."
- Acción a corto plazo: Cada vez que te enfrentes a un fracaso, dedica tiempo a reflexionar sobre tus emociones, aceptarlas y luego liberarlas.
- Acción a largo plazo: Desarrolla el hábito de hablarte a ti mismo con amabilidad, como lo harías con un amigo, reconociendo tus esfuerzos y celebrando tu disposición a intentarlo.

**4. Construir resiliencia a través de los fracasos**

Los fracasos son una oportunidad para construir resiliencia, esa capacidad de levantarte una y otra vez, incluso cuando las cosas no salen como esperabas. La resiliencia te ayuda a seguir adelante con confianza, sabiendo que cada obstáculo superado te hace más fuerte.

- Ejemplo práctico: Si una relación personal no funcionó, considera qué aprendiste sobre ti mismo, tus necesidades y cómo puedes construir relaciones más saludables en el futuro.
- Acción a corto plazo: Haz una lista de desafíos que has superado en el pasado y reflexiona sobre cómo esos momentos difíciles te han fortalecido.
- Acción a largo plazo: Adopta una mentalidad de resiliencia, viendo cada fracaso como una oportunidad para practicar la fortaleza emocional y mental.

**5. Usar el fracaso como motivación**

El fracaso no tiene que ser un final; puede ser un nuevo comienzo. Al cambiar tu enfoque, puedes usar los fracasos como una fuente de motivación para trabajar más duro, ajustar tus estrategias y mantenerte enfocado en tus metas.

- Ejemplo práctico: Si no lograste una meta de ingresos este año, usa esa experiencia para redefinir tus objetivos y trabajar con más claridad y propósito el próximo año.
- Acción a corto plazo: Identifica un fracaso reciente y escribe tres maneras en que puedes usarlo para motivarte y avanzar.
- Acción a largo plazo: Mantén una visión clara de tus metas y revisa regularmente cómo cada paso, incluso los fallidos, te está acercando a ellas.

**6. Compartir tus fracasos para inspirar a otros**

Hablar abiertamente sobre tus fracasos no solo te ayuda a procesarlos, sino que también puede inspirar a quienes te rodean. Compartir tus lecciones aprendidas muestra que el fracaso es una parte normal del éxito y ayuda a los demás a ver que ellos también pueden superar sus propios desafíos.

- Ejemplo práctico: Si alguna vez fracasaste en un negocio, comparte tu historia con otras personas interesadas en emprender, para que puedan aprender de tu experiencia.
- Acción a corto plazo: Reflexiona sobre un fracaso significativo y cómo podrías usarlo para alentar o enseñar a alguien más.
- Acción a largo plazo: Busca oportunidades para compartir tus aprendizajes, ya sea en un grupo, en redes sociales o con amigos y familiares.

**7. Confiar en que Dios tiene un propósito en cada fracaso**

Desde una perspectiva espiritual, los fracasos no son accidentes. Son parte del plan perfecto de Dios para moldearnos, enseñarnos y acercarnos más a Él. Al confiar en Su propósito, podemos enfrentar los desafíos con paz, sabiendo que incluso los momentos más difíciles tienen un significado mayor.

- Ejemplo práctico: Si enfrentaste un revés financiero, pídele a Dios que te muestre las oportunidades ocultas en esa experiencia y confía en Su provisión para guiarte hacia un nuevo comienzo.
- Acción a corto plazo: Dedica tiempo a la oración y la reflexión después de un fracaso, pidiendo claridad y guía divina.
- Acción a largo plazo: Memoriza versículos que refuercen tu confianza en que Dios obra para tu bien, como Romanos 8:28, y recítalos cuando enfrentes desafíos.

**Reflexión final**

Los fracasos no son el fin de tu historia; son capítulos importantes que construyen tu carácter, fortalecen tu fe y te preparan para el éxito que está por venir. Al aprender de ellos, practicar la auto-compasión y usarlos como motivación, puedes transformar cada error en un escalón hacia una vida más plena y significativa.

Hoy te invito a reflexionar:

- ¿Cómo puedes cambiar tu perspectiva sobre el fracaso?
- ¿Qué lecciones puedes identificar en tus experiencias pasadas?
- ¿Cómo puedes invitar a Dios a ser parte de este proceso de transformación y crecimiento?

Recuerda que cada fracaso es una oportunidad disfrazada. Al abrazarlos con fe y una mentalidad de aprendizaje, estarás construyendo una vida que refleje tu resiliencia, tu propósito y tu confianza en Dios.

**Conclusión**

La mentalidad es el motor que impulsa cada decisión, acción y resultado en nuestra vida. Es la base sobre la que construimos nuestras metas, relaciones y propósito. A lo largo de este capítulo, hemos explorado el increíble poder de una mentalidad fortalecida y las herramientas necesarias para superar las creencias limitantes que nos han frenado. Ahora es el momento de reflexionar sobre cómo puedes aplicar estos principios en tu vida diaria para transformar tu manera de pensar y, en consecuencia, transformar tu vida.

Superar creencias limitantes no es un proceso inmediato ni sencillo, pero es uno de los actos más liberadores y transformadores que puedes realizar. Estas creencias son como cadenas invisibles que restringen tu potencial y te impiden alcanzar la plenitud que Dios tiene preparada para ti. Sin embargo, al identificarlas, cuestionarlas y reemplazarlas por verdades que reflejen tu verdadero valor, puedes experimentar una libertad que te permitirá avanzar hacia tus metas con confianza y claridad.

**La mentalidad como cimiento de tu propósito**

Todo comienza con lo que crees sobre ti mismo y sobre el mundo que te rodea. Si crees que no eres lo suficientemente capaz, esa creencia se manifestará en tus decisiones y resultados. Pero cuando eliges adoptar una mentalidad de crecimiento y fe, abres la puerta a un mundo lleno de posibilidades.

- Reflexión: ¿Cómo están tus pensamientos influenciando tus decisiones actuales? ¿Están alineados con tus metas y tu propósito?

Al cambiar tu mentalidad, estás construyendo una base sólida para vivir con intención, perseverancia y propósito. Recuerda que Dios no te creó para vivir con miedo o limitaciones; Él te diseñó para tener poder, amor y dominio propio.

**El impacto de romper patrones negativos**

En este capítulo, aprendiste cómo identificar y romper patrones de pensamiento que te han limitado. Este proceso no solo mejora tu relación contigo mismo, sino que también tiene un efecto dominó en todas las áreas de tu vida: tus relaciones, tu carrera, tu salud y tu espiritualidad.

- Ejemplo: Imagina que siempre has creído que no eres lo suficientemente bueno para liderar un proyecto. Al romper ese patrón, podrías descubrir habilidades y talentos que estaban esperando ser liberados.
- Acción: Reflexiona sobre una creencia limitante específica que has identificado en este capítulo y comprométete a tomar un paso concreto esta semana para desafiarla.

**La resiliencia como aliada de una mentalidad fortalecida**

La resiliencia es una de las mayores virtudes que puedes desarrollar en tu camino hacia una mentalidad fortalecida. A lo largo de tu vida, enfrentarás desafíos, fracasos y momentos de incertidumbre. Pero la resiliencia, alimentada por una mentalidad positiva y una fe inquebrantable, te permitirá superar cada obstáculo con gracia y sabiduría.

- Ejemplo: Si estás enfrentando un revés financiero o profesional, recuerda que cada fracaso es una oportunidad para aprender y crecer. Pregúntate: "¿Qué puedo hacer diferente? ¿Qué me está enseñando esta experiencia?"
- Acción: Haz una lista de los momentos más difíciles de tu vida y las lecciones que aprendiste de ellos. Usa esa lista como recordatorio de tu capacidad para superar cualquier desafío.

**Rodearte de personas que refuercen tu mentalidad positiva**

Una mentalidad fortalecida no se construye en aislamiento. Rodearte de personas positivas que te inspiren, te desafíen y te apoyen es esencial para mantenerte enfocado en tus metas. Estas relaciones actúan como recordatorios constantes de lo que eres capaz de lograr y te motivan a seguir adelante.

- Ejemplo: Si tienes un amigo o mentor que siempre te anima a dar lo mejor de ti, acércate a él y pídele orientación cuando enfrentes momentos de duda.
- Acción: Dedica tiempo a evaluar tu círculo social y asegúrate de estar rodeado de personas que refuercen tu mentalidad de crecimiento.

**La fe como pilar fundamental**

Finalmente, una mentalidad fortalecida encuentra su mayor poder cuando está arraigada en la fe. Saber que Dios tiene un propósito para tu vida y que caminas bajo Su guía te da una fortaleza que trasciende cualquier circunstancia. Confiar en Su plan y en Su tiempo te permite superar las dudas y los miedos que pueden surgir en el camino.

- Ejemplo: Cuando enfrentes un desafío que parezca abrumador, recuerda que no estás solo. Ora y pídele a Dios dirección y fortaleza para avanzar con confianza.
- Acción: Memoriza versículos que te recuerden tu identidad en Cristo, como 2 Timoteo 1:7 ("Pues Dios no nos ha dado un espíritu de timidez, sino de poder, de amor y de dominio propio."), y recítalos cada vez que enfrentes pensamientos limitantes.

**Un llamado a la acción**

Hoy es el día para comenzar a transformar tu mentalidad. No importa cuán arraigadas estén tus creencias limitantes o cuántos desafíos enfrentes, tienes el poder y la capacidad de cambiarlas. Con cada pequeño paso, estarás construyendo una vida más alineada con tu propósito, llena de fe, confianza y acción intencional.

- Reflexiona: ¿Qué pasos puedes tomar hoy para comenzar a transformar tu mentalidad?
- Comprométete: Escribe una afirmación que te recuerde tu potencial y repítela todos los días.
- Confía: Recuerda que Dios está contigo en cada paso del proceso, guiándote y fortaleciéndote.

**Reflexión final**

Transformar tu mentalidad es un viaje, no un destino. Es un proceso continuo de identificar creencias limitantes, reemplazarlas con verdades empoderadoras y actuar con fe y confianza. A medida que trabajas en tu mentalidad, descubrirás una fuerza interna que te permitirá superar cualquier obstáculo y avanzar hacia tus sueños con determinación y esperanza.

Recuerda que cada paso que das hacia una mentalidad fortalecida no solo transforma tu vida, sino que también impacta a quienes te rodean. Al vivir con una mentalidad de crecimiento y propósito, estarás dejando una huella duradera que inspira y motiva a otros a hacer lo mismo.\n\n

---

En el capítulo anterior, profundizaste en el poder transformador de tu mentalidad. Aprendiste a identificar y romper las creencias que te han limitado, abriendo la puerta a una nueva forma de pensar que potencia cada aspecto de tu vida. Ahora comprendes que tus pensamientos son la base de tus decisiones, y tus decisiones son lo que da forma a tu destino. Pero, ¿qué sigue después de romper esas barreras mentales?

Aquí es donde surge una verdad ineludible: una mentalidad transformada necesita ser nutrida constantemente. Cambiar tus creencias limitantes es solo el comienzo; para avanzar, necesitas alimentar tu mente con nuevas ideas, perspectivas y aprendizajes. Porque una vez que tu mentalidad está alineada con tus metas y propósito, el siguiente paso es expandir tus conocimientos y habilidades para alcanzar todo lo que sueñas.

El próximo capítulo te llevará a explorar el poder de la educación y el crecimiento continuo. Descubrirás que aprender no es algo que termina con un título o un logro específico; es un proceso de toda la vida, una práctica esencial para mantenerte relevante, adaptable y conectado con tu propósito. Cada libro que leas, cada mentor que sigas, cada experiencia que vivas, se convierte en una herramienta para construir la vida que deseas.

Así que te dejo con esta reflexión:

¿Qué tan dispuesto estás a aprender lo que necesitas para convertirte en la persona que siempre has querido ser?

El próximo capítulo te invitará a invertir en ti mismo como nunca antes, a ver la educación como la llave maestra para encontrar nuevas oportunidades y a descubrir cómo el aprendizaje constante puede ser tu mayor ventaja. Porque, al final, el éxito no es para quienes esperan, sino para quienes están dispuestos a crecer. ¡No te detengas ahora, lo mejor está por venir! ¡Es hora de nunca dejar de aprender!

## 7. Educación y Crecimiento: Nunca Dejes de Aprender

*"Instruye al sabio, y será aún más sabio; enseña al justo, y aumentará su saber." (Proverbios 9:9, NVI)*

La educación no termina cuando dejamos la escuela o la universidad; de hecho, es en ese momento cuando comienza el verdadero aprendizaje. El crecimiento personal y profesional está profundamente arraigado en nuestra capacidad de mantener una mentalidad de aprendizaje constante, de abrirnos a nuevas ideas, de adquirir habilidades y de adaptarnos a un mundo que cambia rápidamente. Aprender no es solo una actividad, es una actitud y una decisión diaria que define quién eres y quién puedes llegar a ser.

Este capítulo te invita a redescubrir el valor de la educación como un estilo de vida. No importa tu edad, experiencia o profesión, siempre hay algo nuevo por aprender, algo más que explorar, y maneras en las que puedes crecer y transformarte. La educación es la clave que abre puertas a nuevas oportunidades y que te da la confianza y la capacidad de afrontar cualquier desafío. Es también una herramienta esencial para cumplir tu propósito y vivir una vida plena y significativa.

### El aprendizaje como un estilo de vida

En un mundo que está en constante evolución, la capacidad de aprender es una ventaja inigualable. Las personas que prosperan no son necesariamente las más talentosas o las más privilegiadas, sino aquellas que han aprendido a adaptarse, a crecer y a reinventarse a lo largo del tiempo. El aprendizaje continuo no solo enriquece tu vida, sino que también te ayuda a mantenerte relevante, a expandir tus horizontes y a descubrir nuevas pasiones.

- Ejemplo práctico: Considera a alguien que, a los 50 años, decide aprender una nueva habilidad, como programar o pintar. Al hacerlo, no solo abre nuevas posibilidades en su vida, sino que también demuestra que nunca es demasiado tarde para crecer.

- Reflexión: ¿Qué áreas de tu vida podrían transformarse si eliges aprender algo nuevo?

**Rompiendo la barrera del "ya sé suficiente"**

Una de las mayores barreras para el crecimiento es la creencia de que ya sabemos todo lo necesario. Este tipo de pensamiento puede detener nuestro progreso y limitar nuestro potencial. La educación y el aprendizaje no son señales de falta de conocimiento, sino de humildad y disposición para mejorar.

- Ejemplo práctico: Una persona que lleva años en su profesión puede pensar que no necesita aprender nada más, pero al tomar un curso o asistir a una conferencia, puede descubrir nuevas estrategias y herramientas que mejoren significativamente su desempeño.
- Acción: Reflexiona sobre áreas en tu vida donde puedas estar resistiéndote al aprendizaje y decide explorar algo nuevo con una mente abierta.

**La conexión entre la educación y el propósito**

La educación no es solo un medio para adquirir conocimiento; es una herramienta para cumplir tu propósito. Cada nueva habilidad que desarrollas, cada libro que lees y cada experiencia de aprendizaje que enfrentas te acerca más a la versión de ti mismo que Dios diseñó. Aprender te equipa para servir mejor a los demás, para superar tus propios límites y para vivir con un propósito más claro.

- Ejemplo práctico: Si tu propósito es inspirar a otros, tomar un curso de oratoria o aprender a contar historias puede ayudarte a comunicarte de manera más efectiva y a impactar a más personas.
- Reflexión: ¿Cómo puede el aprendizaje intencional ayudarte a cumplir tu propósito en la vida?

**Un mundo de recursos y oportunidades**

Vivimos en una era donde el acceso al conocimiento nunca ha sido tan fácil. Desde libros, podcasts y cursos en línea hasta mentores y comunidades de aprendizaje, hay innumerables recursos disponibles para quienes desean crecer. Sin embargo, el verdadero desafío no es la falta de recursos, sino la falta de intención.

- Ejemplo práctico: Muchas personas descargan aplicaciones educativas o compran libros que nunca terminan. La clave está en tomar acción y comprometerte con el proceso de aprendizaje.
- Acción: Haz una lista de los recursos que tienes a tu disposición y elige uno para comenzar a usar esta semana.

**El aprendizaje como legado**

Cuando eliges vivir con una mentalidad de aprendizaje, no solo transformas tu propia vida, sino que también inspiras a los demás. Tus hijos, tus colegas y tu comunidad observan tu ejemplo, y al verte crecer, se sienten motivados a hacer lo mismo. Tu compromiso con la educación se convierte en un legado que impacta a generaciones.

- Ejemplo práctico: Un padre que decide retomar sus estudios o aprender algo nuevo enseña a sus hijos que el aprendizaje es un proceso de toda la vida y que nunca es demasiado tarde para crecer.
- Reflexión: ¿Qué tipo de ejemplo estás dando a quienes te rodean en relación con la importancia del aprendizaje?

**Un llamado a aprender y crecer**

Este capítulo es una invitación a abrazar el aprendizaje como una parte integral de tu vida. No importa si estás en el inicio de tu carrera, si estás cambiando de dirección o si estás buscando redescubrir tu pasión. Siempre hay algo nuevo que aprender, algo que puede enriquecer tu vida, expandir tus posibilidades y acercarte más a tu propósito.

- Acción inmediata: Reflexiona sobre una habilidad o tema que siempre has querido aprender y comprométete a dar el primer paso para explorarlo esta semana.
- Acción a largo plazo: Haz del aprendizaje un hábito diario, dedicando tiempo a leer, escuchar o practicar algo que te ayude a crecer personal y profesionalmente.

**Reflexión inicial**

Mientras te preparas para explorar este capítulo, quiero que consideres estas preguntas:

- ¿Qué papel juega el aprendizaje en tu vida actual?
- ¿Qué áreas de tu vida podrían mejorar si te comprometes a aprender algo nuevo?
- ¿Cómo puedes usar el aprendizaje no solo para tu beneficio personal, sino también para impactar positivamente a los demás?

Recuerda que nunca es demasiado tarde para aprender, crecer y reinventarte. Al elegir la educación como un estilo de vida, estás invirtiendo en ti mismo, en tu propósito y en el impacto que puedes dejar en este mundo.

## 7.1. La educación como base del progreso

*"Adquiere sabiduría, adquiere inteligencia; no olvides mis palabras ni te apartes de ellas." (Proverbios 4:5, NVI)*

La educación no es solo un medio para adquirir conocimientos; es la piedra angular sobre la que se construye el progreso personal, profesional y espiritual. A través de la educación, obtenemos las herramientas necesarias para entender el mundo, tomar decisiones informadas y contribuir significativamente a nuestras comunidades y familias. La verdadera educación va más allá de los títulos académicos; abarca el aprendizaje continuo, la curiosidad y el deseo constante de superarnos.

Esta sección te invita a reflexionar sobre cómo la educación puede ser el punto de partida para lograr cambios profundos en tu vida. Desde desarrollar nuevas habilidades hasta transformar tu mentalidad, la educación es un motor que impulsa el crecimiento en todas las áreas de tu existencia.

**1. ¿Por qué la educación es fundamental para el progreso?**

El progreso, tanto individual como colectivo, está intrínsecamente ligado a nuestra capacidad de aprender y aplicar lo aprendido. La educación amplía nuestros horizontes, nos da nuevas perspectivas y nos prepara para enfrentar los desafíos con confianza y sabiduría.

- Ejemplo práctico: Piensa en alguien que aprendió habilidades financieras básicas y, gracias a ese conocimiento, pudo salir de deudas y construir una vida más estable. Ese progreso comenzó con la educación.
- Acción a corto plazo: Dedica 30 minutos al día a aprender algo nuevo relacionado con tus metas personales o profesionales.
- Acción a largo plazo: Haz del aprendizaje una prioridad, invirtiendo tiempo y recursos en cursos, talleres o libros que te ayuden a avanzar.

**2. Educación formal e informal: ambas son importantes**

La educación formal, como la obtenida en escuelas, universidades o programas especializados, proporciona una base estructurada de conocimiento. Sin embargo, la educación informal, que incluye experiencias prácticas, lecturas independientes y aprendizaje autodidacta, es igualmente valiosa. Ambas formas de educación se complementan y son esenciales para el progreso.

- Ejemplo práctico: Una persona que estudia negocios en la universidad y luego aplica ese conocimiento al emprender un negocio propio combina la educación formal con la experiencia práctica, maximizando su aprendizaje.
- Acción a corto plazo: Encuentra un tema que te interese y busca un curso en línea o un libro para profundizar en él.

- Acción a largo plazo: Equilibra la educación formal e informal dedicando tiempo tanto al aprendizaje estructurado como a experiencias prácticas que refuercen tus conocimientos.

**3. La educación como herramienta para superar obstáculos**

Uno de los mayores beneficios de la educación es que nos da las herramientas para enfrentar y superar los desafíos. Cuando estás equipado con el conocimiento adecuado, puedes tomar decisiones más informadas y encontrar soluciones creativas a los problemas.

- Ejemplo práctico: Una persona que enfrenta problemas de salud podría educarse sobre alimentación saludable y cambios en el estilo de vida, logrando transformar su bienestar físico y emocional.
- Acción a corto plazo: Identifica un desafío en tu vida y busca información confiable que te ayude a enfrentarlo.
- Acción a largo plazo: Haz del aprendizaje una práctica constante para anticiparte a futuros desafíos y estar mejor preparado para superarlos.

**4. La educación como puente hacia el propósito personal**

Aprender nos acerca a nuestro propósito. A medida que adquieres nuevas habilidades y conocimientos, descubres talentos ocultos, intereses inesperados y formas de impactar positivamente a los demás. La educación te da claridad y te ayuda a alinear tus acciones con tu propósito.

- Ejemplo práctico: Un maestro que descubre su pasión por la tecnología puede aprender a integrarla en su enseñanza, haciendo sus clases más dinámicas e impactantes.
- Acción a corto plazo: Reflexiona sobre tus pasiones y habilidades actuales, y busca recursos educativos que te ayuden a desarrollarlas.
- Acción a largo plazo: Diseña un plan educativo que esté alineado con tus metas y propósito, priorizando las áreas que tienen mayor impacto en tu vida y la de los demás.

**5. La importancia de la educación continua**

El aprendizaje no termina con un título o una certificación. En un mundo en constante cambio, la educación continua es fundamental para mantenernos relevantes y adaptarnos a nuevas circunstancias. Aprender de forma continua nos mantiene curiosos, abiertos al cambio y siempre en crecimiento.

- Ejemplo práctico: Un profesional que se mantiene actualizado en su campo, asistiendo a conferencias o tomando cursos en línea, asegura su relevancia y competitividad.
- Acción a corto plazo: Identifica un área en tu vida donde puedas mejorar o actualizarte y dedica tiempo esta semana a aprender algo nuevo sobre ella.
- Acción a largo plazo: Haz del aprendizaje un hábito, reservando tiempo mensual o anual para cursos, talleres o actividades que fortalezcan tus conocimientos y habilidades.

**6. El impacto de la educación en tu entorno**

La educación no solo transforma tu vida, sino que también impacta a quienes te rodean. Cuando compartes lo que has aprendido, inspiras a otros a crecer, a tomar acción y a buscar su propio progreso. Tu compromiso con la educación crea un efecto multiplicador en tu familia, comunidad y círculo social.

- Ejemplo práctico: Un padre que enseña a sus hijos la importancia de la lectura no solo mejora su vida, sino que también crea una cultura de aprendizaje en su hogar.
- Acción a corto plazo: Comparte algo que hayas aprendido recientemente con un amigo, colega o familiar, e inspíralos a explorar ese tema.
- Acción a largo plazo: Involúcrate en tu comunidad como mentor, voluntario o educador informal, ayudando a otros a aprender y crecer.

### 7. Superando las barreras al aprendizaje

Aunque la educación es esencial, muchos enfrentan barreras como la falta de tiempo, recursos o confianza en sí mismos. Superar estas barreras requiere intencionalidad, planificación y una mentalidad de crecimiento.

- Ejemplo práctico: Una persona que trabaja tiempo completo podría optar por aprender a través de audiolibros mientras conduce o realizar cursos en línea en horarios flexibles.
- Acción a corto plazo: Identifica una barrera que esté limitando tu aprendizaje y encuentra una solución creativa para superarla.
- Acción a largo plazo: Establece metas claras y realistas para tu educación, asegurándote de priorizar el aprendizaje en tu vida diaria.

### Reflexión final

La educación es un regalo y una responsabilidad. Es el medio por el cual podemos transformar nuestras vidas, cumplir nuestro propósito y dejar un impacto duradero en este mundo. Sin importar dónde estés en tu camino, siempre hay algo más que aprender, algo que te acerque a tus metas y algo que te permita ser una mejor versión de ti mismo.

Hoy te invito a reflexionar:

- ¿Cómo está contribuyendo la educación a tu progreso personal y profesional?
- ¿Qué áreas de tu vida podrían transformarse si eliges aprender algo nuevo?
- ¿Cómo puedes usar tu aprendizaje para impactar positivamente a los demás?

Recuerda que cada momento dedicado a la educación es una inversión en tu futuro. Al abrazar el aprendizaje como una parte integral de tu vida, estarás construyendo un camino sólido hacia el progreso y el propósito.

## 7.2. Cómo desarrollar una mentalidad de aprendiz constante

*"El sabio escucha y aumenta su saber; el entendido adquiere habilidad." (Proverbios 1:5, NVI)*

La mentalidad de aprendiz constante es una de las características más poderosas de las personas exitosas y realizadas. No importa cuántos títulos tengas, cuántos logros hayas alcanzado o cuánta experiencia poseas; siempre hay algo nuevo que aprender. Adoptar esta mentalidad te mantiene humilde, curioso y dispuesto a crecer. Más que un hábito, es una forma de vivir que te permite evolucionar constantemente y enfrentar el cambio con confianza y creatividad.

Esta sección te guiará a través de los pasos necesarios para desarrollar una mentalidad de aprendiz constante. Aprenderás cómo cultivar la curiosidad, superar las barreras al aprendizaje y convertirte en una persona que busca conocimiento de manera activa y estratégica.

### 1. ¿Qué significa tener una mentalidad de aprendiz constante?

Tener una mentalidad de aprendiz constante significa estar abierto al cambio, dispuesto a explorar nuevas ideas y comprometido con el crecimiento continuo. Es entender que no existe un punto final en el camino del aprendizaje y que cada experiencia, éxito o fracaso es una oportunidad para adquirir conocimiento.

- Ejemplo práctico: Imagina a un empresario exitoso que, a pesar de tener una trayectoria sólida, sigue asistiendo a conferencias, leyendo libros y aprendiendo de otros líderes. Su disposición para seguir aprendiendo lo mantiene relevante y competitivo.
- Acción a corto plazo: Reflexiona sobre un área en la que te sientas cómodo y pregúntate: "¿Qué más puedo aprender aquí para mejorar aún más?"

- Acción a largo plazo: Haz de la curiosidad un hábito diario, buscando nuevas formas de crecer y expandir tu conocimiento.

**2. Rompiendo las barreras que impiden el aprendizaje constante**

Una de las mayores barreras para desarrollar esta mentalidad es creer que ya sabemos lo suficiente o que no tenemos tiempo para aprender. Estos pensamientos limitantes pueden frenarte y evitar que explores todo tu potencial.

- Ejemplo práctico: Si alguna vez has pensado "Ya sé todo lo que necesito para hacer bien mi trabajo," es probable que estés cerrando la puerta a nuevas oportunidades de crecimiento.
- Acción a corto plazo: Identifica un pensamiento limitante que te impida aprender y reemplázalo con una afirmación positiva, como "Siempre hay algo nuevo que puedo descubrir y aplicar."
- Acción a largo plazo: Reserva tiempo en tu agenda para actividades de aprendizaje, como leer, tomar cursos o asistir a eventos, asegurándote de priorizar el crecimiento constante.

**3. Cultivando la curiosidad como motor del aprendizaje**

La curiosidad es el combustible que impulsa a los aprendices constantes. Es la chispa que te lleva a hacer preguntas, explorar nuevas ideas y buscar soluciones creativas a los problemas. Cultivar la curiosidad requiere un cambio de enfoque: en lugar de buscar respuestas rápidas, concéntrate en formular mejores preguntas.

- Ejemplo práctico: Si estás interesado en un tema pero no sabes por dónde empezar, haz preguntas como: "¿Cómo funciona esto? ¿Por qué es importante? ¿Quiénes son los expertos en este campo?"
- Acción a corto plazo: Dedica tiempo hoy a investigar algo que siempre te ha intrigado pero que nunca has explorado a fondo.

- Acción a largo plazo: Crea el hábito de hacer preguntas abiertas en tus conversaciones diarias, lo que te permitirá aprender de las experiencias y conocimientos de los demás.

**4. Convertir el aprendizaje en un hábito diario**

El aprendizaje constante no ocurre por accidente; requiere intención y planificación. Hacer del aprendizaje un hábito diario garantiza que sigas creciendo, incluso cuando tus días sean ocupados o desafiantes.

- Ejemplo práctico: Dedica 20 minutos al día a leer un libro relacionado con tus intereses o metas. Con el tiempo, esos pequeños momentos acumulados generarán un gran impacto en tu conocimiento.
- Acción a corto plazo: Identifica un momento específico del día, como antes de acostarte o al despertar, para dedicarlo exclusivamente al aprendizaje.
- Acción a largo plazo: Establece metas de aprendizaje mensuales o anuales, como leer un número determinado de libros, completar un curso o desarrollar una nueva habilidad.

**5. Aprender de los demás: la importancia de los mentores y las comunidades**

El aprendizaje no ocurre solo en el aislamiento. Las personas que te rodean son una fuente invaluable de conocimientos, experiencias y perspectivas. Buscar mentores y participar en comunidades de aprendizaje te ayuda a acelerar tu crecimiento y te brinda apoyo en tu camino.

- Ejemplo práctico: Si admiras a alguien en tu campo, pídele que comparta contigo sus mejores prácticas y consejos. Un mentor puede ofrecerte orientación personalizada basada en su experiencia.
- Acción a corto plazo: Identifica a una persona en tu red que pueda actuar como mentor y programa una reunión para aprender de ella.

- Acción a largo plazo: Únete a una comunidad, grupo o red profesional donde puedas compartir ideas, colaborar y aprender de otros con intereses similares.

### 6. Abrazar los fracasos como oportunidades de aprendizaje

Una mentalidad de aprendiz constante ve los fracasos no como finales, sino como comienzos. Cada error o revés es una oportunidad para aprender algo nuevo y para crecer. Abrazar esta perspectiva transforma tus desafíos en lecciones valiosas.

- Ejemplo práctico: Si intentas algo nuevo y no funciona, reflexiona sobre lo que salió mal y cómo puedes ajustar tu enfoque en el futuro.
- Acción a corto plazo: Piensa en un fracaso reciente y escribe tres cosas que aprendiste de esa experiencia.
- Acción a largo plazo: Haz del análisis de tus errores una práctica regular, asegurándote de extraer lecciones y aplicarlas en el futuro.

### 7. El aprendizaje como herramienta para cumplir tu propósito

La educación y el aprendizaje no son fines en sí mismos; son herramientas para ayudarte a cumplir tu propósito en la vida. Al aprender continuamente, no solo mejoras tus habilidades, sino que también te equipas para servir mejor a los demás y para vivir de acuerdo con el plan que Dios tiene para ti.

- Ejemplo práctico: Si sientes que tu propósito está en inspirar a otros, aprender habilidades de comunicación, liderazgo o empatía puede ayudarte a impactar más vidas.
- Acción a corto plazo: Reflexiona sobre tu propósito y piensa en una habilidad que podrías desarrollar para cumplirlo mejor.
- Acción a largo plazo: Haz del aprendizaje una prioridad estratégica, enfocándote en áreas que estén directamente relacionadas con tu propósito y tus metas.

**Reflexión final**

Desarrollar una mentalidad de aprendiz constante es un compromiso con tu propio crecimiento y con el impacto que puedes tener en el mundo. Es un recordatorio de que siempre hay algo nuevo por descubrir, algo que puede llevarte más cerca de tus metas y algo que puede ayudarte a cumplir tu propósito.

Hoy te invito a reflexionar:

- ¿Qué estás haciendo para mantener viva tu curiosidad y tu pasión por aprender?
- ¿Qué pasos concretos puedes tomar hoy para integrar el aprendizaje en tu vida diaria?
- ¿Cómo puedes usar lo que aprendes para impactar positivamente a quienes te rodean?

Recuerda que nunca es tarde para aprender y crecer. Cada nuevo conocimiento, cada lección y cada experiencia te acercan más a la mejor versión de ti mismo, la versión que Dios diseñó con propósito y amor.

## 7.3. Lectura y mentores como fuentes de inspiración

*"El camino del necio parece recto ante sus propios ojos, pero el sabio escucha consejos." (Proverbios 12:15, NVI)*

En el camino hacia el crecimiento personal y profesional, la lectura y los mentores son dos de las herramientas más poderosas que puedes utilizar. Los libros te ofrecen una ventana a las mentes más brillantes de la historia, mientras que los mentores te brindan orientación práctica basada en la experiencia. Ambas fuentes de inspiración no solo enriquecen tu conocimiento, sino que también te ayudan a evitar errores comunes y a tomar decisiones más informadas.

Esta sección explora cómo integrar la lectura y el aprendizaje de mentores en tu vida diaria, ayudándote a avanzar hacia tus metas con sabiduría y claridad. Además, aprenderás cómo estas herramientas pueden inspirarte a superar desafíos, desarrollar nuevas perspectivas y vivir una vida más plena y significativa.

### 1. La lectura como puente hacia el conocimiento y la inspiración

Leer es una de las formas más accesibles y efectivas de aprender. A través de los libros, tienes acceso a las ideas, estrategias y reflexiones de personas que han enfrentado desafíos similares a los tuyos y han encontrado formas de superarlos. Leer no solo amplía tu conocimiento, sino que también fortalece tu mente y nutre tu espíritu.

- Ejemplo práctico: Si estás buscando mejorar tus habilidades en liderazgo, leer libros como Los 7 hábitos de la gente altamente efectiva de Stephen Covey o Liderazgo 101 de John Maxwell puede brindarte herramientas prácticas y motivación.
- Acción a corto plazo: Elige un libro relacionado con un área en la que deseas crecer y comprométete a leer al menos 10 páginas al día.
- Acción a largo plazo: Haz de la lectura un hábito diario y crea una lista de libros que quieras leer durante el año, enfocándote en temas que te inspiren y te ayuden a alcanzar tus metas.

### 2. Cómo seleccionar libros que transformen tu vida

No todos los libros tienen el mismo impacto. Para aprovechar al máximo tu tiempo de lectura, es importante elegir libros que estén alineados con tus intereses, metas y valores. Opta por lecturas que te desafíen a pensar de manera diferente, que te proporcionen herramientas prácticas y que te inspiren a crecer.

- Ejemplo práctico: Si estás buscando aprender sobre inversiones, puedes leer libros como Padre Rico, Padre Pobre de Robert Kiyosaki o El inversor inteligente de Benjamin Graham, que ofrecen perspectivas valiosas para construir riqueza.

- Acción a corto plazo: Investiga recomendaciones de libros dentro de tu área de interés y selecciona uno para comenzar esta semana.
- Acción a largo plazo: Crea un sistema de evaluación para tus lecturas, identificando cuáles libros han tenido el mayor impacto en tu vida y por qué.

### 3. El poder de los mentores en tu camino de crecimiento

Un mentor es alguien que ha recorrido el camino antes que tú y que está dispuesto a compartir su conocimiento y experiencia para ayudarte a avanzar. Los mentores no solo te guían, sino que también te inspiran a soñar en grande, a evitar errores y a mantenerte enfocado en lo que realmente importa.

- Ejemplo práctico: Si estás comenzando un negocio, tener un mentor con experiencia en emprendimiento puede ayudarte a tomar decisiones estratégicas, superar obstáculos y mantenerte motivado durante los momentos difíciles.
- Acción a corto plazo: Identifica a alguien en tu red que admires y pídele que se reúna contigo para compartir consejos o experiencias.
- Acción a largo plazo: Construye una relación sólida con tu mentor, comprometiéndote a aplicar sus consejos y a mantenerlo informado sobre tu progreso.

### 4. Cómo encontrar a los mentores adecuados

No todos los mentores son adecuados para ti, y eso está bien. Es importante encontrar a alguien que comparta tus valores, que tenga experiencia en el área que deseas mejorar y que esté dispuesto a invertir tiempo en tu crecimiento.

- Ejemplo práctico: Si deseas mejorar tus habilidades financieras, busca a alguien que haya demostrado éxito en la gestión de dinero o en inversiones. Puedes comenzar acercándote a expertos locales, colegas o incluso miembros de tu comunidad.

- Acción a corto plazo: Haz una lista de personas a las que admires por su experiencia o logros y toma la iniciativa de contactarlas para aprender de ellas.
- Acción a largo plazo: Construye una red de mentores en diferentes áreas de tu vida, desde lo profesional hasta lo personal, asegurándote de mantener relaciones significativas y recíprocas.

**5. La importancia de ser un aprendiz activo**

Tanto la lectura como el aprendizaje de mentores requieren que seas un participante activo. Esto significa que no solo debes recibir información, sino también reflexionar sobre ella, aplicarla y compartirla con otros.

- Ejemplo práctico: Si tu mentor te da un consejo sobre cómo mejorar tu productividad, ponlo en práctica y luego evalúa los resultados para discutirlos en tu próxima reunión.
- Acción a corto plazo: Después de leer un capítulo de un libro o recibir un consejo de un mentor, escribe tres formas en que puedes aplicarlo en tu vida diaria.
- Acción a largo plazo: Mantén un diario donde registres las lecciones aprendidas de tus lecturas y mentores, y revisa ese diario regularmente para medir tu progreso.

**6. Usar libros y mentores como inspiración en tiempos difíciles**

Los libros y los mentores no solo son herramientas para el aprendizaje, sino también fuentes de consuelo y motivación en momentos de incertidumbre o desafío. Pueden ayudarte a mantenerte enfocado, a recordar tu propósito y a encontrar soluciones cuando todo parece complicado.

- Ejemplo práctico: Durante un período de crisis, leer un libro como Más allá del bien y del mal de Viktor Frankl puede ayudarte a encontrar sentido en medio del caos. Del mismo modo, hablar con un mentor puede ofrecerte una perspectiva fresca y un plan para superar el momento difícil.

- Acción a corto plazo: Identifica un libro o una persona a quien recurrir cuando necesites inspiración o ánimo.
- Acción a largo plazo: Haz de la lectura y las reuniones con tus mentores una práctica constante, incluso en los momentos en los que todo parezca estar yendo bien.

**7. Convertirte en un mentor y compartir lo que has aprendido**

La verdadera medida del aprendizaje no es cuánto sabes, sino cuánto puedes enseñar e inspirar a otros. A medida que avances en tu camino, busca formas de convertirte en un mentor para quienes están comenzando. Compartir tus experiencias y lecciones no solo ayuda a otros, sino que también refuerza tu propio aprendizaje.

- Ejemplo práctico: Si has desarrollado experiencia en un área específica, ofrece tiempo para orientar a alguien que esté interesado en seguir un camino similar.
- Acción a corto plazo: Encuentra a alguien en tu red que pueda beneficiarse de tu experiencia y ofrécele tu apoyo.
- Acción a largo plazo: Haz del mentoring una parte integral de tu vida, buscando oportunidades para enseñar, inspirar y aprender de quienes guías.

**Reflexión final**

La lectura y los mentores son dos de las herramientas más transformadoras que puedes utilizar para alcanzar tus metas y vivir alineado con tu propósito. Cada libro que lees y cada consejo que recibes es una semilla que, cuando se cultiva, puede dar frutos abundantes en tu vida y en la vida de los demás.

Hoy te invito a reflexionar:

- ¿Qué libros estás leyendo actualmente y cómo están impactando tu vida?
- ¿Quiénes son las personas que te inspiran y te guían, y cómo puedes fortalecer esas relaciones?
- ¿Cómo puedes usar lo que estás aprendiendo para impactar positivamente a los demás?

Recuerda que nunca estás solo en tu camino. Cada página que lees y cada conversación que tienes con un mentor es un paso hacia una vida más plena, sabia y significativa.

## 7.4. Invirtiendo en educación financiera y personal

*"El corazón sabio adquiere conocimiento, y el oído del sabio busca el saber." (Proverbios 18:15, NVI)*

Invertir en educación financiera y personal es una de las decisiones más importantes que puedes tomar en la vida. La educación financiera te da las herramientas para manejar, multiplicar y proteger tus recursos, mientras que la educación personal te ayuda a crecer como individuo, a desarrollar habilidades clave y a vivir alineado con tu propósito. Juntas, estas dos áreas te empoderan para tomar decisiones sabias, construir una vida plena y dejar un legado significativo para las generaciones futuras.

En esta sección, exploraremos por qué invertir en tu crecimiento financiero y personal no es un gasto, sino una inversión con retornos incalculables. Aprenderás cómo empezar, qué pasos prácticos tomar y cómo implementar lo aprendido para transformar tu vida y la de quienes te rodean.

### 1. ¿Por qué invertir en educación financiera y personal es esencial?

La educación financiera te permite comprender cómo funciona el dinero, mientras que la educación personal te ayuda a manejar tus emociones, desarrollar habilidades interpersonales y enfrentar los desafíos con resiliencia.

Sin estas herramientas, es fácil caer en hábitos poco saludables, tomar decisiones precipitadas o perder oportunidades valiosas.

- Ejemplo práctico: Una persona con educación financiera entiende la diferencia entre activos y pasivos, lo que le permite invertir en bienes raíces o acciones en lugar de gastar en artículos de lujo que deprecian su valor.
- Acción a corto plazo: Reflexiona sobre tus metas financieras y personales. Identifica un área en la que necesites más conocimiento.
- Acción a largo plazo: Dedica tiempo cada mes a aprender sobre un tema financiero o personal que pueda impactar tu vida, como inversiones, manejo del estrés o liderazgo.

**2. Los beneficios de la educación financiera**

La educación financiera no solo te ayuda a ganar más dinero, sino también a administrarlo mejor. Te enseña a establecer presupuestos, ahorrar estratégicamente, invertir con propósito y planificar para el futuro. Además, reduce el estrés relacionado con el dinero, ya que te da el control sobre tus finanzas.

- Ejemplo práctico: Una familia que aprende sobre la importancia de un fondo de emergencia puede evitar endeudarse cuando enfrentan gastos inesperados, como reparaciones en el hogar o emergencias médicas.
- Acción a corto plazo: Crea un presupuesto simple para este mes, detallando tus ingresos, gastos y ahorros.
- Acción a largo plazo: Aprende sobre estrategias de inversión, como fondos indexados o bienes raíces, y empieza a implementar una de ellas gradualmente.

**3. Los beneficios de la educación personal**

Invertir en tu educación personal fortalece áreas clave como la comunicación, la inteligencia emocional, la resolución de conflictos y el liderazgo. Estas habilidades no solo mejoran tus relaciones personales y profesionales, sino que también te ayudan a crecer como individuo, aumentando tu autoconfianza y tu capacidad para superar desafíos.

- Ejemplo práctico: Alguien que invierte en un curso de oratoria no solo mejora su capacidad para hablar en público, sino que también gana confianza para liderar reuniones o presentar ideas importantes.
- Acción a corto plazo: Inscríbete en un taller o curso sobre una habilidad que desees mejorar, como la negociación o la gestión del tiempo.
- Acción a largo plazo: Haz un plan de desarrollo personal a 12 meses, detallando las áreas que deseas mejorar y los recursos que necesitarás para lograrlo.

### 4. Cómo empezar a invertir en educación financiera y personal

Comenzar no requiere grandes sumas de dinero ni cambios drásticos. Lo importante es tomar pequeños pasos constantes que te acerquen a tus metas. Aquí tienes algunas ideas:

Para educación financiera:

- Lee libros como Padre Rico, Padre Pobre de Robert Kiyosaki o El millonario de la puerta de al lado de Thomas Stanley.
- Sigue a expertos financieros en redes sociales que compartan contenido educativo.
- Aprende a utilizar aplicaciones de finanzas personales para rastrear tus gastos.

Para educación personal:

- Escucha podcasts sobre desarrollo personal, como The Tony Robbins Podcast.
- Únete a grupos o comunidades que compartan tus intereses, donde puedas aprender y practicar nuevas habilidades.

- Invierte tiempo en la introspección a través de la meditación o la escritura en un diario.
- Acción a corto plazo: Dedica una hora esta semana a investigar recursos educativos gratuitos o asequibles relacionados con tus metas.
- Acción a largo plazo: Reserva un porcentaje de tus ingresos mensuales para invertir en educación, ya sea en libros, cursos, talleres o eventos de networking.

## 5. Cómo evaluar tus inversiones en educación

No todas las inversiones en educación tendrán el mismo impacto. Es importante evaluar cuáles están realmente alineadas con tus metas y cuál es su retorno en términos de conocimiento, habilidades o crecimiento personal.

- Ejemplo práctico: Si tomas un curso de manejo del estrés pero no aplicas lo aprendido, esa inversión no generará un cambio significativo. Sin embargo, si implementas las técnicas enseñadas, puedes transformar tu bienestar emocional.
- Acción a corto plazo: Después de completar un curso o leer un libro, escribe tres cosas que aprendiste y cómo las aplicarás en tu vida diaria.
- Acción a largo plazo: Revisa periódicamente las inversiones educativas que has hecho y analiza cuáles han tenido el mayor impacto en tu vida.

## 6. Superando barreras para invertir en educación

Muchas personas evitan invertir en educación porque creen que no tienen tiempo, dinero o acceso a recursos de calidad. Superar estas barreras requiere creatividad, planificación y una mentalidad de crecimiento.

- Ejemplo práctico: Si no tienes presupuesto para un curso caro, busca recursos gratuitos en línea, como videos educativos en YouTube o artículos especializados. Hoy en día hay muchísima información gratuita en la que puedes apoyarte sin tener que invertir grandes sumas de dinero.

Empieza de esta forma y a medida que encuentras temas en los cuales quieres ampliar, puedes usar tus ingresos para invertir poco a poco.

- Acción a corto plazo: Encuentra un recurso educativo gratuito en línea y comprométete a dedicarle 30 minutos al día durante una semana.
- Acción a largo plazo: Planifica tu tiempo y presupuesto para asegurarte de que la educación siga siendo una prioridad constante en tu vida.

**7. Multiplicando el impacto de tu educación**

El conocimiento que adquieres no solo transforma tu vida, sino que también tiene el poder de impactar a quienes te rodean. Compartir lo que aprendes con tu familia, amigos o comunidad crea un efecto multiplicador que enriquece la vida de todos.

- Ejemplo práctico: Si aprendes sobre planificación financiera, comparte esos conocimientos con tus hijos, enseñándoles a manejar su dinero de manera responsable desde una edad temprana.
- Acción a corto plazo: Comparte una lección o herramienta útil que hayas aprendido con alguien cercano esta semana.
- Acción a largo plazo: Crea un hábito de transmitir lo que aprendes, ya sea a través de conversaciones, blogs o talleres en tu comunidad.

**Reflexión final**

Invertir en tu educación financiera y personal es una de las mejores decisiones que puedes tomar para transformar tu vida y alcanzar tus metas. Es un compromiso contigo mismo, con tu propósito y con las personas que te rodean. Cada libro leído, cada curso completado y cada mentor consultado son pasos hacia una vida más plena, equilibrada y significativa.

Hoy te invito a reflexionar:

- ¿Qué áreas de tu vida podrían mejorar si eliges invertir en educación?
- ¿Qué recursos tienes a tu disposición que podrías aprovechar mejor?

- ¿Cómo puedes usar lo que aprendas para impactar positivamente a los demás?

Recuerda que cada inversión en tu crecimiento es un paso hacia tu mejor versión. Al comprometerte con la educación financiera y personal, estarás construyendo un futuro sólido y lleno de posibilidades.

## 7.5. Cómo aplicar lo aprendido para generar impacto

*"El que adquiere sabiduría se ama a sí mismo; el que retiene el entendimiento prospera." (Proverbios 19:8, NVI)*

Adquirir conocimiento es poderoso, pero su verdadero valor radica en cómo lo aplicamos para transformar nuestras vidas y las de los demás. La educación y el aprendizaje no son metas en sí mismas, sino herramientas que nos capacitan para generar un impacto significativo en nuestra familia, comunidad y entorno profesional. Aplicar lo aprendido es el puente entre el conocimiento y la acción, entre el crecimiento personal y el cambio que queremos ver en el mundo.

En esta sección, exploraremos cómo convertir el conocimiento en acciones concretas que produzcan resultados. Aprenderás estrategias prácticas para implementar lo que has aprendido, superar el miedo a actuar y medir el impacto de tus acciones en el tiempo.

### 1. El valor de la acción: transformar conocimiento en resultados

El conocimiento sin acción es como una semilla que nunca se planta. Para generar impacto, es esencial pasar de la teoría a la práctica, utilizando lo aprendido para resolver problemas, tomar mejores decisiones y aportar valor a los demás.

- Ejemplo práctico: Si has aprendido sobre estrategias de inversión, pero no has tomado la decisión de invertir, ese conocimiento no te estará generando los beneficios que podría. Al actuar, comienzas a ver resultados tangibles que refuerzan tu aprendizaje.

- Acción a corto plazo: Identifica una cosa que hayas aprendido recientemente y define una acción concreta que puedas tomar hoy para implementarlo.
- Acción a largo plazo: Establece metas específicas para aplicar lo que aprendas en diferentes áreas de tu vida, como tu trabajo, tus finanzas o tus relaciones.

**2. Superando el miedo a actuar**

Muchas personas se sienten paralizadas al momento de actuar porque temen cometer errores o no obtener resultados perfectos. Sin embargo, el aprendizaje real ocurre en el proceso de actuar, cometer errores y ajustar el enfoque.

- Ejemplo práctico: Si has aprendido una nueva estrategia de negocios, como el marketing digital, puedes sentir miedo de aplicarla por temor a fallar. Pero al probarla, incluso si no obtienes los resultados esperados de inmediato, estarás ganando experiencia valiosa.
- Acción a corto plazo: Identifica un área donde el miedo esté deteniendo tu acción y da un paso pequeño pero significativo, como buscar retroalimentación o probar una idea en un entorno controlado.
- Acción a largo plazo: Adopta la mentalidad de que los errores son oportunidades para aprender y mejora cada vez que actúas, en lugar de buscar la perfección desde el inicio.

**3. Prioriza lo aprendido: ¿Qué tiene mayor impacto inmediato?**

No todo lo que aprendes debe aplicarse al mismo tiempo. Es importante priorizar el conocimiento que puede generar el mayor impacto inmediato en tu vida o en la vida de los demás.

- Ejemplo práctico: Si has aprendido sobre hábitos de productividad, como planificar tu día por adelantado, comienza implementándolo antes de intentar aplicar múltiples técnicas al mismo tiempo. Este pequeño cambio puede mejorar significativamente tu eficiencia diaria.

- Acción a corto plazo: Haz una lista de lo que has aprendido recientemente y elige una o dos cosas que puedan generar el mayor impacto en tu vida actual.
- Acción a largo plazo: Establece un sistema de priorización para aplicar lo aprendido de forma organizada y efectiva, asegurándote de no abrumarte con demasiadas acciones al mismo tiempo.

### 4. Medir el impacto de tus acciones

Para asegurarte de que lo que has aprendido está generando resultados, es importante medir el impacto de tus acciones. Esto te permite ajustar tu enfoque, aprender de los resultados y mantenerte motivado al ver los progresos que estás logrando.

- Ejemplo práctico: Si estás aplicando lo aprendido en educación financiera, como crear un presupuesto mensual, mide tu progreso observando cuánto has ahorrado o cómo ha mejorado tu control sobre los gastos.
- Acción a corto plazo: Define métricas claras para medir el impacto de una acción específica que estés tomando. Por ejemplo, si estás trabajando en mejorar tu comunicación, mide la frecuencia con la que recibes retroalimentación positiva.
- Acción a largo plazo: Lleva un registro de tus acciones y resultados en un diario o una hoja de cálculo, revisando regularmente tu progreso y ajustando según sea necesario.

### 5. Enseñar lo que has aprendido para multiplicar el impacto

Compartir lo que has aprendido no solo refuerza tu propio conocimiento, sino que también tiene el potencial de impactar a quienes te rodean. Al enseñar o compartir tus aprendizajes, puedes inspirar a otros a crecer y aplicar lo que han aprendido en sus propias vidas.

- Ejemplo práctico: Si has aprendido sobre la importancia del ejercicio físico, comparte tus rutinas y motivaciones con tu familia, animándolos a adoptar un estilo de vida más saludable.
- Acción a corto plazo: Elige un tema en el que te sientas seguro y compártelo con alguien más, ya sea a través de una conversación, un blog o una publicación en redes sociales.
- Acción a largo plazo: Dedica tiempo regularmente para enseñar o guiar a otros, ya sea como mentor, líder de equipo o facilitador en tu comunidad.

### 6. Usar lo aprendido para resolver problemas concretos

El aprendizaje aplicado tiene el mayor impacto cuando se usa para resolver problemas reales. Esto no solo demuestra la utilidad de lo que has aprendido, sino que también te da la confianza de saber que puedes marcar la diferencia.

- Ejemplo práctico: Si has aprendido estrategias de resolución de conflictos, úsalas para mediar en una situación difícil en tu lugar de trabajo o en tu hogar.
- Acción a corto plazo: Identifica un problema específico en tu vida o entorno que pueda beneficiarse de lo que has aprendido y trabaja en una solución práctica.
- Acción a largo plazo: Haz de la resolución de problemas un enfoque habitual, utilizando tus conocimientos y habilidades para abordar desafíos a medida que surjan.

### 7. Construyendo un legado a través de tus aprendizajes

Cuando aplicas lo aprendido de manera consistente, estás construyendo un legado que puede impactar a las generaciones futuras. Tu crecimiento personal y profesional no solo transforma tu vida, sino que también deja una huella en tu familia, comunidad y más allá.

- Ejemplo práctico: Si aplicas lo aprendido sobre finanzas personales y logras construir un patrimonio, puedes enseñar a tus hijos a manejar el dinero de manera responsable, ayudándolos a establecer una base sólida para su futuro.

- Acción a corto plazo: Reflexiona sobre cómo tus aprendizajes actuales están impactando tu vida y cómo puedes transmitirlos a quienes te rodean.
- Acción a largo plazo: Crea un plan para documentar y compartir tu conocimiento, ya sea escribiendo un libro, grabando videos o participando en actividades comunitarias que promuevan el aprendizaje.

**Reflexión final**

El aprendizaje alcanza su verdadero propósito cuando se traduce en acción. Cada cosa que aprendes tiene el potencial de transformar tu vida y la de quienes te rodean, pero solo si tomas la decisión de aplicarla. Recuerda que no necesitas esperar a tener todo bajo control; el progreso comienza con pequeños pasos consistentes.

Hoy te invito a reflexionar:

- ¿Qué has aprendido recientemente que podría marcar una diferencia en tu vida si lo aplicas?
- ¿Qué acciones puedes tomar hoy para comenzar a implementar ese conocimiento?
- ¿Cómo puedes usar lo que has aprendido para impactar positivamente a los demás y dejar un legado duradero?

Recuerda que cada acción, por pequeña que sea, puede generar un impacto significativo. Al aplicar lo aprendido con intención y propósito, estarás creando una vida más plena y significativa, alineada con tus valores y metas.

**Conclusión**

La educación y el crecimiento son los cimientos sobre los que construimos nuestras vidas. No importa cuánto hayas aprendido o logrado hasta ahora; el proceso de aprendizaje nunca termina. Este capítulo nos ha guiado a través del valor de la educación continua, la importancia de desarrollar una mentalidad de aprendiz constante, el poder de los libros y los mentores como fuentes de inspiración, y la necesidad de invertir en nosotros mismos para generar un impacto significativo. Ahora, al cerrar este capítulo, es momento de reflexionar sobre cómo integrar estos principios en tu vida diaria y comprometerte con un camino de aprendizaje constante.

**El aprendizaje como estilo de vida**

El aprendizaje no es solo una actividad; es una forma de vivir. Cuando adoptas una mentalidad de aprendizaje continuo, abres la puerta a nuevas oportunidades, experiencias y posibilidades. Cada libro que lees, cada conversación con un mentor y cada habilidad que desarrollas te acercan más a tu propósito y te convierten en una mejor versión de ti mismo.

- Reflexión: ¿Cómo sería tu vida si cada día lo vieras como una oportunidad para aprender algo nuevo?
- Compromiso: Haz del aprendizaje una prioridad en tu vida, dedicando tiempo y recursos a tu crecimiento personal y profesional.

**Rompiendo las barreras al aprendizaje**

Una de las mayores lecciones de este capítulo es que las barreras al aprendizaje, como el miedo al fracaso, la falta de tiempo o la creencia de que ya sabes suficiente, son solo excusas que podemos superar con intencionalidad. El primer paso para crecer es reconocer esas barreras y enfrentarlas con determinación.

- Ejemplo: Si alguna vez has pensado que no tienes tiempo para leer o estudiar, puedes comenzar con pequeños pasos, como escuchar audiolibros mientras conduces o dedicar 15 minutos al día a un tema que te interese.

- Acción: Identifica una barrera específica que esté limitando tu aprendizaje y desarrolla una estrategia para superarla. Por ejemplo, si sientes que no tienes acceso a recursos educativos, explora plataformas gratuitas en línea o únete a una biblioteca local.

**El poder transformador de la educación financiera y personal**

Invertir en tu educación financiera y personal no es un lujo, es una necesidad. Cuando mejoras tus habilidades para manejar tus recursos, desarrollar relaciones saludables y liderar con propósito, no solo transformas tu vida, sino que también impactas positivamente a quienes te rodean. La educación es una herramienta que te empodera para tomar el control de tu futuro y vivir alineado con tus valores.

- Reflexión: ¿Qué impacto tendría en tu vida y en tu familia el dedicarte a aprender sobre finanzas, liderazgo o desarrollo personal?
- Compromiso: Dedica un porcentaje de tu tiempo y recursos a invertir en cursos, libros o talleres que te ayuden a crecer en estas áreas clave.

**La importancia de aplicar lo aprendido**

El aprendizaje alcanza su máximo potencial cuando se traduce en acción. Cada cosa que aprendes tiene el poder de transformar tu vida, pero solo si decides aplicarla. Ya sea implementando un nuevo hábito, tomando una decisión financiera informada o enseñando a otros lo que sabes, el impacto de tu educación se multiplica cuando actúas.

- Ejemplo: Si has aprendido sobre técnicas de productividad, aplica una de ellas en tu rutina diaria y evalúa los resultados después de una semana.
- Compromiso: Define una acción específica que puedas tomar esta semana para implementar algo que hayas aprendido recientemente.

**Un llamado al crecimiento continuo**

El aprendizaje no solo es una herramienta para lograr metas, sino también una expresión de gratitud hacia el regalo de la vida. Cada día es una oportunidad para crecer, para expandir tus horizontes y para cumplir con el propósito que Dios ha puesto en tu corazón. Nunca subestimes el poder de una mente abierta y dispuesta a aprender.

- Reflexión: ¿Cómo puedes inspirar a otros en tu familia, trabajo o comunidad para que adopten una mentalidad de aprendizaje continuo?
- Compromiso: Sé un modelo de aprendizaje para quienes te rodean, compartiendo tus conocimientos, enseñando con humildad y demostrando con tu ejemplo que nunca es tarde para aprender.

**Reflexión final**

Este capítulo ha sido un recordatorio de que el aprendizaje es una de las herramientas más poderosas que tenemos para transformar nuestras vidas y dejar un impacto duradero. Desde adoptar una mentalidad de aprendiz constante hasta invertir en educación financiera y personal, cada paso que des hacia el crecimiento es una inversión en tu propósito y en el legado que deseas construir.

Hoy te invito a preguntarte:

- ¿Qué puedes hacer esta semana para comenzar a aplicar lo aprendido en este capítulo?
- ¿Cómo puedes usar el aprendizaje continuo para acercarte más a tus metas y a tu propósito?
- ¿Qué impacto estás dispuesto a generar en tu vida y en la vida de los demás al comprometerte con el crecimiento constante?

Recuerda que nunca es tarde para aprender algo nuevo, para reinventarte o para marcar la diferencia. Con cada página que leas, cada conversación con un mentor y cada habilidad que desarrolles, estarás dejando una huella que inspire y motive a otros a seguir el mismo camino.

---

En el capítulo anterior, exploraste el poder infinito de la educación y el crecimiento personal. Aprendiste que nunca es tarde para reinventarte, que cada nuevo conocimiento y experiencia te acerca a tu máximo potencial. Ahora tienes las herramientas para construir una mentalidad que no solo busca el aprendizaje, sino que lo convierte en el motor de tu éxito. Pero aquí surge una pregunta inevitable: ¿cómo aplicas todo lo que estás aprendiendo para diseñar la vida que realmente deseas?

Es fácil caer en la trampa de acumular conocimientos sin una dirección clara. Sin embargo, el aprendizaje solo tiene valor cuando lo usas para construir un estilo de vida que refleje tus sueños, valores y prioridades. Y es aquí donde el tiempo y la libertad se convierten en las piezas clave. Porque, ¿de qué sirve todo lo que has aprendido si no tienes el tiempo para disfrutarlo ni la libertad para vivirlo plenamente?

El próximo capítulo te llevará a dar un salto hacia la acción. Es el momento de dejar de vivir bajo las demandas y expectativas de otros y empezar a diseñar tu estilo de vida ideal. Descubrirás cómo tomar control de tu tiempo, simplificar lo innecesario y crear rutinas que te permitan vivir con intención y equilibrio. Este no es solo un capítulo sobre productividad; es una invitación a liberar tu tiempo para dedicarlo a lo que verdaderamente importa.

Así que te dejo con esta reflexión:

¿Estás viviendo para cumplir con las expectativas de otros, o estás diseñando un estilo de vida que te haga sentir verdaderamente libre?

En el próximo capítulo, te adentrarás en un viaje hacia la libertad que has soñado: no solo libertad financiera, sino también emocional, espiritual y de tiempo. Porque la vida que deseas no se encuentra, se diseña. ¡Prepárate para descubrir cómo tomar el control y crear un estilo de vida que sea tan único y significativo como tú!

## 8. Diseñando Tu Estilo de Vida: Tiempo y Libertad

*"Enséñanos a contar bien nuestros días, para que nuestro corazón adquiera sabiduría." (Salmos 90:12, NVI)*

El tiempo es nuestro recurso más valioso. A diferencia del dinero, no podemos ganar más tiempo ni recuperarlo una vez que se ha ido. Por eso, aprender a administrar nuestro tiempo de manera intencional y alinear nuestras decisiones con nuestras prioridades es esencial para diseñar un estilo de vida que refleje lo que realmente valoramos: nuestra familia, nuestra salud, nuestra misión y nuestra conexión con Dios.

El diseño de un estilo de vida no ocurre por accidente; es el resultado de decisiones conscientes y consistentes. Este capítulo es una invitación a reflexionar sobre cómo estás utilizando tu tiempo y si ese uso refleja las cosas que realmente importan en tu vida. También exploraremos cómo alcanzar la libertad no solo financiera, sino también emocional y espiritual, para vivir una vida en plenitud y propósito.

### La libertad como un estado integral

Cuando hablamos de libertad, muchas veces pensamos únicamente en términos financieros. Sin embargo, la verdadera libertad va mucho más allá. Incluye la capacidad de decidir cómo quieres pasar tu tiempo, con quién lo quieres compartir y en qué proyectos deseas invertir tu energía. Es la libertad de vivir según tus valores, sin sentirte atrapado por las expectativas de los demás o las limitaciones autoimpuestas.

- Reflexión: ¿Estás viviendo de manera intencional o simplemente reaccionando a las demandas diarias?
- Compromiso: Este capítulo te guiará a analizar cómo puedes recuperar el control de tu tiempo y diseñar un estilo de vida que esté alineado con tus prioridades y propósito.

**El diseño intencional de tu vida**

Diseñar tu estilo de vida no significa perseguir la perfección, sino encontrar un equilibrio que te permita disfrutar cada etapa del camino. Significa establecer límites claros, aprender a decir "no" a lo que no añade valor y crear un entorno que fomente tu bienestar y productividad.

- Ejemplo práctico: Un profesional que trabaja largas horas puede decidir delegar tareas o adoptar una jornada laboral más flexible para dedicar más tiempo a su familia, logrando así un equilibrio entre el éxito profesional y la vida personal.
- Reflexión: ¿Qué cambios podrías hacer hoy para alinear tu rutina con las cosas que más valoras?

**Tiempo: tu recurso más valioso**

El tiempo es único porque, a diferencia del dinero, no se puede recuperar. Sin embargo, muchas veces lo gastamos sin pensar, dejándonos llevar por distracciones, urgencias o actividades que no contribuyen a nuestro propósito. Aprender a valorar tu tiempo y administrarlo sabiamente es clave para vivir una vida con sentido y libertad.

- Ejemplo práctico: Una persona que dedica horas a las redes sociales sin darse cuenta podría establecer límites de tiempo en su uso diario y redirigir ese tiempo hacia actividades más significativas, como leer, aprender una nueva habilidad o pasar tiempo de calidad con su familia.
- Acción: Reflexiona sobre cómo estás utilizando tu tiempo actualmente y haz una lista de las actividades que te acercan a tus metas y las que no.

**La libertad comienza con claridad**

Antes de poder diseñar un estilo de vida que refleje tus valores, primero necesitas claridad sobre cuáles son esos valores. La libertad verdadera comienza cuando tienes una visión clara de cómo deseas vivir tu vida y trabajas intencionalmente para alinearte con esa visión.

- Ejemplo práctico: Alguien que valora pasar tiempo con su familia puede decidir ajustar sus horarios de trabajo o priorizar fines de semana libres para estar presente en los momentos importantes.
- Reflexión: ¿Qué es lo más importante para ti? ¿Cómo puedes asegurarte de que tus decisiones diarias reflejen esas prioridades?

**Un llamado a tomar el control**

Este capítulo es una invitación a dejar de vivir en piloto automático y tomar el control de tu tiempo y tu libertad. No se trata de hacerlo todo, sino de hacer lo que realmente importa. Al diseñar tu estilo de vida de manera intencional, estarás creando un espacio para lo que amas, para lo que te nutre y para lo que Dios te ha llamado a hacer.

Hoy te invito a reflexionar:

- ¿Tu estilo de vida actual refleja tus valores y metas?
- ¿Qué actividades podrías eliminar o delegar para tener más tiempo para lo que realmente importa?
- ¿Cómo puedes redirigir tu energía hacia cosas que te acerquen a tu propósito?

Recuerda que diseñar tu estilo de vida es un proceso continuo. No se trata de alcanzar una perfección inalcanzable, sino de construir una vida que refleje tus valores, que te brinde paz y que te permita vivir con propósito. Este capítulo te dará herramientas prácticas y perspectivas para que comiences ese diseño desde hoy.

## 8.1. Cómo establecer prioridades que reflejen tus valores

*"Donde esté tu tesoro, allí estará también tu corazón." (Mateo 6:21, NVI)*

Establecer prioridades es una habilidad esencial para diseñar un estilo de vida que esté alineado con tus valores. En un mundo lleno de distracciones y demandas constantes, es fácil perder de vista lo que realmente importa. Sin embargo, cuando tus decisiones y acciones reflejan tus valores, comienzas a vivir de manera intencional, construyendo una vida que no solo es productiva, sino también significativa.

Esta sección te guiará a través del proceso de identificar tus valores fundamentales, establecer prioridades claras y tomar decisiones que te permitan vivir de acuerdo con esos principios. Aprenderás a diferenciar entre lo urgente y lo importante, a decir "no" cuando sea necesario y a dedicar tiempo y energía a las cosas que realmente tienen un impacto duradero en tu vida.

**1. Identificar tus valores fundamentales**

Antes de establecer prioridades, es esencial que identifiques tus valores. Tus valores son las creencias y principios que guían tus decisiones y te ayudan a definir lo que realmente es importante en tu vida. Estos valores pueden incluir la familia, la fe, la salud, el servicio a los demás, el crecimiento personal, entre otros.

- Ejemplo práctico: Una persona cuyo valor principal es la familia puede priorizar pasar tiempo de calidad con sus hijos, incluso si eso significa rechazar una oferta laboral que implique largas horas de trabajo.
- Acción a corto plazo: Dedica tiempo esta semana a reflexionar sobre tus valores. Haz una lista de cinco valores que sean esenciales para ti y escríbelos en un lugar visible.
- Acción a largo plazo: Revisa regularmente tus valores y asegúrate de que tus metas y decisiones reflejen esos principios fundamentales.

**2. Diferenciar entre lo urgente y lo importante**

Uno de los mayores desafíos al establecer prioridades es aprender a distinguir entre lo urgente (lo que parece necesitar atención inmediata) y lo importante (lo que realmente contribuye a tus objetivos y propósito). Muchas veces, lo urgente puede desviar tu atención de lo importante, dejando poco espacio para las cosas que verdaderamente importan.

- Ejemplo práctico: Responder constantemente a correos electrónicos puede parecer urgente, pero puede estar restándote tiempo para trabajar en un proyecto importante que contribuye a tu propósito a largo plazo.
- Acción a corto plazo: Haz una lista de tus tareas diarias y clasifícalas en dos categorías: urgentes e importantes. Asegúrate de dedicar tiempo cada día a lo importante, incluso si no parece urgente.
- Acción a largo plazo: Establece un sistema de gestión del tiempo, como la Matriz de Eisenhower, para asegurarte de que siempre priorizas lo importante sobre lo urgente.

**3. Establecer metas claras que reflejen tus valores**

Las metas son el puente entre tus valores y tus acciones diarias. Al establecer metas claras y específicas, te aseguras de que tu tiempo y energía estén dirigidos hacia las cosas que realmente importan. Estas metas deben ser SMART: específicas, medibles, alcanzables, relevantes y con un plazo definido.

- Ejemplo práctico: Si valoras tu salud, una meta relevante podría ser: "Hacer ejercicio 30 minutos al día, cinco veces por semana, durante los próximos tres meses."
- Acción a corto plazo: Define una meta específica relacionada con cada uno de tus valores principales y escribe los pasos necesarios para alcanzarla.
- Acción a largo plazo: Haz un seguimiento regular de tus metas y ajusta tu enfoque según sea necesario para asegurarte de que estás progresando hacia ellas.

**4. Aprender a decir "no"**

Decir "no" a las cosas que no están alineadas con tus valores es una de las habilidades más importantes que puedes desarrollar. Cada vez que dices "sí" a algo que no es prioritario, estás diciendo "no" a algo que sí lo es. Aprender a establecer límites saludables te permite proteger tu tiempo y energía para las cosas que realmente importan.

- Ejemplo práctico: Si valoras el tiempo con tu familia, puedes rechazar compromisos sociales innecesarios o reuniones de trabajo fuera de horario que interfieran con ese tiempo.
- Acción a corto plazo: Practica decir "no" a una solicitud o compromiso que no esté alineado con tus prioridades esta semana.
- Acción a largo plazo: Desarrolla una política personal de evaluar cada solicitud o compromiso antes de aceptarlo, asegurándote de que esté alineado con tus valores y metas.

**5. Crear un calendario que refleje tus prioridades**

Tu calendario es un reflejo directo de tus prioridades. Si dices que algo es importante para ti, pero no dedicas tiempo a ello, es hora de reevaluar tus acciones. Crear un calendario intencional te ayuda a asegurarte de que estás dedicando tiempo suficiente a las cosas que realmente importan.

- Ejemplo práctico: Si valoras tu crecimiento personal, programa tiempo semanal para leer, tomar un curso o trabajar en tus metas.
- Acción a corto plazo: Revisa tu calendario actual y ajusta tus actividades para asegurarte de que reflejan tus prioridades.
- Acción a largo plazo: Haz del calendario una herramienta diaria para planificar y proteger el tiempo que dedicas a tus valores más importantes.

**6. Reflexionar y ajustar tus prioridades regularmente**

Tus prioridades pueden cambiar con el tiempo, y eso está bien. Lo importante es reflexionar regularmente sobre tus valores y asegurarte de que tus acciones sigan alineadas con ellos. La autorreflexión te permite hacer ajustes cuando sea necesario y mantener el equilibrio en tu vida.

- Ejemplo práctico: Un padre joven puede priorizar el tiempo con sus hijos pequeños, pero a medida que crecen, puede dedicar más tiempo a su carrera o proyectos personales.
- Acción a corto plazo: Dedica 15 minutos esta semana a reflexionar sobre si tus acciones actuales están alineadas con tus valores.
- Acción a largo plazo: Establece un hábito mensual o trimestral de evaluar tus prioridades y hacer ajustes según sea necesario.

**Reflexión final**

Establecer prioridades que reflejen tus valores es una de las decisiones más poderosas que puedes tomar para diseñar un estilo de vida con intención y propósito. Cuando tus acciones diarias están alineadas con lo que realmente importa para ti, no solo encuentras paz y equilibrio, sino que también inspiras a quienes te rodean a vivir de manera más significativa.

Hoy te invito a reflexionar:

- ¿Tus prioridades actuales reflejan tus valores más importantes?
- ¿Qué ajustes puedes hacer esta semana para alinear tu tiempo y energía con lo que realmente valoras?
- ¿Cómo puedes usar tus prioridades como una guía para tomar decisiones más intencionales en el futuro?

Recuerda que cada día es una nueva oportunidad para vivir de acuerdo con tus valores. Al establecer prioridades claras y actuar con intención, estarás construyendo una vida que refleje quién eres y lo que realmente importa para ti.

## 8.2. Diseñando rutinas diarias que te empoderen

*"Pero todo debe hacerse de una manera apropiada y con orden." (1 Corintios 14:40, NVI)*

Tu rutina diaria es una herramienta poderosa que puede acercarte a tus metas o alejarte de ellas. Diseñar una rutina que te empodere no solo se trata de ser productivo, sino también de construir un día lleno de intencionalidad, equilibrio y propósito. Cada acción que realizas diariamente, por pequeña que parezca, contribuye a definir quién eres y en qué te estás convirtiendo.

Esta sección se centra en cómo crear rutinas diarias que estén alineadas con tus valores y metas. Aprenderás a identificar hábitos positivos, a eliminar aquellos que no te sirven y a estructurar tu día de manera que fomente el crecimiento personal, profesional y espiritual. Al final, tendrás herramientas prácticas para transformar tu vida diaria en una base sólida para el éxito y la plenitud.

### 1. ¿Por qué son importantes las rutinas empoderadoras?

Las rutinas empoderadoras te permiten aprovechar al máximo tu tiempo y energía, creando un marco que te ayuda a mantener el enfoque y la motivación. Además, establecen un ritmo que reduce el estrés y te da claridad sobre lo que es realmente importante.

- Ejemplo práctico: Una persona que comienza su día con una rutina matutina estructurada, como meditación, ejercicio y planificación, se siente más centrada y productiva durante el resto del día.
- Acción a corto plazo: Reflexiona sobre cómo comienzas y terminas tu día actualmente, identificando si tus hábitos actuales están ayudándote o limitándote.
- Acción a largo plazo: Diseña una rutina diaria que incorpore actividades alineadas con tus valores y metas, asegurándote de seguirla consistentemente.

**2. Diseñando una rutina matutina poderosa**

La manera en que comienzas tu día establece el tono para todo lo demás. Una rutina matutina poderosa no tiene que ser complicada; solo necesita incluir actividades que te preparen mental, física y espiritualmente para lo que viene.

- Ejemplo práctico: Una rutina matutina podría incluir levantarte temprano, leer un pasaje bíblico o reflexionar, hacer ejercicio durante 20 minutos y planificar tus prioridades para el día.
- Acción a corto plazo: Comienza con un pequeño cambio en tu mañana, como levantarte 15 minutos más temprano para dedicar tiempo a la reflexión o a escribir en un diario.
- Acción a largo plazo: Establece una rutina matutina consistente que incluya actividades que te energicen, te inspiren y te preparen para enfrentar el día con propósito.

**3. Estructurando tu jornada laboral o productiva**

Tu jornada laboral o productiva es donde pasas la mayor parte de tu tiempo. Diseñar una estructura que priorice las tareas importantes y elimine distracciones te ayuda a maximizar tu rendimiento y minimizar el agotamiento.

- Ejemplo práctico: Al usar técnicas como el método Pomodoro (trabajar en bloques de tiempo con descansos cortos), puedes mantenerte enfocado y evitar la fatiga mental.
- Acción a corto plazo: Identifica las tres tareas más importantes para completar en tu día laboral y concéntrate en realizarlas primero.
- Acción a largo plazo: Implementa un sistema de gestión del tiempo, como bloques de tiempo o priorización por importancia, para estructurar tu jornada de manera eficiente.

**4. Incorporando pausas y tiempo para recargar energía**

El descanso es tan importante como la productividad. Incorporar pausas estratégicas en tu día no solo mejora tu energía, sino que también aumenta tu capacidad para tomar decisiones y ser creativo.

- Ejemplo práctico: Un trabajador que toma descansos cortos para caminar al aire libre o meditar durante el día se siente más fresco y enfocado al regresar a sus tareas.
- Acción a corto plazo: Programa un descanso de cinco minutos cada hora para desconectarte y recargar energía.
- Acción a largo plazo: Establece una rutina diaria que incluya momentos para el descanso, la reflexión y la desconexión digital, especialmente en momentos de alta demanda.

**5. Diseñando una rutina nocturna que fomente el descanso**

La manera en que terminas tu día es tan importante como cómo lo comienzas. Una rutina nocturna diseñada para relajarte y reflexionar te prepara para un sueño reparador, que es fundamental para tu salud y bienestar.

- Ejemplo práctico: Una rutina nocturna puede incluir apagar dispositivos electrónicos una hora antes de dormir, leer un libro inspirador y escribir tres cosas por las que estás agradecido en un diario.
- Acción a corto plazo: Establece una hora fija para acostarte y comienza a desconectarte de las pantallas al menos 30 minutos antes de dormir.
- Acción a largo plazo: Diseña una rutina nocturna que te ayude a desconectarte del estrés diario y a preparar tu cuerpo y mente para un descanso profundo y restaurador.

**6. Identificando y eliminando hábitos que no te sirven**

No todas las actividades en tu rutina diaria contribuyen a tu crecimiento. Identificar y eliminar hábitos que te quitan tiempo y energía es esencial para diseñar una rutina más empoderadora.

- Ejemplo práctico: Alguien que pasa dos horas al día en redes sociales podría reducir ese tiempo y dedicarlo a actividades más productivas, como leer o hacer ejercicio.
- Acción a corto plazo: Haz una lista de tus actividades diarias y analiza cuáles no están alineadas con tus valores o metas.
- Acción a largo plazo: Sustituye los hábitos que no te sirven por actividades que aporten valor a tu vida, asegurándote de mantener este cambio de manera consistente.

### 7. Adaptando tu rutina a los cambios de la vida

La vida es dinámica, y tu rutina también debería serlo. A medida que cambian tus prioridades y circunstancias, es importante ajustar tus hábitos para que sigan apoyando tu crecimiento y bienestar.

- Ejemplo práctico: Una madre ocupada puede ajustar su rutina matutina para incluir 10 minutos de ejercicio mientras sus hijos duermen, en lugar de intentar seguir una rutina más larga que no se ajuste a su realidad actual.
- Acción a corto plazo: Reflexiona sobre tu rutina actual y analiza si está alineada con tus necesidades y prioridades actuales.
- Acción a largo plazo: Establece una práctica mensual para evaluar y ajustar tu rutina según sea necesario, asegurándote de que siempre te sirva en cada etapa de tu vida.

### Reflexión final

Diseñar una rutina diaria que te empodere no solo mejora tu productividad, sino que también transforma tu vida. Cuando cada acción que realizas está alineada con tus valores y metas, te conviertes en alguien más enfocado, motivado y en paz contigo mismo.

Hoy te invito a reflexionar:

- ¿Cómo se ve tu rutina diaria actual y qué cambios podrías hacer para que refleje tus prioridades?
- ¿Qué hábitos podrías eliminar o ajustar para maximizar tu tiempo y energía?
- ¿Cómo puedes incorporar actividades que te inspiren y te conecten con tu propósito en tu día a día?

Recuerda que una rutina empoderadora no tiene que ser perfecta; simplemente necesita ser intencional. Al tomar el control de tus días, estarás construyendo una vida que no solo te lleve al éxito, sino que también te brinde paz, equilibrio y plenitud.

### 8.3. Eliminando lo innecesario para ganar tiempo

*"Todo tiene su momento oportuno; hay un tiempo para todo lo que se hace bajo el cielo." (Eclesiastés 3:1, NVI)*

El tiempo es un recurso limitado y valioso. Sin embargo, muchas veces lo desperdiciamos en actividades, compromisos y distracciones que no contribuyen a nuestras metas o valores. Aprender a eliminar lo innecesario no solo libera tiempo, sino que también reduce el estrés, aumenta nuestra productividad y nos permite enfocarnos en lo que realmente importa.

En esta sección, exploraremos cómo identificar y eliminar las actividades, hábitos y compromisos que consumen tu tiempo sin aportar valor. También aprenderás estrategias prácticas para simplificar tu vida, establecer límites claros y redirigir tu energía hacia lo que tiene un impacto significativo en tu vida personal y profesional.

#### 1. Identificando lo innecesario en tu vida

El primer paso para eliminar lo innecesario es identificar las actividades y compromisos que no están alineados con tus prioridades y valores. Esto puede incluir distracciones, obligaciones sociales poco relevantes o hábitos que no te aportan beneficios reales.

- Ejemplo práctico: Pasar horas navegando en redes sociales puede parecer inofensivo, pero si no está alineado con tus metas, puede convertirse en un gran desperdicio de tiempo.
- Acción a corto plazo: Haz una lista de tus actividades diarias y marca aquellas que no estén contribuyendo a tus objetivos o valores.
- Acción a largo plazo: Realiza un análisis mensual de tu agenda para identificar y eliminar actividades innecesarias de manera constante.

**2. Aprendiendo a decir "no" con confianza**

Decir "sí" a todo puede llenar tu vida de compromisos que drenan tu tiempo y energía. Aprender a decir "no" de manera respetuosa pero firme es clave para proteger tu tiempo y enfocarte en lo que realmente importa.

- Ejemplo práctico: Si alguien te pide ayuda con un proyecto que no está alineado con tus prioridades, puedes responder: "Gracias por pensar en mí, pero en este momento no puedo comprometerme. Espero que encuentres el apoyo que necesitas."
- Acción a corto plazo: Practica decir "no" esta semana a un compromiso que no sea esencial o que interfiera con tus metas.
- Acción a largo plazo: Establece criterios claros para decidir a qué compromisos dirás "sí" y cuáles rechazarás, basándote en tus valores y prioridades.

**3. Simplificando tu entorno físico y digital**

Un entorno desordenado, ya sea físico o digital, puede consumir tiempo y energía innecesariamente. Simplificar y organizar tus espacios te permite trabajar y vivir con mayor claridad y eficiencia.

- Ejemplo práctico: Si tu bandeja de entrada está llena de correos electrónicos no leídos, dedica tiempo a organizarla, eliminando lo innecesario y creando carpetas para lo importante.
- Acción a corto plazo: Dedica una hora esta semana a organizar un espacio físico (como tu escritorio) o digital (como tu correo electrónico o tu teléfono).
- Acción a largo plazo: Crea un sistema de mantenimiento regular para mantener tu entorno organizado y libre de distracciones.

**4. Reducción de distracciones en tu día a día**

Las distracciones, como notificaciones constantes o interrupciones frecuentes, pueden fragmentar tu tiempo y reducir tu productividad. Identificar y minimizar estas distracciones es esencial para mantenerte enfocado en lo que realmente importa.

- Ejemplo práctico: Apagar las notificaciones de tu teléfono mientras trabajas puede ayudarte a concentrarte en tus tareas importantes sin interrupciones.
- Acción a corto plazo: Identifica una distracción principal en tu día y toma medidas para reducirla, como establecer horarios específicos para revisar mensajes o redes sociales.
- Acción a largo plazo: Diseña un entorno de trabajo que minimice las distracciones, asegurándote de que sea un espacio tranquilo y dedicado exclusivamente a tus actividades importantes.

**5. Estableciendo límites con las personas que consumen tu tiempo**

A veces, las personas en nuestra vida, ya sea en el trabajo o en el ámbito personal, pueden consumir nuestro tiempo con demandas constantes o innecesarias. Establecer límites claros es esencial para proteger tu tiempo y mantener relaciones saludables.

- Ejemplo práctico: Si un colega tiende a interrumpirte constantemente con preguntas que pueden esperar, establece un horario específico para discutir esos temas, en lugar de atenderlas de inmediato.
- Acción a corto plazo: Identifica a una persona o situación que consuma tu tiempo y establece un límite claro esta semana.
- Acción a largo plazo: Aprende a comunicar tus límites de manera consistente y con respeto, explicando por qué son importantes para tu productividad y bienestar.

**6. Priorizando las actividades esenciales**

En lugar de intentar hacer todo, enfócate en las actividades que tienen el mayor impacto en tus metas y bienestar. Este enfoque te permite aprovechar al máximo tu tiempo y energía.

- Ejemplo práctico: Si estás trabajando en un proyecto importante, prioriza esa tarea sobre actividades menos relevantes, como reuniones innecesarias o tareas administrativas que pueden delegarse.
- Acción a corto plazo: Define las tres actividades más importantes que necesitas realizar cada día y concéntrate en completarlas primero.
- Acción a largo plazo: Crea un sistema semanal para planificar tus prioridades y asegurarte de que estás dedicando tiempo suficiente a lo esencial.

**7. Evaluando tus compromisos regularmente**

A medida que cambian tus metas y prioridades, también debe cambiar tu lista de compromisos. Evaluar regularmente tus actividades y compromisos te ayuda a asegurarte de que estás utilizando tu tiempo de manera efectiva.

- Ejemplo práctico: Si te das cuenta de que un club o grupo al que perteneces ya no está alineado con tus intereses o valores, considera dejarlo para liberar tiempo para otras actividades más significativas.
- Acción a corto plazo: Revisa tu agenda actual y elimina al menos un compromiso que no sea esencial o que ya no esté alineado con tus prioridades.
- Acción a largo plazo: Haz de esta evaluación una práctica mensual o trimestral para mantener tus compromisos en línea con tus metas y valores.

**8. Redirigiendo tu tiempo hacia lo que importa**

El tiempo que liberas al eliminar lo innecesario debe redirigirse hacia actividades que contribuyan a tu propósito, bienestar y relaciones significativas. Esto asegura que estás utilizando tu tiempo de manera intencional y productiva.

- Ejemplo práctico: Si eliminas una hora diaria de navegación en redes sociales, puedes redirigir ese tiempo a aprender una nueva habilidad, hacer ejercicio o pasar tiempo de calidad con tu familia.
- Acción a corto plazo: Decide una actividad significativa en la que invertirás el tiempo que liberes al eliminar algo innecesario esta semana.
- Acción a largo plazo: Haz una lista de actividades que te aporten valor y asegúrate de dedicarles tiempo regularmente en lugar de llenar tu agenda con cosas sin importancia.

**Reflexión final**

Eliminar lo innecesario no es solo un ejercicio de productividad; es una forma de crear espacio para lo que realmente importa en tu vida. Al identificar y eliminar distracciones, compromisos no esenciales y hábitos poco útiles, te abres a la posibilidad de vivir con más intención, claridad y propósito.

Hoy te invito a reflexionar:

- ¿Qué actividades, hábitos o compromisos puedes eliminar para ganar más tiempo y energía?
- ¿Cómo puedes proteger tu tiempo para asegurarte de que está alineado con tus valores y metas?
- ¿Qué impacto podría tener en tu vida redirigir ese tiempo hacia lo que realmente importa?

Recuerda que cada momento que liberas al eliminar lo innecesario es una oportunidad para invertir en las cosas que hacen que tu vida sea plena y significativa.

### 8.4. Cómo disfrutar del proceso mientras alcanzas tus metas

*"El corazón alegre se refleja en el rostro, pero el corazón dolido deprime el espíritu." (Proverbios 15:13, NVI)*

En la búsqueda de nuestras metas, es fácil enfocarnos tanto en el destino final que olvidamos disfrutar el viaje. Sin embargo, la verdadera riqueza de la vida se encuentra en el proceso: en los pequeños logros diarios, en los momentos de aprendizaje y en el crecimiento que experimentamos a lo largo del camino. Disfrutar del proceso no solo hace que alcanzar tus metas sea más satisfactorio, sino que también te ayuda a mantener la motivación, el equilibrio y la paz mental.

Esta sección te invita a cambiar tu perspectiva y a encontrar alegría en cada paso del camino. Aprenderás estrategias para valorar el presente, celebrar tus progresos y equilibrar tu deseo de éxito con la gratitud por lo que ya tienes. Al final, descubrirás que el proceso en sí mismo es una parte esencial de la vida plena y significativa que estás diseñando.

#### 1. Cambiando tu perspectiva: el viaje como el verdadero tesoro

Muchas veces, creemos que la felicidad llegará cuando logremos nuestras metas. Sin embargo, si aprendemos a valorar y disfrutar el camino, descubriremos que cada día tiene algo valioso que ofrecer. Cambiar tu perspectiva significa reconocer que el crecimiento personal ocurre mientras trabajas por tus metas, no solo cuando las alcanzas.

- Ejemplo práctico: Imagina que estás trabajando para construir un negocio. Si solo te enfocas en el éxito financiero como meta final, podrías sentirte frustrado en los momentos difíciles. Pero si valoras cada pequeño paso, como aprender nuevas habilidades o conectar con tus clientes, el proceso será mucho más enriquecedor.
- Acción a corto plazo: Reflexiona sobre una meta que estés persiguiendo actualmente y escribe tres cosas positivas que has aprendido o experimentado en el camino hacia ella.
- Acción a largo plazo: Practica la gratitud diaria, enfocándote en los aspectos positivos de tu proceso, incluso en los días más desafiantes.

**2. Celebrando los pequeños logros**

Los grandes sueños se construyen a partir de pequeños pasos. Cada logro, por pequeño que sea, es una señal de progreso y merece ser celebrado. Reconocer tus avances no solo fortalece tu confianza, sino que también te mantiene motivado para seguir adelante.

- Ejemplo práctico: Si estás trabajando en mejorar tu salud, celebrar algo tan simple como completar una semana de ejercicio constante puede ayudarte a mantener el impulso.
- Acción a corto plazo: Identifica un logro reciente, por pequeño que sea, y encuentra una manera de celebrarlo, ya sea con un momento de gratitud, compartiéndolo con alguien cercano o dándote un pequeño regalo.
- Acción a largo plazo: Crea un sistema para registrar y celebrar tus logros regularmente, como llevar un diario o usar una aplicación que registre tu progreso.

**3. Enfocándote en el presente mientras trabajas por el futuro**

Alcanzar metas requiere planificación y trabajo hacia el futuro, pero es importante no descuidar el momento presente. El equilibrio entre el enfoque en tus objetivos y la apreciación por el presente es clave para disfrutar del proceso.

- Ejemplo práctico: Si estás ahorrando para comprar una casa, no te prives de disfrutar momentos simples en tu hogar actual, como decorar un rincón acogedor o compartir una comida con tu familia.
- Acción a corto plazo: Dedica tiempo cada día para disfrutar algo del presente, como un paseo al aire libre, una conversación significativa o simplemente un momento de tranquilidad.
- Acción a largo plazo: Practica la atención plena (mindfulness) regularmente, aprendiendo a estar presente en cada actividad, incluso mientras trabajas por tus metas.

**4. Aceptando los desafíos como parte del crecimiento**

El proceso hacia cualquier meta está lleno de desafíos, pero estos son oportunidades para aprender y crecer. Cambiar tu perspectiva sobre los obstáculos, viéndolos como lecciones en lugar de fracasos, te permitirá mantener una actitud positiva y resiliente.

- Ejemplo práctico: Si enfrentas un revés financiero mientras construyes tu negocio, en lugar de rendirte, busca lecciones en la experiencia y ajusta tu estrategia.
- Acción a corto plazo: Reflexiona sobre un desafío reciente y escribe al menos una lección que hayas aprendido de él.
- Acción a largo plazo: Haz del análisis de los desafíos una práctica regular, asegurándote de extraer lecciones y aplicarlas para seguir avanzando.

**5. Construyendo un sistema de apoyo**

Disfrutar del proceso es más fácil cuando tienes personas que te apoyan y celebran contigo. Rodearte de amigos, familiares o mentores que compartan tus valores y te inspiren puede hacer que el viaje sea más significativo y placentero.

- Ejemplo práctico: Si estás trabajando para mejorar tu salud, unirte a un grupo de apoyo o tener un compañero de ejercicio puede hacer que el proceso sea más motivador y divertido.
- Acción a corto plazo: Identifica a una persona o grupo que pueda apoyarte en tu camino hacia tus metas y conecta con ellos esta semana.
- Acción a largo plazo: Construye una red sólida de apoyo, cultivando relaciones que te inspiren, te reten y te ayuden a mantenerte enfocado en lo que realmente importa.

**6. Encontrando alegría en las actividades diarias**

Muchas veces, las actividades que forman parte del proceso hacia tus metas pueden sentirse como una carga. Sin embargo, encontrar maneras de disfrutar estas actividades puede transformar tu perspectiva y hacer que el camino sea mucho más placentero.

- Ejemplo práctico: Si trabajar largas horas en un proyecto te resulta agotador, encuentra maneras de hacerlo más llevadero, como escuchar música inspiradora o establecer pequeños descansos para recargar energías.
- Acción a corto plazo: Elige una tarea diaria que no disfrutes particularmente y busca una manera de hacerla más agradable o significativa.
- Acción a largo plazo: Identifica patrones en tus actividades diarias y trabaja en transformar tus rutinas para que incluyan elementos que te brinden alegría y satisfacción.

**7. Redefiniendo el éxito**

Muchas veces, nuestra definición de éxito se basa únicamente en el resultado final. Sin embargo, cuando redefinimos el éxito como el progreso constante, el aprendizaje y el crecimiento personal, cada día se convierte en una victoria.

- Ejemplo práctico: Si tu meta es escribir un libro, considera cada página escrita como un éxito en lugar de enfocarte solo en la publicación final.
- Acción a corto plazo: Reflexiona sobre tu definición actual de éxito y escribe una nueva que incluya el progreso y el aprendizaje como partes fundamentales.
- Acción a largo plazo: Revisa regularmente tu definición de éxito para asegurarte de que esté alineada con tus valores y te permita disfrutar el proceso.

**Reflexión final**

Disfrutar del proceso mientras alcanzas tus metas es una elección intencional que transforma la manera en que experimentas la vida. Cuando aprendes a valorar cada paso, celebrar tus logros y encontrar alegría en las actividades diarias, descubres que la felicidad no está reservada solo para el destino final, sino que se encuentra en cada momento del camino.

Hoy te invito a reflexionar:

- ¿Cómo puedes encontrar más alegría y gratitud en el camino hacia tus metas?
- ¿Qué pequeños pasos puedes celebrar hoy como parte de tu progreso?
- ¿Cómo puedes redefinir el éxito para incluir el disfrute del proceso y no solo el resultado final?

Recuerda que la vida no se mide solo por lo que logras, sino también por cómo eliges vivir mientras trabajas hacia tus metas. Al disfrutar del proceso, estarás construyendo no solo una vida de logros, sino también una vida de significado, paz y plenitud.

## 8.5. El equilibrio entre trabajo, descanso y propósito

*"Mejor es un puñado con tranquilidad que dos con mucho esfuerzo y correr tras el viento." (Eclesiastés 4:6, NVI)*

El equilibrio entre el trabajo, el descanso y el propósito es una de las claves para vivir una vida plena y significativa. Sin embargo, en un mundo que constantemente nos empuja a hacer más y más, encontrar este equilibrio puede parecer una tarea difícil. Muchas personas se sienten atrapadas en un ciclo interminable de trabajo, dejando de lado el descanso necesario y desconectándose de su propósito más profundo.

En esta sección, exploraremos cómo construir un equilibrio saludable que te permita disfrutar de tu trabajo, valorar el descanso como una herramienta esencial para tu bienestar y alinear tus acciones con tu propósito. Descubrirás estrategias prácticas para vivir con más intención, evitando el agotamiento y asegurándote de que cada aspecto de tu vida contribuya a tu felicidad y éxito a largo plazo.

### 1. Reconociendo la importancia del equilibrio

El equilibrio no significa dividir tu tiempo de manera perfecta entre trabajo, descanso y propósito, sino asegurarte de que cada uno reciba la atención que merece. Cuando encuentras este equilibrio, te sientes más conectado contigo mismo, con los demás y con tu misión en la vida.

- Ejemplo práctico: Un emprendedor que pasa todo su tiempo trabajando puede lograr grandes resultados financieros, pero si descuida su salud y sus relaciones, eventualmente sentirá un vacío. En cambio, alguien que dedica tiempo a cuidar su cuerpo, pasar tiempo con su familia y trabajar en su propósito tendrá una vida más equilibrada y satisfactoria.

- Acción a corto plazo: Reflexiona sobre cómo distribuyes tu tiempo actualmente entre trabajo, descanso y actividades que reflejen tu propósito.
- Acción a largo plazo: Establece metas específicas para dedicar tiempo equilibrado a cada área, asegurándote de ajustar tu enfoque según sea necesario.

**2. Trabajo: el valor de la productividad con propósito**

El trabajo no debe ser simplemente una fuente de ingresos, sino una expresión de tu propósito y una forma de contribuir al bienestar de los demás. Trabajar con intención te permite encontrar satisfacción en lo que haces, en lugar de verlo como una carga.

- Ejemplo práctico: Un diseñador gráfico puede sentirse agotado si solo trabaja por cumplir con plazos, pero al alinear sus proyectos con causas que le importen, encontrará un significado más profundo en su labor.
- Acción a corto plazo: Identifica una tarea en tu trabajo diario que te inspire y busca maneras de dedicarle más tiempo.
- Acción a largo plazo: Si tu trabajo actual no está alineado con tu propósito, establece un plan a largo plazo para buscar o crear oportunidades que reflejen tus valores y metas.

**3. Descanso: una inversión en tu bienestar**

El descanso no es un lujo, es una necesidad. Lejos de ser un obstáculo para la productividad, el descanso es fundamental para renovar tu energía, claridad mental y creatividad. Aprender a descansar de manera efectiva te permite rendir mejor en el trabajo y disfrutar más de tu vida personal.

- Ejemplo práctico: Un profesional que trabaja 12 horas al día sin descansos regulares puede experimentar agotamiento físico y emocional. Al dedicar tiempo a actividades como caminar al aire libre, practicar la meditación o simplemente desconectarse de las pantallas, puede recuperar energía y perspectiva.

- Acción a corto plazo: Programa una pausa diaria para descansar, aunque sea por 15 minutos, y haz algo que te relaje, como leer o meditar.
- Acción a largo plazo: Establece hábitos de descanso saludables, como dormir al menos siete horas por noche, tomar descansos regulares durante el día y planificar días libres para recargar energías.

## 4. Propósito: el motor de tus decisiones

Tu propósito es lo que da significado a tus acciones diarias. Es el "por qué" detrás de lo que haces y el combustible que te impulsa a seguir adelante, incluso en los momentos más difíciles. Vivir con propósito te permite priorizar lo que realmente importa y soltar lo que no añade valor a tu vida.

- Ejemplo práctico: Alguien que encuentra propósito en inspirar a los demás puede dedicar tiempo a enseñar, mentorear o compartir sus experiencias, lo que le da satisfacción y significado más allá del éxito material.
- Acción a corto plazo: Reflexiona sobre qué te apasiona y cómo puedes integrar esa pasión en tu vida diaria.
- Acción a largo plazo: Define tu propósito a largo plazo y establece metas específicas que te acerquen a vivir alineado con ese propósito.

## 5. Estrategias para encontrar el equilibrio

### 5.1. Establece límites claros

Los límites son esenciales para proteger tu tiempo y energía. Decidir cuándo trabajar, descansar y dedicar tiempo a tu propósito te ayudará a evitar el agotamiento y a mantener el enfoque en lo que realmente importa.

- Ejemplo práctico: Establecer una regla de "no trabajo después de las 6:00 p. m." puede ayudarte a dedicar tiempo a tu familia y a actividades personales.
- Acción a corto plazo: Define un horario claro para terminar tu jornada laboral cada día y comprométete a respetarlo.
- Acción a largo plazo: Crea una rutina semanal que incluya tiempo para trabajo, descanso y actividades relacionadas con tu propósito, ajustándola según sea necesario.

### 5.2. Practica la delegación

No tienes que hacerlo todo tú mismo. Aprender a delegar tareas te permite concentrarte en las cosas que solo tú puedes hacer y que están alineadas con tus prioridades.

- Ejemplo práctico: Un emprendedor puede delegar tareas administrativas a un asistente virtual, liberando tiempo para enfocarse en el crecimiento estratégico de su negocio.
- Acción a corto plazo: Identifica una tarea que puedas delegar esta semana y encuentra a alguien que pueda ayudarte con ella.
- Acción a largo plazo: Establece un sistema para evaluar regularmente qué tareas puedes delegar o automatizar, liberando tiempo para actividades más significativas.

### 5.3. Prioriza el cuidado personal

El autocuidado es una parte esencial del equilibrio. Invertir en tu salud física, emocional y espiritual no solo mejora tu bienestar, sino que también te permite ser más efectivo en todas las áreas de tu vida.

- Ejemplo práctico: Dedicar tiempo a hacer ejercicio, comer saludablemente y orar diariamente te ayuda a mantener un estado físico y mental óptimo.
- Acción a corto plazo: Incorpora una actividad de cuidado personal en tu rutina diaria, como una caminata corta o una práctica de gratitud.

- Acción a largo plazo: Establece un plan integral de cuidado personal que incluya ejercicio regular, tiempo para reflexionar y momentos para desconectarte del estrés.

**6. Midiendo y ajustando tu equilibrio**

El equilibrio no es un estado fijo, sino un proceso continuo de ajuste. A medida que cambian tus circunstancias y prioridades, es importante reevaluar cómo estás utilizando tu tiempo y energía para asegurarte de que sigues viviendo de manera intencional.

- Ejemplo práctico: Un nuevo padre puede necesitar ajustar su horario de trabajo para dedicar más tiempo a su familia, priorizando momentos significativos con su hijo sin descuidar sus metas profesionales.
- Acción a corto plazo: Evalúa tu nivel actual de equilibrio entre trabajo, descanso y propósito, y escribe un cambio pequeño que puedas implementar esta semana.
- Acción a largo plazo: Realiza una revisión mensual de cómo estás distribuyendo tu tiempo y haz ajustes según sea necesario para mantener un equilibrio saludable.

**Reflexión final**

El equilibrio entre trabajo, descanso y propósito es esencial para vivir una vida plena, productiva y alineada con tus valores. No se trata de dividir tu tiempo perfectamente, sino de priorizar lo que realmente importa y aprender a soltar lo que no. Cuando encuentras este equilibrio, no solo logras más, sino que también disfrutas más del camino.

Hoy te invito a reflexionar:

- ¿Estás dedicando suficiente tiempo al descanso y al propósito, o estás atrapado en un ciclo interminable de trabajo?
- ¿Qué límites puedes establecer para proteger tu tiempo y energía?

- ¿Cómo puedes integrar más intencionalidad en tu vida diaria para vivir con equilibrio y propósito?

Recuerda que el equilibrio no es un destino, sino un viaje continuo. Al priorizar tu bienestar, tu trabajo y tu propósito, estarás construyendo una vida que no solo tiene éxito, sino que también tiene significado y paz.

**Conclusión:**

Diseñar tu estilo de vida es un acto de intención, propósito y alineación. Este capítulo ha sido una invitación a tomar el control de tu tiempo, a enfocarte en lo que realmente importa y a construir un equilibrio que refleje tus valores y metas. No se trata solo de organizar mejor tus días, sino de crear una vida que te permita experimentar verdadera libertad: la libertad de elegir cómo vivir, a quién dedicar tu tiempo y cómo honrar tu propósito en cada momento.

Ahora que hemos explorado estrategias para establecer prioridades, diseñar rutinas empoderadoras, eliminar lo innecesario, disfrutar del proceso y equilibrar trabajo, descanso y propósito, es momento de reflexionar sobre cómo integrar todo esto en tu vida diaria. La clave está en recordar que el diseño de tu estilo de vida no es un objetivo que se alcanza de inmediato, sino un proceso continuo que requiere intencionalidad, flexibilidad y, sobre todo, acción.

**La libertad comienza con intencionalidad**

Uno de los mensajes principales de este capítulo es que la libertad no ocurre por casualidad; se construye mediante decisiones conscientes. Al tomar el tiempo para reflexionar sobre tus valores y prioridades, te estás permitiendo vivir una vida que no es dictada por las circunstancias, sino guiada por tus elecciones.

- Reflexión: ¿Estás diseñando intencionalmente tu estilo de vida o simplemente reaccionando a las demandas diarias?

- Compromiso: Dedica tiempo cada semana para revisar cómo estás utilizando tu tiempo y ajusta tus acciones para que estén más alineadas con tus prioridades.

**El equilibrio como fundamento de una vida plena**

El equilibrio entre trabajo, descanso y propósito no solo mejora tu productividad, sino que también nutre tu bienestar emocional, físico y espiritual. Este equilibrio no significa dividir tu tiempo de manera perfecta, sino asegurarte de que cada área importante de tu vida reciba la atención que merece.

- Ejemplo práctico: Un profesional que aprende a establecer límites claros en su jornada laboral puede dedicar tiempo de calidad a su familia, sin sentir culpa ni estrés.
- Compromiso: Revisa tu rutina diaria y busca formas de integrar momentos de descanso y actividades que te conecten con tu propósito.

**Disfrutar el proceso como parte del éxito**

El viaje hacia tus metas no tiene por qué ser una lucha constante. Cuando eliges disfrutar del proceso, celebrar tus pequeños logros y encontrar alegría en las actividades diarias, transformas la manera en que experimentas la vida. Aprender a disfrutar el presente mientras trabajas por el futuro es un arte que te llena de gratitud y paz.

- Reflexión: ¿Qué partes de tu proceso actual puedes aprender a valorar más?
- Compromiso: Encuentra al menos una forma de celebrar tus progresos esta semana, sin importar cuán pequeños sean.

**Eliminar lo innecesario para crear espacio para lo importante**

Eliminando lo que no aporta valor a tu vida, creas espacio para lo que realmente importa. Esta práctica no solo te libera del estrés, sino que también te permite redirigir tu energía hacia actividades que reflejan tus valores y contribuyen a tu propósito.

- Ejemplo práctico: Reducir el tiempo que pasas en actividades poco productivas, como redes sociales, te permite invertir ese tiempo en aprender una nueva habilidad o en fortalecer tus relaciones.
- Compromiso: Identifica una actividad innecesaria en tu día y decide cómo puedes reemplazarla con algo que aporte valor.

**El poder de diseñar tu vida con propósito**

En última instancia, el diseño de tu estilo de vida se trata de alinear tus acciones con el propósito que Dios ha puesto en tu corazón. Cada decisión, por pequeña que sea, contribuye a construir una vida que refleje tus valores, que te brinde paz y que te permita impactar positivamente a quienes te rodean.

- Reflexión: ¿Qué aspectos de tu vida actual están más alineados con tu propósito? ¿Y cuáles necesitan un cambio?
- Compromiso: Haz un plan para tomar una acción concreta esta semana que te acerque a vivir una vida más intencional y alineada con tu propósito.

**Reflexión final**

Diseñar tu estilo de vida es una oportunidad para tomar el control de tu tiempo, construir equilibrio y vivir con propósito. Este proceso no es lineal ni perfecto, pero cada paso que tomas con intención te acerca más a la vida que deseas y mereces.

Hoy te invito a reflexionar:

- ¿Qué puedes hacer hoy para comenzar a diseñar un estilo de vida que refleje tus valores y metas?
- ¿Cómo puedes integrar el descanso, el propósito y el disfrute en tu rutina diaria?
- ¿Qué cambios pequeños pero significativos puedes hacer esta semana para vivir con más intencionalidad y libertad?

Recuerda que cada día es una nueva oportunidad para crear una vida que no solo sea productiva, sino también significativa y llena de propósito. Al comprometerte con este proceso, estarás construyendo una vida que honre a Dios, nutra tus relaciones y te permita dejar una huella duradera en el mundo.

---

En el capítulo anterior, diste forma a la vida que deseas vivir. Aprendiste cómo tomar control de tu tiempo, diseñar un estilo de vida que refleje tus valores y crear un equilibrio entre trabajo, descanso y propósito. Ahora entiendes que la libertad no es solo un concepto abstracto, sino una realidad que puedes construir intencionalmente, día a día. Pero hay algo más profundo que debemos explorar: ¿qué harás con esa libertad que has diseñado?

Porque aquí está la verdad: la vida no se trata solo de lo que construyes para ti mismo, sino del impacto que dejas en los demás. Una vida verdaderamente significativa es aquella que trasciende, que crea un legado, que marca a las personas y al mundo de una manera que perdura mucho después de que nos hayamos ido.

El próximo capítulo es una invitación a elevar tu visión. Es el momento de reflexionar no solo sobre lo que estás logrando en el presente, sino sobre el impacto que deseas dejar para el futuro. Un legado no se construye con grandes gestos ocasionales, sino con acciones consistentes, decisiones intencionales y un propósito firme. Y lo más poderoso es que ese legado comienza hoy, con cada elección que haces y con cada persona que tocas.

**Así que te dejo con esta pregunta:**

Si tu vida terminara mañana, ¿qué huella estarías dejando en las personas y en el mundo que te rodea?

El siguiente capítulo te llevará a descubrir cómo convertir cada día en una oportunidad para construir algo que perdure. Porque al final, no se trata solo de vivir, sino de vivir de tal manera que tu impacto trascienda. ¡Prepárate para crear un legado que inspire, transforme y deje huella más allá de tu vida! ¡Lo mejor está por venir!

## 9. Creando un Legado: Impacto Más Allá de Tu Vida

*"El justo deja herencia a los hijos de sus hijos; las riquezas del pecador se quedan para los justos." (Proverbios 13:22, NVI)*

Todos deseamos que nuestra vida tenga un significado que trascienda el tiempo. Crear un legado no se trata solo de acumular bienes materiales o logros profesionales, sino de dejar un impacto duradero en las personas y en el mundo que nos rodea. Tu legado es la suma de tus acciones, valores y decisiones que continúan influenciando a otros incluso después de que ya no estés presente físicamente.

Este capítulo se centra en cómo construir un legado que vaya más allá de tu vida, guiado por tus principios, tus relaciones y el impacto que deseas dejar en el corazón de quienes tocas. Más allá de lo material, un legado es un testimonio vivo de cómo elegiste vivir, amar, servir y compartir tus bendiciones. Es el reflejo de tu propósito y de cómo lo alineaste con los planes de Dios para tu vida.

¿Qué significa realmente dejar un legado?

Cuando pensamos en "legado," muchas veces lo asociamos únicamente con dinero o propiedades. Aunque estos pueden formar parte de él, tu legado verdadero está en las vidas que transformas, las lecciones que enseñas y las semillas que siembras para futuras generaciones. Dejar un legado es asegurarte de que tus valores perduren, inspirando a otros a vivir de manera intencional y significativa.

- Ejemplo práctico: Considera a una persona que, además de crear riqueza financiera, se enfoca en enseñar a sus hijos sobre integridad, generosidad y el poder de la fe. Esa influencia, más que cualquier recurso material, es el núcleo de un legado que impacta más allá de su tiempo.
- Reflexión: ¿Qué valores y principios estás transmitiendo a quienes te rodean?

## Un legado comienza con intención

Crear un legado duradero no ocurre por accidente; requiere intención, planificación y una visión clara. Este proceso comienza con la pregunta: ¿Cómo quiero que me recuerden? Al responderla, puedes empezar a tomar decisiones que reflejen el impacto que deseas dejar.

- Ejemplo práctico: Una empresaria exitosa puede decidir dedicar una parte de sus ingresos a programas de mentoría para jóvenes, ayudándolos a descubrir su potencial. Este acto no solo transforma vidas, sino que también perpetúa sus valores de servicio y contribución.
- Acción: Reflexiona sobre cómo tus acciones actuales están contribuyendo a construir el legado que deseas dejar.

## El poder de impactar generaciones futuras

Tu legado no solo influye en las personas cercanas a ti, como tu familia, sino también en generaciones futuras que quizás nunca llegues a conocer. Cada decisión que tomas tiene el poder de crear un efecto dominó, impactando a comunidades, sociedades e incluso al mundo.

- Ejemplo práctico: Una familia que prioriza la educación y enseña principios sólidos de fe y valores éticos puede influir positivamente en sus descendientes durante generaciones.
- Reflexión: ¿Cómo puedes estructurar tus acciones hoy para que beneficien no solo a quienes están cerca de ti, sino también a los que vendrán después?

## Los pilares de un legado duradero

Un legado significativo se construye sobre tres pilares fundamentales: tus valores, tus relaciones y tu contribución. Estos pilares trabajan en conjunto para garantizar que lo que dejes atrás sea algo que inspire, guíe y nutra a otros.

1. Valores: Tu legado comienza con los principios que guían tu vida. Estos valores, como la honestidad, la fe, el servicio y la generosidad, son el núcleo de todo lo que transmites.

2. Relaciones: Las conexiones profundas que construyes con los demás son una parte esencial de tu legado. Cómo amas, apoyas y elevas a quienes te rodean define el impacto que tendrás en sus vidas.

3. Contribución: Tu contribución no se limita a lo financiero; incluye el tiempo, el conocimiento y el amor que compartes con los demás.

- Ejemplo práctico: Una pareja que enseña a sus hijos la importancia de dar, no solo a través de palabras, sino también con acciones concretas como el voluntariado, está construyendo un legado que trasciende lo material.
- Reflexión: ¿Cómo puedes fortalecer estos tres pilares en tu vida diaria?

**Tu legado como expresión de tu propósito**

Tu legado es una extensión de tu propósito. Cuando vives alineado con el propósito que Dios ha puesto en tu vida, tu impacto se multiplica. Tu forma de vivir se convierte en un testimonio para otros, mostrándoles cómo pueden encontrar sentido y dirección en sus propias vidas.

- Ejemplo práctico: Un líder que utiliza su influencia para inspirar a otros a descubrir y vivir su propósito no solo está cumpliendo el suyo, sino que también está dejando una huella positiva en el mundo.
- Reflexión: ¿Cómo estás utilizando tu propósito para impactar a quienes te rodean de manera positiva?

**Un llamado a construir con propósito**

Crear un legado no es algo reservado para los grandes líderes o empresarios. Cada persona, independientemente de su posición o recursos, tiene el poder de dejar una huella significativa en el mundo. Lo importante es vivir cada día con intención, asegurándote de que tus acciones reflejen los valores y principios que deseas transmitir.

Hoy te invito a reflexionar:

- ¿Qué tipo de impacto quieres dejar en las personas que amas?
- ¿Cómo puedes usar tus recursos, tiempo y talentos para construir un legado que trascienda?
- ¿Qué pasos puedes tomar hoy para empezar a crear un impacto duradero en tu familia, comunidad y más allá?

Recuerda que tu legado no se define por lo que logras, sino por lo que inspiras en otros. Este capítulo te guiará a través de los pasos necesarios para construir un legado que no solo trascienda el tiempo, sino que también honre a Dios y refleje el propósito único que Él ha puesto en tu vida.

## 9.1. Definiendo qué significa el legado para ti

*"El hombre bueno deja herencia a sus nietos; las riquezas del pecador se quedan para los justos." (Proverbios 13:22, NVI)*

Dejar un legado es mucho más que acumular bienes materiales o logros profesionales. Es el impacto duradero que dejas en las personas, las comunidades y el mundo. Sin embargo, el significado de "legado" puede variar de una persona a otra, dependiendo de sus valores, creencias y propósito. Antes de comenzar a construir un legado, es esencial definir qué significa para ti y cómo deseas que refleje tu vida y tus principios.

En esta sección, reflexionaremos sobre lo que significa el legado desde una perspectiva personal. Exploraremos cómo alinear tu visión de legado con tus valores y metas, y cómo tomar pasos concretos para que esa visión se convierta en realidad. También aprenderás a identificar las áreas clave en las que deseas dejar tu huella, inspirándote a vivir cada día con intención y propósito.

### 1. Reflexionando sobre tu visión personal de legado

El legado que dejas está profundamente conectado con quién eres y lo que valoras. Definir qué significa el legado para ti comienza con una reflexión honesta sobre tus prioridades, tus sueños y las cosas que más importan en tu vida.

- Ejemplo práctico: Para alguien que valora la familia por encima de todo, su legado puede centrarse en transmitir principios sólidos, amor incondicional y apoyo emocional a sus hijos y nietos. Por otro lado, una persona con un fuerte compromiso social puede considerar su legado en términos de contribuir al bienestar de su comunidad o inspirar un cambio positivo en la sociedad.
- Acción a corto plazo: Dedica tiempo esta semana a reflexionar y escribir qué significa "legado" para ti. Pregúntate: ¿Cómo quiero ser recordado? ¿Qué impacto quiero dejar en el mundo?
- Acción a largo plazo: Usa tu reflexión para crear una declaración personal de legado, una guía que te ayude a tomar decisiones alineadas con lo que deseas dejar como herencia a los demás.

### 2. Identificando tus valores fundamentales

Tu legado está intrínsecamente ligado a tus valores. Identificar cuáles son tus valores fundamentales te ayuda a definir qué tipo de impacto deseas dejar y cómo deseas influir en los demás.

- Ejemplo práctico: Si valoras la generosidad, tu legado puede incluir el apoyo a causas benéficas o la enseñanza a otros sobre la importancia de compartir. Si valoras la integridad, tu legado puede ser un ejemplo de honestidad y principios en todo lo que haces.
- Acción a corto plazo: Haz una lista de cinco valores principales que guían tu vida. Reflexiona sobre cómo estos valores pueden influir en el legado que deseas dejar.

- Acción a largo plazo: Asegúrate de que tus decisiones y acciones diarias reflejen esos valores, reforzando el tipo de impacto que deseas dejar en los demás.

**3. Áreas clave para dejar un legado**

El legado puede abarcar múltiples áreas de tu vida, desde tu familia y relaciones hasta tu impacto profesional y comunitario. Identificar las áreas clave en las que deseas dejar una huella te permite enfocar tus esfuerzos y recursos de manera intencional.

- Familia: Transmitir valores, tradiciones y principios sólidos a las generaciones futuras.
- Comunidad: Contribuir al bienestar de las personas que te rodean, ya sea a través del voluntariado, el liderazgo o el servicio.
- Profesión: Ser un ejemplo de excelencia, ética y dedicación en tu campo de trabajo.
- Espiritualidad: Inspirar a otros a vivir una vida alineada con su propósito y sus principios espirituales.
- Ejemplo práctico: Una persona apasionada por la educación puede crear un fondo de becas para estudiantes de escasos recursos, dejando un legado de oportunidad y empoderamiento.
- Acción a corto plazo: Identifica una o dos áreas clave en las que deseas concentrarte para construir tu legado y escribe por qué son importantes para ti.
- Acción a largo plazo: Desarrolla un plan para contribuir a esas áreas de manera constante, ya sea a través de tu tiempo, recursos o acciones específicas.

**4. Diferenciando entre legado material y legado espiritual**

Aunque el legado material, como bienes y recursos financieros, es importante, el legado espiritual y emocional tiene un impacto aún más profundo. Este incluye las enseñanzas, valores y recuerdos que compartes con las personas que amas, así como el ejemplo que dejas a través de tus acciones.

- Ejemplo práctico: Un padre puede dejar a sus hijos una casa como herencia, pero también puede dejarles el ejemplo de cómo vivir con fe, integridad y generosidad, lo cual tiene un impacto duradero que va más allá de lo material.
- Acción a corto plazo: Reflexiona sobre cómo te gustaría equilibrar tu legado material y espiritual. Haz una lista de las cosas no materiales que deseas transmitir a tu familia y comunidad.
- Acción a largo plazo: Asegúrate de que tus acciones diarias refuercen tanto el legado material como el espiritual que deseas dejar, dedicando tiempo a enseñar y compartir tus principios y valores.

### 5. Inspirando a otros mientras construyes tu legado

Tu legado no comienza después de que te hayas ido; comienza hoy, en la forma en que vives y en cómo inspiras a los demás. Cada interacción, cada decisión y cada acto de servicio es una oportunidad para construir un impacto positivo que influya en quienes te rodean.

- Ejemplo práctico: Un mentor que dedica tiempo a guiar a jóvenes en su carrera profesional no solo está compartiendo conocimientos, sino también transmitiendo valores de liderazgo, ética y dedicación.
- Acción a corto plazo: Encuentra una manera de inspirar o ayudar a alguien esta semana, ya sea a través de un consejo, un acto de generosidad o simplemente siendo un ejemplo positivo.
- Acción a largo plazo: Construye relaciones significativas que te permitan influir de manera positiva en la vida de los demás, dejando una huella que trascienda el tiempo.

### 6. Construyendo tu legado con acción intencional

Una vez que hayas definido lo que el legado significa para ti, el siguiente paso es tomar acción. Vivir con intención y propósito es la clave para asegurarte de que estás dejando un impacto duradero en cada aspecto de tu vida.

- Ejemplo práctico: Si deseas dejar un legado de servicio a tu comunidad, puedes comenzar dedicando una hora semanal al voluntariado, y con el tiempo, organizar proyectos más grandes que involucren a otros.
- Acción a corto plazo: Elige una acción específica que puedas tomar esta semana para comenzar a construir el legado que deseas.
- Acción a largo plazo: Haz un plan a cinco o diez años que detalle cómo deseas contribuir a las áreas clave de tu legado y qué pasos tomarás para hacerlo realidad.

**Reflexión final**

Definir qué significa el legado para ti es el primer paso hacia la construcción de una vida que tenga un impacto significativo y duradero. Al reflexionar sobre tus valores, identificar tus áreas clave de influencia y tomar acciones intencionales, estás plantando las semillas de un legado que inspirará a generaciones futuras.

Hoy te invito a reflexionar:

- ¿Qué significa el legado para ti, y cómo deseas ser recordado?
- ¿Qué valores, principios y enseñanzas deseas transmitir a las personas que amas?
- ¿Qué acciones puedes tomar hoy para comenzar a construir el impacto que deseas dejar en el mundo?

Recuerda que tu legado no está determinado solo por lo que logras, sino por cómo vives, amas y sirves a los demás. Cada día es una nueva oportunidad para construir una vida que refleje tus valores y propósito, dejando una huella que trascienda el tiempo.

## 9.2. Enseñando principios a las futuras generaciones

*"Instruye al niño en el camino correcto, y aun en su vejez no lo abandonará."* *(Proverbios 22:6, NVI)*

Los principios que enseñamos a las futuras generaciones son el corazón de nuestro legado. Más allá de las posesiones materiales o los logros personales, lo que verdaderamente perdura es el impacto que dejamos en los corazones y mentes de quienes vienen después de nosotros. Educar a las nuevas generaciones con valores sólidos no solo influye en su desarrollo individual, sino también en su capacidad para transformar el mundo que los rodea.

En esta sección, exploraremos cómo transmitir principios que empoderen, inspiren y guíen a las futuras generaciones. Aprenderás estrategias prácticas para enseñar con el ejemplo, reforzar valores esenciales y crear un ambiente que fomente el aprendizaje y el crecimiento. También reflexionaremos sobre cómo las acciones cotidianas y las conversaciones significativas pueden sembrar semillas de integridad, fe y propósito en los demás.

### 1. El poder de enseñar con el ejemplo

La forma más poderosa de enseñar principios a las futuras generaciones es a través de nuestras acciones. Los niños y jóvenes no solo escuchan lo que decimos; observan cómo vivimos. Ser un modelo de los valores que deseamos transmitir es el primer paso para enseñar de manera efectiva.

- Ejemplo práctico: Un padre que habla sobre la importancia de la honestidad y luego actúa con integridad en cada aspecto de su vida está enseñando a sus hijos que el valor de la verdad se refleja en cada decisión, por pequeña que sea.
- Acción a corto plazo: Reflexiona sobre tus propias acciones y analiza si están alineadas con los principios que deseas enseñar. Haz ajustes en las áreas que necesiten mayor coherencia.

- Acción a largo plazo: Desarrolla hábitos consistentes que reflejen tus valores, asegurándote de ser un ejemplo constante para quienes te observan.

**2. Creando un ambiente de aprendizaje y diálogo**

Para enseñar principios de manera efectiva, es fundamental crear un ambiente donde las futuras generaciones se sientan seguras para aprender, preguntar y compartir sus pensamientos. Este ambiente fomenta el respeto mutuo, la comunicación abierta y el aprendizaje continuo.

- Ejemplo práctico: Una familia que dedica tiempo a tener conversaciones semanales sobre sus valores y metas crea un espacio donde los niños pueden expresar sus ideas, aprender de sus errores y recibir orientación.
- Acción a corto plazo: Dedica tiempo esta semana para iniciar una conversación significativa con tus hijos, nietos o personas jóvenes a tu alrededor sobre un principio importante, como la generosidad o la perseverancia.
- Acción a largo plazo: Establece una tradición familiar o comunitaria que fomente el diálogo sobre valores, como cenas familiares donde cada persona comparta algo que aprendió o una lección que valoran.

**3. Enseñando principios a través de historias**

Las historias son una herramienta poderosa para transmitir principios, ya que capturan la atención, inspiran la imaginación y dejan lecciones que perduran. Compartir historias, ya sean personales, familiares o basadas en figuras históricas, ayuda a las futuras generaciones a conectar los valores con ejemplos reales.

- Ejemplo práctico: Un abuelo que cuenta cómo superó desafíos financieros a través de la disciplina y la fe puede enseñar a sus nietos la importancia de la perseverancia y el trabajo duro.

- Acción a corto plazo: Comparte una historia personal que ilustre un principio importante que desees enseñar, como la humildad o la valentía.
- Acción a largo plazo: Documenta historias familiares o ejemplos inspiradores que puedan transmitirse de generación en generación, ya sea a través de un libro, videos o conversaciones regulares.

**4. Fomentando valores a través de la práctica**

Enseñar principios no solo implica hablar sobre ellos, sino también crear oportunidades para que las futuras generaciones los practiquen. Los valores como la generosidad, el respeto y el servicio se interiorizan cuando se viven de manera activa.

- Ejemplo práctico: Una familia que organiza actividades de voluntariado juntas no solo habla sobre la importancia de servir a los demás, sino que también vive ese principio en acción.
- Acción a corto plazo: Encuentra una actividad práctica esta semana donde puedas enseñar un principio importante, como hacer una donación juntos o ayudar a un vecino en necesidad.
- Acción a largo plazo: Crea oportunidades regulares para que las futuras generaciones practiquen los valores que deseas enseñar, como organizar proyectos de servicio comunitario o planificar actividades de aprendizaje conjunto.

**5. Usando el fracaso como una herramienta de enseñanza**

El fracaso es una parte natural del crecimiento, y aprender a enfrentarlo con resiliencia y sabiduría es un principio esencial que podemos transmitir. Enseñar a las futuras generaciones que el fracaso no define su valor, sino que es una oportunidad para aprender, les da una perspectiva positiva ante los desafíos.

- Ejemplo práctico: Un padre que comparte sus propias experiencias de fracaso y cómo aprendió de ellas muestra a sus hijos que está bien cometer errores siempre que se utilicen como lecciones.
- Acción a corto plazo: Habla con alguien joven sobre una experiencia en la que fallaste y cómo la superaste, resaltando las lecciones aprendidas.
- Acción a largo plazo: Enseña a las futuras generaciones a reflexionar sobre sus propios fracasos y a identificar lo que pueden aprender de cada experiencia.

## 6. La importancia de enseñar principios espirituales

Enseñar principios espirituales, como la fe, la gratitud y la conexión con Dios, es esencial para dejar un legado duradero. Estos principios no solo guían las decisiones diarias, sino que también brindan esperanza, dirección y un propósito más profundo en la vida.

- Ejemplo práctico: Una familia que ora junta todas las noches enseña a sus hijos el valor de la fe y la gratitud, incluso en los momentos difíciles.
- Acción a corto plazo: Comparte un versículo bíblico o una reflexión espiritual con alguien joven en tu vida y habla sobre cómo puede aplicarlo en su día a día.
- Acción a largo plazo: Establece prácticas espirituales regulares, como leer la Biblia en familia o asistir juntos a eventos comunitarios de fe, para reforzar estos principios en las futuras generaciones.

## 7. Invirtiendo tiempo y paciencia en la enseñanza

Enseñar principios a las futuras generaciones requiere tiempo, paciencia y compromiso. No se trata de esperar resultados inmediatos, sino de sembrar semillas que eventualmente darán fruto. Cada conversación, ejemplo y acción cuenta.

- Ejemplo práctico: Un mentor que dedica tiempo semanal a guiar a un joven en su carrera puede no ver resultados inmediatos, pero está plantando semillas de confianza y conocimiento que impactarán su vida.
- Acción a corto plazo: Dedica tiempo intencional esta semana para enseñar o guiar a alguien en un área en la que tienes experiencia o conocimiento.
- Acción a largo plazo: Haz del acto de enseñar un hábito, comprometiéndote a compartir tus principios y lecciones regularmente con quienes te rodean.

**Reflexión final**

Enseñar principios a las futuras generaciones no es solo un acto de amor, sino también una inversión en el futuro. Cada lección que compartes, cada ejemplo que das y cada oportunidad que creas para que otros crezcan, construyen un legado que trasciende tu vida.

Hoy te invito a reflexionar:

- ¿Qué principios deseas transmitir a las futuras generaciones?
- ¿Cómo puedes enseñar esos principios de manera intencional y práctica?
- ¿Qué pasos puedes tomar esta semana para sembrar semillas de valores, sabiduría y fe en quienes te rodean?

Recuerda que las futuras generaciones no solo aprenderán de lo que dices, sino también de cómo vives. Al enseñar con amor, paciencia y propósito, estarás construyendo un impacto que perdurará mucho más allá de tu tiempo en la tierra.

## 9.3. Impactando a tu comunidad con tu ejemplo

*"Así brille la luz de ustedes delante de los hombres, para que vean sus buenas obras y glorifiquen al Padre que está en los cielos." (Mateo 5:16, NVI)*

Tu comunidad es el lugar donde tus valores, acciones y principios tienen un impacto directo y tangible. El ejemplo que das en tu vida diaria no solo refleja quién eres, sino que también inspira, guía y transforma a quienes te rodean. Impactar a tu comunidad no siempre requiere grandes gestos o proyectos ambiciosos; muchas veces, son las acciones pequeñas y consistentes las que dejan una huella duradera.

En esta sección, exploraremos cómo convertirte en un modelo de inspiración para tu comunidad a través de tus valores, decisiones y servicio. Aprenderás estrategias prácticas para influir positivamente en las personas a tu alrededor, desde tu familia y vecinos hasta colegas y conocidos. Descubrirás cómo alinear tu propósito personal con las necesidades de tu comunidad, dejando una huella que trascienda.

**1. La importancia de liderar con el ejemplo**

El liderazgo no siempre implica ocupar una posición formal; comienza con cómo eliges vivir tu vida. Liderar con el ejemplo significa actuar de manera que inspire a otros a seguir un camino positivo. Tus acciones son más poderosas que tus palabras, y al vivir de acuerdo con tus valores, te conviertes en un modelo a seguir para quienes te rodean.

- Ejemplo práctico: Un vecino que dedica tiempo a mantener su jardín limpio y organizado puede inspirar a otros en la comunidad a cuidar mejor sus propios espacios.
- Acción a corto plazo: Reflexiona sobre un valor importante para ti, como la honestidad o la generosidad, y encuentra una manera de demostrarlo públicamente esta semana.
- Acción a largo plazo: Haz del liderazgo con el ejemplo una práctica constante, asegurándote de que tus acciones reflejen los principios que deseas transmitir.

**2. Identificando las necesidades de tu comunidad**

Para impactar positivamente a tu comunidad, primero debes entender sus necesidades. Observar, escuchar y participar activamente te permite identificar áreas donde puedes contribuir de manera significativa.

- Ejemplo práctico: Si notas que en tu comunidad hay niños con acceso limitado a materiales educativos, podrías organizar una colecta de libros o un espacio para el aprendizaje.
- Acción a corto plazo: Dedica tiempo esta semana para observar y conversar con personas de tu comunidad sobre sus necesidades. Pregunta cómo podrías ayudar o contribuir.
- Acción a largo plazo: Desarrolla un plan para abordar una necesidad específica en tu comunidad, ya sea a través de voluntariado, organización de eventos o recaudación de recursos.

**3. Construyendo relaciones significativas**

El impacto en tu comunidad comienza con las relaciones. Construir conexiones auténticas con las personas a tu alrededor crea un sentido de pertenencia y confianza que fomenta la colaboración y el crecimiento mutuo.

- Ejemplo práctico: Un comerciante local que conoce a sus clientes por su nombre y los trata con respeto no solo construye lealtad, sino que también fomenta una comunidad más cercana.
- Acción a corto plazo: Tómate el tiempo para conocer mejor a tus vecinos, compañeros de trabajo o personas en tu iglesia o comunidad. Inicia conversaciones auténticas que fortalezcan las relaciones.
- Acción a largo plazo: Participa activamente en eventos comunitarios o iniciativas locales, contribuyendo con tu tiempo y energía para fortalecer los lazos en tu entorno.

**4. Fomentando una cultura de servicio**

El servicio a los demás es una de las maneras más efectivas de impactar a tu comunidad. Al priorizar las necesidades de los demás, inspiras a otros a hacer lo mismo, creando un efecto multiplicador de generosidad y cuidado mutuo.

- Ejemplo práctico: Un grupo de vecinos que organiza limpiezas comunitarias inspira a otros a cuidar el medio ambiente y a colaborar por el bienestar colectivo.
- Acción a corto plazo: Encuentra una oportunidad esta semana para servir a alguien en tu comunidad, como ayudar a un vecino mayor con sus compras o participar en una actividad de voluntariado.
- Acción a largo plazo: Inicia o únete a un proyecto comunitario que fomente el servicio mutuo, como una despensa comunitaria, un programa de tutoría o un evento de recaudación de fondos.

**5. Inspirando a través de tus talentos y habilidades**

Todos tenemos talentos y habilidades únicos que podemos utilizar para servir y motivar a otros. Identificar lo que puedes aportar y compartirlo con tu comunidad no solo genera un impacto positivo, sino que también inspira a otros a hacer lo mismo.

- Ejemplo práctico: Un músico local que organiza talleres gratuitos para enseñar a niños inspira creatividad y fomenta el amor por el arte en su comunidad.
- Acción a corto plazo: Reflexiona sobre un talento o habilidad que puedas compartir y encuentra una manera sencilla de hacerlo esta semana.
- Acción a largo plazo: Crea un programa o iniciativa que permita compartir tu talento con otros de manera consistente, inspirando a más personas a desarrollar sus propias habilidades.

**6. Enseñando valores a través de tus acciones**

Los valores que practicas diariamente son una herramienta poderosa para influir en tu comunidad. Al actuar con honestidad, respeto y generosidad, estás modelando el tipo de comportamiento que deseas ver en los demás.

- Ejemplo práctico: Un empresario local que prioriza la transparencia y el trato justo inspira confianza y establece un estándar ético en su comunidad.
- Acción a corto plazo: Reflexiona sobre un valor que deseas enseñar y encuentra una oportunidad para demostrarlo de manera práctica esta semana.
- Acción a largo plazo: Haz del ejemplo de tus valores una parte central de tu vida, asegurándote de que tus decisiones y acciones refuercen los principios que deseas transmitir.

### 7. Dejando un impacto sostenible en tu comunidad

El impacto duradero en tu comunidad se construye a través de iniciativas sostenibles que continúan generando beneficios incluso después de que ya no estés directamente involucrado. Esto podría incluir proyectos educativos, programas de apoyo o infraestructura comunitaria.

- Ejemplo práctico: Un líder comunitario que establece un fondo para becas educativas deja un impacto que beneficia a generaciones futuras.
- Acción a corto plazo: Piensa en un proyecto o iniciativa que podría tener un impacto a largo plazo en tu comunidad y comienza a planificar cómo hacerlo realidad.
- Acción a largo plazo: Dedica tiempo y recursos a construir algo sostenible en tu comunidad, trabajando con otros para garantizar que el proyecto perdure en el tiempo.

### Reflexión final

Impactar a tu comunidad con tu ejemplo es un llamado a vivir de manera intencional y a compartir tus talentos, valores y tiempo con los demás. Cada acción que tomas, por pequeña que sea, tiene el potencial de transformar vidas y construir un entorno más fuerte y conectado.

Hoy te invito a reflexionar:

- ¿Qué ejemplo estás dando a tu comunidad a través de tus acciones?
- ¿Cómo puedes usar tus talentos y habilidades para inspirar y servir a quienes te rodean?
- ¿Qué pasos puedes tomar esta semana para comenzar a impactar de manera positiva y duradera en tu comunidad?

Recuerda que el cambio comienza contigo. Al liderar con el ejemplo y actuar con propósito, estás sembrando semillas de esperanza, amor y colaboración que beneficiarán a tu comunidad hoy y en el futuro.

### 9.4. El valor de servir a otros en el camino

*"El que es mayor entre ustedes debe ser su servidor." (Mateo 23:11, NVI)*

El servicio a los demás es una de las expresiones más puras del propósito y el amor en acción. Servir no solo impacta a quienes reciben nuestra ayuda, sino que también transforma al que da, enriqueciendo su vida con significado y propósito. Cuando elegimos servir a otros en nuestro camino, creamos una huella que trasciende lo material y deja un legado de generosidad, humildad y compasión.

En esta sección, exploraremos el valor del servicio como una parte esencial de nuestro propósito y legado. Reflexionaremos sobre cómo el servicio transforma vidas, tanto de quienes lo reciben como de quienes lo ofrecen. También compartiremos ejemplos y estrategias prácticas para integrar el servicio en tu vida diaria, de manera que puedas impactar positivamente a las personas y comunidades que te rodean.

#### 1. Por qué el servicio enriquece tu vida y la de los demás

Servir a otros no solo beneficia a quienes reciben tu ayuda; también te permite crecer personalmente, fortalecer tus relaciones y encontrar mayor satisfacción en la vida. El acto de dar sin esperar nada a cambio es una expresión de amor y empatía que refleja nuestros valores más profundos.

- Ejemplo práctico: Una persona que dedica parte de su tiempo a enseñar habilidades a jóvenes de escasos recursos no solo cambia sus vidas, sino que también encuentra alegría y propósito al verlos crecer y prosperar.
- Acción a corto plazo: Identifica una forma sencilla de servir a alguien en tu entorno esta semana, como ayudar a un vecino, donar alimentos o escuchar a un amigo que necesite apoyo.
- Acción a largo plazo: Haz del servicio una parte integral de tu vida, comprometiéndote a proyectos o iniciativas que reflejen tus valores y propósito.

**2. El servicio como una expresión de humildad y gratitud**

El acto de servir a otros nos enseña humildad, recordándonos que no somos el centro del universo, y gratitud, al apreciar las bendiciones que ya tenemos. Cuando elegimos servir, reconocemos que todos somos parte de algo más grande y que nuestras acciones pueden contribuir al bienestar colectivo.

- Ejemplo práctico: Un empresario exitoso que dona su tiempo para mentorizar a emprendedores emergentes no solo comparte su experiencia, sino que también demuestra gratitud por las oportunidades que lo llevaron al éxito.
- Acción a corto plazo: Reflexiona sobre algo por lo que te sientas agradecido y encuentra una manera de compartir esa bendición con alguien más, ya sea con tu tiempo, recursos o conocimientos.
- Acción a largo plazo: Crea un hábito de gratitud y servicio, como dedicar un día al mes a apoyar a una causa o persona que necesite ayuda.

**3. Encontrando oportunidades de servicio en tu entorno**

El servicio no siempre requiere grandes gestos o recursos. A menudo, las oportunidades de servir están a nuestro alrededor, en las pequeñas necesidades de las personas que conocemos o en las brechas que observamos en nuestra comunidad.

- Ejemplo práctico: Alguien que nota que en su vecindario hay un parque descuidado puede organizar a los vecinos para limpiarlo y embellecerlo, creando un espacio que todos puedan disfrutar.
- Acción a corto plazo: Dedica tiempo esta semana a observar las necesidades en tu entorno. Pregúntate: ¿Qué puedo hacer hoy para marcar la diferencia?
- Acción a largo plazo: Identifica una causa o necesidad específica en tu comunidad y desarrolla un plan para abordarla de manera consistente, involucrando a otros si es posible.

### 4. Sirviendo desde tus talentos y habilidades

Todos tenemos talentos y habilidades únicos que podemos usar para servir a los demás. Cuando compartes lo que sabes hacer mejor, no solo ayudas a otros, sino que también encuentras un sentido más profundo de propósito y realización personal.

- Ejemplo práctico: Un chef que enseña a cocinar a familias de bajos recursos no solo comparte una habilidad práctica, sino que también empodera a esas familias para cuidar mejor de su salud y bienestar.
- Acción a corto plazo: Identifica un talento o habilidad que puedas compartir con alguien esta semana, como enseñar, reparar algo o dar asesoramiento en un área que domines.
- Acción a largo plazo: Crea un proyecto o programa que utilice tus talentos para beneficiar a un grupo más amplio, como talleres educativos, eventos comunitarios o mentorías regulares.

### 5. El impacto del servicio intergeneracional

Servir a otros es una oportunidad para conectar generaciones y transmitir valores. Cuando los jóvenes y los mayores colaboran en proyectos de servicio, se construyen puentes de aprendizaje, respeto y amor que enriquecen tanto a las personas como a las comunidades.

- Ejemplo práctico: Una familia que organiza actividades de voluntariado juntas, como visitar a ancianos en hogares de cuidado o participar en campañas de reforestación, enseña a las nuevas generaciones el valor del servicio mientras crea recuerdos significativos.
- Acción a corto plazo: Invita a un miembro más joven o mayor de tu familia a participar contigo en un acto de servicio esta semana, como donar ropa o cocinar para alguien en necesidad.
- Acción a largo plazo: Haz del servicio intergeneracional una tradición familiar, asegurándote de que el acto de dar se convierta en un legado transmitido de generación en generación.

**6. Construyendo comunidades fuertes a través del servicio**

El servicio es una herramienta poderosa para fortalecer comunidades. Cuando las personas trabajan juntas para resolver problemas y apoyarse mutuamente, se crea un sentido de unidad y pertenencia que beneficia a todos.

- Ejemplo práctico: Un grupo de vecinos que organiza un mercado comunitario para apoyar a pequeños emprendedores locales fomenta la colaboración y el desarrollo económico en su área.
- Acción a corto plazo: Únete a una iniciativa comunitaria existente o crea una pequeña actividad para unir a las personas en tu vecindario, como una limpieza colectiva o un intercambio de libros.
- Acción a largo plazo: Lidera proyectos comunitarios que promuevan el servicio, involucrando a más personas y construyendo una red de apoyo mutuo.

**7. El servicio como parte de tu propósito y legado**

Integrar el servicio en tu vida no solo impacta a quienes te rodean; también se convierte en una parte esencial de tu legado. Las acciones que realizas hoy tienen el poder de inspirar a otros a continuar sirviendo, creando un efecto multiplicador que trasciende el tiempo.

- Ejemplo práctico: Un maestro que dedica tiempo adicional a apoyar a estudiantes en riesgo deja un impacto que no solo transforma sus vidas, sino que también inspira a otros maestros a hacer lo mismo.
- Acción a corto plazo: Reflexiona sobre cómo el servicio puede ser una expresión de tu propósito personal y encuentra una manera de actuar en consecuencia esta semana.
- Acción a largo plazo: Desarrolla una visión a largo plazo para el impacto que deseas tener a través del servicio, definiendo metas específicas y estrategias para alcanzarlas.

**Reflexión final**

El servicio a los demás no solo transforma a quienes reciben tu ayuda; también transforma tu vida al brindarte un propósito más profundo y una conexión más significativa con las personas y el mundo que te rodean. Al elegir servir en cada etapa de tu camino, estás construyendo un legado de amor, generosidad y compasión que inspirará a otros mucho después de que hayas pasado por sus vidas.

Hoy te invito a reflexionar:

- ¿Qué acciones puedes tomar hoy para servir a alguien en tu entorno?
- ¿Cómo puedes integrar el servicio como una parte constante de tu vida y propósito?
- ¿Qué impacto deseas dejar a través de tus actos de servicio en tu comunidad y en el mundo?

Recuerda que el verdadero valor del servicio no está en lo que das, sino en el amor y la intención con que lo haces. Cada acto, por pequeño que sea, tiene el poder de iluminar la vida de alguien y contribuir al bien común.

### 9.5. Cómo vivir un legado cada día

*"Y cualquiera que quiera ser el primero debe ser esclavo de los demás, así como el Hijo del hombre no vino para ser servido, sino para servir y dar su vida en rescate por muchos." (Mateo 20:27-28, NVI)*

Vivir un legado no es un acto reservado para el futuro ni un evento único en la vida; es una práctica diaria que comienza con las decisiones que tomas, las acciones que realizas y la forma en que eliges interactuar con los demás. Tu legado no se construye de golpe, sino con cada pequeño paso, cada interacción significativa y cada esfuerzo por ser una influencia positiva en el mundo que te rodea.

Esta sección se centra en cómo puedes vivir tu legado todos los días, de manera que tus valores, principios y propósito estén presentes en cada aspecto de tu vida. Aprenderás a tomar acciones conscientes que reflejen el impacto que deseas dejar, a cultivar relaciones que trasciendan el tiempo y a encontrar oportunidades diarias para inspirar y empoderar a quienes te rodean.

#### 1. Viviendo con intención y propósito

Cada día es una nueva oportunidad para alinear tus acciones con tus valores y propósito. Cuando vives con intención, eliges conscientemente cómo deseas usar tu tiempo, energía y recursos para crear un impacto positivo en tu vida y en la vida de los demás.

- Ejemplo práctico: Alguien que valora la generosidad puede decidir comenzar su día ayudando a alguien, ya sea ofreciendo un consejo, un acto de servicio o simplemente escuchando con atención.

- Acción a corto plazo: Dedica 10 minutos al inicio de cada día para reflexionar sobre cómo puedes vivir intencionalmente en las próximas 24 horas.
- Acción a largo plazo: Establece un hábito diario de revisar tus acciones y decisiones, asegurándote de que estén alineadas con el legado que deseas construir.

**2. Construyendo relaciones que reflejen tu legado**

Las relaciones son uno de los pilares más importantes de tu legado. Cada interacción que tienes con las personas a tu alrededor es una oportunidad para sembrar semillas de amor, respeto y empatía. Vivir tu legado significa invertir en relaciones que sean significativas y dejar un impacto positivo en quienes te rodean.

- Ejemplo práctico: Un padre que se toma el tiempo para enseñar a sus hijos sobre valores como la honestidad y la perseverancia está viviendo su legado diariamente, modelando el comportamiento que desea transmitir.
- Acción a corto plazo: Dedica tiempo esta semana para tener una conversación significativa con alguien que amas. Habla sobre valores, metas y cómo pueden apoyarse mutuamente.
- Acción a largo plazo: Haz del fortalecimiento de tus relaciones una prioridad diaria, invirtiendo tiempo en mostrar gratitud, brindar apoyo y compartir experiencias con las personas que importan.

**3. Tomando decisiones con un impacto duradero**

Cada decisión que tomas, por pequeña que sea, tiene el potencial de contribuir a tu legado. Vivir con intención implica considerar cómo tus elecciones diarias afectan no solo tu vida, sino también la vida de los demás.

- Ejemplo práctico: Al elegir comprar productos de empresas que apoyan prácticas sostenibles, no solo estás contribuyendo al cuidado del medio ambiente, sino también inspirando a otros a hacer lo mismo.

- Acción a corto plazo: Analiza una decisión que tomarás hoy, como dónde comprar, cómo pasar tu tiempo o cómo responder a alguien, y considera cómo puede contribuir positivamente a tu legado.
- Acción a largo plazo: Adopta un enfoque consciente en tus decisiones a largo plazo, asegurándote de que reflejen tus valores y tengan un impacto positivo en tu vida y en la vida de los demás.

**4. Creando un impacto en tu comunidad diaria**

El impacto en tu comunidad no tiene que ser a gran escala para ser significativo. Las acciones simples, como ayudar a un vecino o participar en actividades locales, son formas poderosas de vivir tu legado y contribuir al bienestar colectivo.

- Ejemplo práctico: Un empleado que organiza una colecta de alimentos en su lugar de trabajo para apoyar a familias necesitadas está marcando una diferencia en su comunidad mientras inspira a otros a hacer lo mismo.
- Acción a corto plazo: Encuentra una manera de contribuir a tu comunidad esta semana, como recoger basura en un parque, donar a un refugio local o simplemente ser amable con quienes te encuentras.
- Acción a largo plazo: Haz del impacto comunitario una práctica regular, participando en iniciativas locales o liderando proyectos que aborden las necesidades de tu entorno.

**5. Enseñando y compartiendo tus valores diariamente**

La enseñanza no siempre requiere un aula; cada interacción puede ser una oportunidad para compartir tus valores y principios. Cuando vives tu legado, inspiras a otros a adoptar esos valores a través de tus palabras y acciones.

- Ejemplo práctico: Un mentor que dedica tiempo a enseñar a un joven cómo administrar sus finanzas personales no solo está transmitiendo conocimiento, sino también empoderando a esa persona para tomar decisiones informadas en el futuro.

- Acción a corto plazo: Encuentra una oportunidad hoy para enseñar algo a alguien, ya sea una habilidad práctica, una lección de vida o un principio que valoras.
- Acción a largo plazo: Crea un sistema para compartir regularmente tus conocimientos y valores, ya sea a través de mentorías, charlas o proyectos educativos.

**6. Encontrando gratitud en el presente mientras construyes el futuro**

Vivir tu legado significa encontrar gratitud en cada día mientras trabajas hacia tus metas a largo plazo. La gratitud no solo te mantiene enfocado en lo positivo, sino que también te inspira a seguir adelante con un corazón generoso y lleno de propósito.

- Ejemplo práctico: Una persona que comienza su día escribiendo tres cosas por las que está agradecida se siente más motivada y alineada con su propósito mientras enfrenta los desafíos diarios.
- Acción a corto plazo: Toma cinco minutos al final de cada día para reflexionar sobre lo que agradeces y cómo tus acciones han contribuido a tu legado.
- Acción a largo plazo: Establece un hábito diario de gratitud, ya sea a través de un diario, una práctica de oración o conversaciones con tus seres queridos.

**7. Siendo un testimonio constante de tus valores**

Tu vida diaria es un testimonio viviente de tus valores y propósito. Al ser constante en tus acciones y decisiones, inspiras a otros a seguir un camino de integridad, generosidad y amor.

- Ejemplo práctico: Una empresaria que opera su negocio con ética y transparencia no solo construye confianza con sus clientes, sino que también sirve como modelo para otros en su industria.

- Acción a corto plazo: Identifica un área de tu vida donde podrías ser más coherente con tus valores y toma medidas para alinear tus acciones con lo que representas.
- Acción a largo plazo: Haz de la coherencia un principio fundamental en tu vida, revisando regularmente si tus decisiones y acciones reflejan los valores que deseas transmitir.

**Reflexión final**

Vivir tu legado cada día es una elección consciente que comienza con las pequeñas decisiones y acciones que realizas. Al vivir con intención, construir relaciones significativas, tomar decisiones conscientes y contribuir a tu comunidad, estás creando un impacto que trasciende el tiempo y el espacio.

Hoy te invito a reflexionar:

- ¿Cómo estás viviendo tu legado en las decisiones y acciones de hoy?
- ¿Qué pasos puedes tomar para asegurarte de que cada día esté alineado con tus valores y propósito?
- ¿Qué impacto deseas que tus acciones diarias tengan en la vida de los demás?

Recuerda que tu legado no es algo que construirás en el futuro; es algo que estás creando ahora mismo, en cada interacción, en cada decisión y en cada acto de amor y servicio. Vive con intención, y el impacto que dejes será tan duradero como significativo.

**Conclusión:**

**El legado comienza hoy**

El acto de crear un legado no es un evento que ocurre en un momento específico de tu vida, sino un viaje que inicias con cada decisión, acción y relación que construyes. A lo largo de este capítulo hemos reflexionado sobre el poder del ejemplo, la importancia de enseñar principios a las futuras generaciones, el impacto en tu comunidad, el valor del servicio y cómo vivir tu legado diariamente. Este recorrido no solo te invita a dejar algo tangible para los demás, sino a vivir con una intención que inspire, transforme y trascienda.

Tu legado es más que lo que logres acumular en esta vida; es el impacto que dejas en los corazones y mentes de las personas con las que interactúas. Es la marca que haces a través de tu generosidad, tus valores, tu capacidad para servir y tu compromiso con construir algo más grande que tú mismo. Cuando eliges vivir con propósito, tu vida se convierte en una semilla que produce frutos en la vida de los demás, mucho más allá de lo que puedes imaginar.

**Sembrando valores que trascienden generaciones**

Uno de los aspectos más significativos de un legado duradero es el impacto que tiene en las generaciones futuras. Al sembrar valores sólidos y principios basados en la integridad, la fe y el amor, estás ayudando a construir una base que trasciende el tiempo.

- Ejemplo reflexivo: Un abuelo que comparte historias de fe y resiliencia con sus nietos no solo está transmitiendo sabiduría, sino también dejando un modelo de cómo enfrentar la vida con esperanza y perseverancia.
- Reflexión para ti: ¿Qué valores deseas que recuerden las generaciones que te siguen? ¿Cómo puedes transmitir esos valores de manera tangible hoy?

Recuerda que cada lección que enseñas y cada acto de amor que muestras son piezas fundamentales de tu legado. Estos pequeños gestos, repetidos a lo largo del tiempo, crean una cadena de impacto que influye en la vida de otros y se perpetúa en el tiempo.

**Tu comunidad como testigo de tu impacto**

El legado no solo se deja en el círculo familiar; también se extiende a tu comunidad y entorno. Cada interacción con las personas que te rodean es una oportunidad para inspirar y servir. Al convertirte en un ejemplo de generosidad, humildad y liderazgo, estás marcando la diferencia en la vida de los demás.

- Ejemplo reflexivo: Un vecino que organiza actividades comunitarias para mejorar su barrio no solo transforma su entorno, sino que también motiva a otros a colaborar y a construir una comunidad más fuerte.
- Reflexión para ti: ¿Cómo puedes impactar a tu comunidad de manera significativa? ¿Qué acciones prácticas puedes tomar para inspirar a otros y fortalecer tu entorno?

**El servicio como el centro de tu legado**

Servir a otros es una de las formas más profundas de dejar un impacto que perdure. El servicio, cuando se hace con amor y humildad, no solo satisface las necesidades inmediatas de los demás, sino que también demuestra el poder transformador de la generosidad. Este acto de dar sin esperar nada a cambio es una expresión del amor de Dios y un recordatorio de que todos estamos aquí para marcar una diferencia.

- Ejemplo reflexivo: Una mujer que dedica tiempo semanalmente a enseñar a niños en riesgo cómo leer no solo está impactando sus vidas en el presente, sino que está sembrando habilidades y confianza que los acompañarán para siempre.
- Reflexión para ti: ¿Qué oportunidades tienes hoy para servir a alguien más? ¿Cómo puedes hacer del servicio una parte integral de tu vida diaria?

**Viviendo tu legado todos los días**

Tu legado no comienza el día que decides enfocarte en él; comienza hoy, en este mismo momento, con las decisiones que tomas y las acciones que realizas. Vivir tu legado es mucho más que planificar a futuro; es aprovechar cada día como una oportunidad para inspirar, enseñar, servir y liderar con el ejemplo.

- Ejemplo reflexivo: Un líder empresarial que, en lugar de buscar solo el éxito financiero, se compromete a tratar a sus empleados con respeto y apoyar a su comunidad, vive su legado cada día a través de sus valores.
- Reflexión para ti: ¿Cómo puedes tomar decisiones hoy que reflejen el legado que deseas dejar? ¿Qué pasos puedes dar para alinear tus acciones diarias con tu propósito?

**Reflexión final: el poder del impacto diario**

Tu legado no se mide solo por los grandes logros, sino por las pequeñas acciones que realizas día tras día. Al vivir con intención, amar con generosidad y servir con humildad, estás construyendo una vida que será recordada no solo por lo que hiciste, sino por cómo viviste. Este impacto diario, repetido constantemente, es lo que crea un legado que perdura mucho más allá de tu tiempo en esta tierra.

Hoy te invito a reflexionar:

- ¿Qué tipo de impacto estás dejando en las personas con las que interactúas todos los días?
- ¿Cómo puedes tomar decisiones más intencionales para vivir tu legado ahora, no solo en el futuro?
- ¿Qué pequeñas acciones puedes tomar esta semana para sembrar amor, generosidad y propósito en tu entorno?

Recuerda que vivir un legado es un acto continuo de amor, fe y propósito. No se trata de esperar el momento perfecto ni de acumular riquezas materiales; se trata de construir una vida que inspire, sirva y refleje los valores que Dios ha puesto en tu corazón. Al hacerlo, no solo dejas un impacto duradero en el mundo, sino que también encuentras paz y satisfacción al saber que tu vida está alineada con un propósito eterno.

En el capítulo anterior, exploraste cómo crear un legado que trascienda el tiempo y las generaciones. Reflexionaste sobre el impacto que deseas dejar en el mundo y comprendiste que cada acción, por pequeña que sea, tiene el poder de inspirar y transformar vidas. Ahora sabes que construir un legado no es algo que ocurre al final de tu vida, sino en cada decisión y momento que eliges vivir con intención. Pero esto plantea una pregunta aún más profunda: ¿cómo puedes vivir hoy la vida que deseas dejar como ejemplo?

Aquí es donde todo se conecta. Porque no puedes dejar un legado sin primero vivir una vida que esté alineada con tus valores, tus metas y tu propósito. Este es el momento de mirar hacia adelante, hacia el futuro que te espera, y tomar las riendas para diseñarlo de una manera que refleje todo lo que has aprendido hasta ahora.

El próximo capítulo es el clímax de este viaje. Te invita a vivir plenamente, no como un espectador de tu propia vida, sino como el arquitecto de tu destino. Aquí descubrirás cómo combinar tus metas, tus valores y tus sueños en un plan claro y tangible para crear la vida que siempre has soñado. Este es el momento en que te conviertes en el protagonista absoluto de tu historia, viviendo con propósito, paz y plenitud.

Así que te dejo con esta reflexión:

¿Estás listo para dar el salto y vivir la vida que has diseñado? ¿Qué pasos concretos tomarás hoy para que tu futuro sea tan extraordinario como lo imaginas?

El próximo capítulo es una invitación a la acción. Es el momento de reunir todo lo que has aprendido, mirar al horizonte con confianza y dar los pasos necesarios para vivir la vida que mereces. Porque tu futuro no está escrito... está en tus manos. ¡Prepárate para transformar tu visión en realidad y vivir una vida que deje huella!

## 10. Tu Futuro: Vive la Vida que Diseñaste

*"Yo sé los planes que tengo para ustedes, planes para su bienestar y no para su mal, a fin de darles un futuro lleno de esperanza. Yo, el Señor, lo afirmo." (Jeremías 29:11, NVI)*

Imagina por un momento que estás viviendo la vida que siempre soñaste: una vida llena de propósito, equilibrio, libertad y paz. Una vida en la que cada decisión que tomas y cada acción que realizas está alineada con tus valores, tus metas y el legado que deseas construir. Esa vida no es un sueño lejano ni un ideal inalcanzable. Es un futuro posible que comienza con las elecciones que haces hoy.

Este último capítulo es una invitación a dar el paso final: vivir plenamente la vida que diseñaste a lo largo de este libro. Has reflexionado sobre tus valores, establecido prioridades, aprendido a cuidar tu salud, desarrollado relaciones auténticas, fortalecido tu espiritualidad, diseñado rutinas diarias y comenzado a construir un legado duradero. Ahora es el momento de integrar todo lo aprendido y dar vida a ese diseño, tomando el control de tu presente para construir el futuro que deseas.

El futuro no es algo que simplemente "ocurre". Es el resultado de tus decisiones, de tu intencionalidad y de tu fe en que Dios tiene planes buenos para ti. Este capítulo te ayudará a visualizar cómo sería vivir la vida que diseñaste, con herramientas prácticas y una mentalidad enfocada en avanzar con confianza hacia ese propósito. Descubrirás que el futuro que siempre quisiste no solo es alcanzable, sino que también está lleno de oportunidades para crecer, impactar y disfrutar de lo que verdaderamente importa.

### El poder de tomar el control de tu vida

Uno de los mayores regalos que tenemos es la capacidad de tomar decisiones que moldean nuestro futuro. No importa cuáles hayan sido las circunstancias de tu pasado o los desafíos que enfrentes actualmente, siempre tienes el poder de elegir cómo responder y cómo avanzar. Tomar el control de tu vida significa ser intencional con tus acciones y asumir la responsabilidad de tus resultados.

- Ejemplo práctico: Una persona que decide reducir su carga laboral para pasar más tiempo con su familia está tomando el control de su vida, priorizando lo que realmente importa.
- Reflexión para ti: ¿Qué decisiones puedes tomar hoy para acercarte más a la vida que deseas vivir?

**El papel de la fe y la perseverancia**

Construir el futuro que deseas no siempre será fácil. Habrá desafíos, incertidumbres y momentos de duda. Sin embargo, la fe y la perseverancia son las herramientas que te mantendrán en el camino, recordándote que Dios tiene un propósito para ti y que cada paso que das tiene un significado.

- Ejemplo práctico: Un emprendedor que enfrenta dificultades financieras pero decide seguir adelante porque cree firmemente en su visión está practicando la perseverancia con fe en que las cosas mejorarán.
- Reflexión para ti: ¿Qué papel juega tu fe en tu visión del futuro? ¿Cómo puedes fortalecerla para enfrentar los desafíos que puedan surgir?

**Deja de posponer tus sueños**

Muchas personas tienen grandes sueños y metas, pero nunca los persiguen porque esperan "el momento perfecto". Sin embargo, la verdad es que ese momento perfecto rara vez llega. El mejor momento para comenzar a vivir la vida que deseas es ahora.

- Ejemplo práctico: Alguien que siempre ha querido aprender a tocar un instrumento, pero sigue posponiéndolo, finalmente decide inscribirse en una clase y dar el primer paso hacia su meta.

- Acción para ti: Identifica un sueño o meta que hayas estado posponiendo y toma una acción concreta esta semana para comenzar a perseguirlo.

## Viviendo con intencionalidad y libertad

Vivir la vida que diseñaste no significa que todo será perfecto o que no enfrentarás dificultades. Pero significa que estás viviendo con intención, alineando tus decisiones con tus valores y disfrutando de la libertad de ser fiel a tu propósito. La verdadera libertad no es hacer lo que quieras, sino vivir de manera que tus acciones reflejen quién eres y lo que valoras.

- Ejemplo práctico: Una persona que prioriza el tiempo de calidad con su familia en lugar de estar constantemente ocupada con compromisos externos está viviendo con intencionalidad y libertad.
- Reflexión para ti: ¿Qué cambios puedes hacer en tu rutina diaria para vivir con más intención y libertad?

## Este es el comienzo de tu futuro

El camino hacia la vida que diseñaste no termina con este libro; apenas comienza. Cada capítulo te ha dado herramientas, estrategias y reflexiones para construir una vida equilibrada, significativa y llena de propósito. Ahora es el momento de aplicar lo que has aprendido, de dar cada paso con confianza y de recordar que cada día es una nueva oportunidad para avanzar hacia tu mejor versión.

Hoy te invito a reflexionar:

- ¿Cómo será tu vida cuando comiences a aplicar todo lo que has aprendido?
- ¿Qué acciones concretas puedes tomar hoy para acercarte a ese futuro que deseas?
- ¿Cómo puedes mantenerte motivado y enfocado en vivir con propósito, incluso cuando enfrentes desafíos?

Recuerda que no estás solo en este camino. Dios tiene un plan para ti, y cada paso que tomas hacia tu propósito está guiado por Su amor y Su dirección. Este capítulo no es un cierre, sino una apertura a una vida llena de posibilidades, una vida donde cada día cuenta y cada acción refleja el legado que estás construyendo.

## 10.1. Cómo mantener el equilibrio mientras avanzas

*"Confía en el Señor con todo tu corazón y no te apoyes en tu propia prudencia. Reconócelo en todos tus caminos, y Él allanará tus sendas." (Proverbios 3:5-6, NVI)*

Avanzar hacia una vida diseñada con propósito y significado no es solo una cuestión de alcanzar metas; también implica mantener el equilibrio en el camino. El equilibrio es esencial para disfrutar del proceso, cuidar de tu bienestar y asegurarte de que cada área importante de tu vida esté en armonía con tus valores y prioridades. Sin equilibrio, es fácil perderse en el agotamiento, el estrés o el enfoque excesivo en una sola área de la vida.

Esta sección explora estrategias prácticas para mantener el equilibrio mientras trabajas en tus metas. Aprenderás cómo priorizar lo esencial, evitar el agotamiento, y al mismo tiempo, disfrutar el proceso. También descubrirás cómo pequeños ajustes en tu rutina y mentalidad pueden ayudarte a mantener la armonía entre tus objetivos personales, profesionales, familiares y espirituales.

### 1. Prioriza lo esencial: define tus valores y metas

Mantener el equilibrio comienza con una clara comprensión de lo que realmente importa para ti. Definir tus valores y metas te permite priorizar lo esencial y dejar de lado lo que no añade valor a tu vida.

- Ejemplo práctico: Una madre emprendedora decide que sus valores principales son la familia y el crecimiento personal. Por lo tanto, organiza su tiempo para asegurarse de que pueda asistir a las actividades escolares de sus hijos mientras dedica tiempo a desarrollar su negocio.

- Acción a corto plazo: Haz una lista de tus valores y metas principales. Reflexiona sobre cómo estas prioridades se reflejan en tu vida diaria y ajusta tu enfoque según sea necesario.
- Acción a largo plazo: Establece un plan semanal o mensual que te permita alinear tus actividades con tus valores y metas, asegurándote de que cada área importante de tu vida reciba la atención necesaria.

### 2. Aprende a decir "no" sin culpa

Uno de los mayores desafíos para mantener el equilibrio es la tentación de decir "sí" a demasiadas cosas. Aprender a decir "no" de manera asertiva te permite proteger tu tiempo y energía para las cosas que realmente importan.

- Ejemplo práctico: Un profesional que prioriza su tiempo en familia decide rechazar una invitación para un evento social que no está alineado con sus valores, optando en su lugar por una noche tranquila con sus seres queridos.
- Acción a corto plazo: Reflexiona sobre una actividad o compromiso que no esté alineado con tus prioridades y considera decir "no" la próxima vez que surja una situación similar.
- Acción a largo plazo: Establece límites claros en tu vida para proteger tu tiempo y energía. Comunica tus prioridades a los demás para que comprendan tu necesidad de equilibrio.

### 3. Evita el agotamiento: cuida de tu bienestar físico y emocional

El equilibrio no es sostenible si descuidas tu bienestar. Priorizar el descanso, la salud y la recuperación es esencial para mantener tu energía y claridad mental mientras trabajas en tus metas.

- Ejemplo práctico: Un emprendedor que solía trabajar largas horas sin descanso implementa una rutina de sueño constante, actividad física diaria y tiempo para relajarse, lo que mejora significativamente su productividad y bienestar general.

- Acción a corto plazo: Dedica al menos 15 minutos al día para practicar una actividad de autocuidado, como meditar, caminar al aire libre o leer un libro inspirador.
- Acción a largo plazo: Crea un plan de bienestar integral que incluya tiempo para el descanso, ejercicio regular, alimentación saludable y momentos para recargar emocionalmente.

### 4. Disfruta del proceso: encuentra alegría en los pequeños momentos

Avanzar hacia tus metas no significa que debas estar siempre enfocado en el destino final. Encontrar alegría en el camino te ayuda a mantener la motivación y a disfrutar de cada paso que das.

- Ejemplo práctico: Una persona que está trabajando en ahorrar para una casa decide celebrar pequeños hábitos financieros, como alcanzar el 10% de su objetivo, con una actividad especial, como una cena en casa con su familia.
- Acción a corto plazo: Identifica un pequeño logro que hayas alcanzado esta semana y encuéntrale una forma de celebrarlo, ya sea con una pausa de agradecimiento, una actividad relajante o compartiendo tu éxito con alguien.
- Acción a largo plazo: Establece un hábito de gratitud y celebración en tu vida diaria, enfocándote en los progresos y momentos positivos en lugar de solo en los grandes resultados.

### 5. Practica la flexibilidad: adapta tu enfoque según sea necesario

Mantener el equilibrio también implica ser flexible y estar dispuesto a ajustar tu enfoque cuando las circunstancias cambian. La rigidez puede llevar al estrés y la frustración, mientras que la adaptabilidad te permite seguir avanzando sin perder la armonía.

- Ejemplo práctico: Un padre que planeaba trabajar en un proyecto personal un fin de semana decide posponerlo cuando su hijo le pide ayuda para un proyecto escolar. Esta decisión refuerza la relación con su hijo sin descuidar sus metas personales.
- Acción a corto plazo: Identifica una situación reciente en la que enfrentaste un cambio inesperado y reflexiona sobre cómo podrías haber manejado la situación con más flexibilidad.
- Acción a largo plazo: Cultiva una mentalidad adaptable, recordándote que los cambios no siempre son obstáculos, sino oportunidades para recalibrar y mejorar tu enfoque.

### 6. Integra la espiritualidad en tu rutina diaria

Tu conexión espiritual es una fuente poderosa de equilibrio y fortaleza. Tomarte tiempo para orar, reflexionar o practicar la meditación espiritual puede ayudarte a mantener la calma y la claridad en medio de los desafíos.

- Ejemplo práctico: Alguien que comienza su día leyendo un versículo de la Biblia y reflexionando sobre cómo aplicarlo en su vida encuentra un sentido renovado de propósito y paz para afrontar las responsabilidades del día.
- Acción a corto plazo: Dedica cinco minutos al comienzo o al final de tu día para reflexionar sobre tu conexión espiritual y cómo puedes alinearte con tu propósito.
- Acción a largo plazo: Haz de la espiritualidad una parte central de tu rutina diaria, encontrando momentos regulares para orar, meditar o reflexionar sobre las bendiciones en tu vida.

### 7. Construye una red de apoyo

El equilibrio no se alcanza en soledad. Contar con una red de apoyo, ya sea amigos, familiares o mentores, te ayuda a mantenerte enfocado, motivado y conectado con lo que realmente importa.

- Ejemplo práctico: Una madre trabajadora que se apoya en su pareja y amigos para compartir responsabilidades encuentra más tiempo para cuidar de sí misma y disfrutar momentos significativos con su familia.
- Acción a corto plazo: Identifica a alguien en tu vida que pueda ofrecer apoyo o guía en un área específica y conéctate con esa persona esta semana.
- Acción a largo plazo: Fortalece tus relaciones y cultiva una red sólida de apoyo, asegurándote de rodearte de personas que compartan tus valores y te inspiren a vivir con propósito.

**Reflexión final**

Mantener el equilibrio mientras avanzas no es un destino final, sino un proceso continuo de ajuste, reflexión y acción intencional. Cada decisión que tomas y cada hábito que desarrollas contribuyen a crear una vida armoniosa y plena, donde el progreso y la paz coexisten.

Hoy te invito a reflexionar:

- ¿Qué áreas de tu vida necesitan más equilibrio en este momento?
- ¿Qué pequeños pasos puedes tomar hoy para priorizar lo esencial y cuidar de tu bienestar?
- ¿Cómo puedes disfrutar más del proceso mientras trabajas hacia tus metas?

Recuerda que el equilibrio no significa hacerlo todo a la vez, sino hacerlo todo con intención y propósito. Al mantener tu enfoque en lo que realmente importa, estarás construyendo no solo una vida exitosa, sino también una vida llena de significado, paz y satisfacción.

## 10.2. Celebrando tus logros y los de los demás

*"Estén siempre alegres, oren sin cesar, den gracias a Dios en toda situación, porque esta es su voluntad para ustedes en Cristo Jesús." (1 Tesalonicenses 5:16-18, NVI)*

Celebrar los logros, tanto propios como de los demás, es una práctica que nutre nuestra alma, fortalece nuestras relaciones y nos ayuda a reconocer el progreso en el camino hacia nuestras metas. A menudo, estamos tan enfocados en alcanzar la siguiente meta que olvidamos pausar y celebrar las victorias, grandes o pequeñas, que ya hemos conseguido. Sin embargo, la celebración no es solo un acto de alegría; es una oportunidad para reflexionar, agradecer y compartir el gozo con quienes nos rodean.

Esta sección explora cómo hacer de la celebración una parte intencional de tu vida, ayudándote a mantener la motivación y fortalecer tus conexiones con los demás. Aprenderás por qué celebrar tus logros es esencial para tu bienestar emocional, cómo apoyar y reconocer los logros de otros y cómo esta práctica contribuye a construir una comunidad más positiva y solidaria.

### 1. La importancia de celebrar tus propios logros

Celebrar tus logros, por pequeños que sean, es una forma de reconocer tu esfuerzo y progreso. Este acto no solo refuerza tu autoestima, sino que también te motiva a seguir avanzando. Al reconocer lo lejos que has llegado, te permites disfrutar del proceso en lugar de centrarte únicamente en el destino final.

- Ejemplo práctico: Una persona que finalmente logra completar un proyecto personal, como aprender una nueva habilidad, celebra con una pequeña recompensa, como una salida especial o un día de descanso.
- Acción a corto plazo: Haz una lista de tres logros recientes, sin importar su tamaño, y elige una forma de celebrarlos hoy, como una pausa para reflexionar, compartirlo con un amigo o darte un pequeño premio.

- Acción a largo plazo: Crea un hábito semanal o mensual para revisar tus logros y celebrar tus progresos, asegurándote de reconocer tanto los grandes logros como las pequeñas victorias.

**2. Cómo la gratitud amplifica el poder de la celebración**

La gratitud y la celebración están estrechamente relacionadas. Cuando eliges celebrar con gratitud, reconoces no solo tu esfuerzo, sino también las bendiciones, recursos y personas que han contribuido a tu éxito. La gratitud transforma la celebración en un acto de humildad y reconocimiento hacia Dios y los demás.

- Ejemplo práctico: Una emprendedora que alcanza un objetivo de ventas dedica tiempo a agradecer a su equipo y a los clientes que hicieron posible ese logro, reforzando las relaciones y el espíritu de colaboración.
- Acción a corto plazo: Tómate unos minutos para escribir una lista de las personas o recursos que han contribuido a tus logros recientes y encuentra una manera de expresarles tu agradecimiento, ya sea con una nota, un mensaje o una llamada.
- Acción a largo plazo: Haz de la gratitud una parte central de tus celebraciones, asegurándote de reconocer siempre a las personas y factores que han sido clave en tu éxito.

**3. Celebrar los logros de los demás como un acto de generosidad**

Celebrar los logros de otras personas es una forma de demostrar apoyo, empatía y generosidad emocional. Este acto fortalece las relaciones y fomenta un ambiente de colaboración y positivismo, alejándote de la competencia tóxica y construyendo una comunidad más unida.

- Ejemplo práctico: Un amigo que felicita sinceramente a otro por recibir un ascenso no solo refuerza su relación, sino que también inspira un ambiente de apoyo mutuo en su círculo social.

- Acción a corto plazo: Toma el tiempo para reconocer el logro de alguien cercano hoy, ya sea felicitándolo en persona, enviándole un mensaje o celebrándolo públicamente.
- Acción a largo plazo: Haz de la celebración de los logros ajenos un hábito constante, buscando oportunidades para reconocer y apoyar a las personas en tu vida de manera genuina y entusiasta.

**4. Cómo celebrar fortalece tus relaciones**

La celebración compartida crea momentos significativos que fortalecen los lazos entre las personas. Al celebrar juntos, compartes alegría, creas recuerdos y refuerzas las conexiones basadas en la empatía y el apoyo mutuo.

- Ejemplo práctico: Una familia que celebra los logros académicos de sus hijos con una cena especial crea un ambiente donde todos se sienten valorados y motivados a esforzarse por sus metas.
- Acción a corto plazo: Planea un pequeño gesto o evento para celebrar el logro de alguien en tu familia o círculo cercano esta semana, como una comida especial o una conversación para resaltar su esfuerzo.
- Acción a largo plazo: Establece tradiciones familiares o comunitarias que incluyan la celebración de logros, asegurándote de que todos se sientan valorados y apoyados.

**5. Celebrar sin comparación ni egoísmo**

Es importante celebrar con humildad y evitar caer en la trampa de la comparación o el egoísmo. Tu celebración debe ser un reflejo de gratitud y alegría genuina, no una oportunidad para competir o destacar sobre los demás.

- Ejemplo práctico: Un emprendedor que celebra la apertura de un nuevo negocio sin menospreciar a la competencia o exagerar sus logros refuerza una cultura de respeto y apoyo mutuo en su industria.

- Acción a corto plazo: Reflexiona sobre tus intenciones al celebrar y asegúrate de que están alineadas con la gratitud y el respeto hacia los demás.
- Acción a largo plazo: Cultiva una mentalidad de humildad y empatía en todas tus celebraciones, recordando que tus logros son una oportunidad para inspirar y no para competir.

**6. Encuentra formas creativas de celebrar**

La celebración no tiene que ser costosa ni complicada; lo importante es que sea significativa. Encuentra formas creativas de reconocer los logros que reflejen tus valores y el impacto que deseas tener en los demás.

- Ejemplo práctico: Una pareja que alcanza un objetivo financiero, como pagar una deuda, decide celebrar haciendo una donación a una causa que les importa, combinando su alegría con un acto de generosidad.
- Acción a corto plazo: Piensa en una forma creativa de celebrar un logro reciente, como organizar un picnic al aire libre, escribir una carta de agradecimiento o compartir tu experiencia con alguien que pueda beneficiarse de ella.
- Acción a largo plazo: Diseña un enfoque personal para las celebraciones, asegurándote de que cada una sea significativa y esté alineada con tus valores y propósito.

**7. El impacto duradero de celebrar con propósito**

Cuando haces de la celebración una práctica habitual y significativa, no solo refuerzas tu bienestar y tus relaciones, sino que también inspiras a otros a reconocer y valorar sus propios logros. Este enfoque genera un efecto dominó de gratitud, motivación y positividad que impacta a tu comunidad y más allá.

- Ejemplo práctico: Una líder comunitaria que celebra los pequeños avances en un proyecto local motiva a los voluntarios a seguir contribuyendo y demuestra el poder del reconocimiento como herramienta para mantener la moral alta.

- Acción a corto plazo: Reflexiona sobre cómo puedes integrar celebraciones con propósito en tu vida diaria y comienza hoy con una acción simple pero significativa.
- Acción a largo plazo: Comprométete a celebrar no solo tus logros, sino también los de tu familia, amigos y comunidad, asegurándote de que cada celebración tenga un impacto positivo y duradero.

**Reflexión final**

Celebrar tus logros y los de los demás es una práctica que enriquece tu vida y fortalece tus relaciones. Al reconocer el progreso y compartir la alegría, estás construyendo una cultura de gratitud, apoyo y positividad que beneficia no solo a ti, sino también a quienes te rodean.

Hoy te invito a reflexionar:

- ¿Cuándo fue la última vez que celebraste un logro, grande o pequeño?
- ¿Cómo puedes hacer de la celebración una parte intencional de tu vida diaria?
- ¿Qué pasos puedes tomar para apoyar y reconocer los logros de las personas en tu vida?

Recuerda que cada logro, por pequeño que sea, merece ser celebrado. Al hacerlo, no solo nutres tu alma y motivación, sino que también inspiras a otros a vivir con gratitud y propósito.

## 10.3. Inspirando a otros con tu historia

*"Ustedes son la luz del mundo. Una ciudad en lo alto de una colina no puede esconderse." (Mateo 5:14, NVI)*

Cada persona tiene una historia única que contar. No importa cuáles sean tus experiencias, tus desafíos o tus logros, tu historia tiene el poder de inspirar, motivar y transformar la vida de los demás. Compartir tu historia no solo es un acto de valentía, sino también una forma de dejar una huella positiva en el mundo. Cuando decides abrir tu corazón y compartir lo que has aprendido, te conviertes en una fuente de esperanza y fortaleza para aquellos que enfrentan situaciones similares.

En esta sección, exploraremos cómo puedes inspirar a otros con tu historia. Aprenderás a identificar los momentos clave de tu vida que pueden enseñar lecciones valiosas, cómo comunicarte de manera auténtica y cómo usar tus experiencias para motivar a los demás a superar sus propios desafíos. A través de ejemplos prácticos y acciones concretas, descubrirás que tu historia, por sencilla o compleja que sea, tiene un propósito mayor del que imaginas.

**1. Reconociendo el valor de tu historia**

A menudo subestimamos el impacto de nuestras propias experiencias, pensando que no son lo suficientemente significativas como para compartirlas. Sin embargo, incluso los momentos más cotidianos de tu vida pueden contener lecciones poderosas. Reconocer el valor de tu historia comienza con reflexionar sobre tus experiencias y cómo te han moldeado.

- Ejemplo práctico: Una persona que superó una pérdida financiera y reconstruyó su vida con esfuerzo y perseverancia puede inspirar a otros a no rendirse en momentos de dificultad.
- Acción a corto plazo: Dedica tiempo esta semana a reflexionar sobre los momentos más significativos de tu vida. Haz una lista de experiencias que crees que podrían enseñar una lección o inspirar a alguien más.
- Acción a largo plazo: Desarrolla el hábito de documentar tus experiencias y aprendizajes en un diario o en notas, para que tengas una base desde la cual compartir tu historia cuando sea necesario.

## 2. Identificando lecciones clave en tu camino

Cada desafío o logro en tu vida contiene una lección valiosa. Al identificar esas lecciones, puedes convertir tus experiencias en herramientas que ayuden a otros a encontrar esperanza, dirección o claridad en sus propias vidas.

- Ejemplo práctico: Una madre que equilibró una carrera profesional mientras criaba a sus hijos puede compartir cómo organizó su tiempo y priorizó sus valores, ofreciendo consejos prácticos para otras mujeres en situaciones similares.
- Acción a corto plazo: Piensa en un desafío reciente que superaste y anota las lecciones que aprendiste durante el proceso. Considera cómo esas lecciones podrían ser útiles para alguien más.
- Acción a largo plazo: Practica el hábito de reflexionar después de cada experiencia significativa para extraer lecciones que puedas compartir con otros.

## 3. Conectando con los demás a través de la autenticidad

La autenticidad es clave para inspirar a otros con tu historia. Cuando compartes tus experiencias de manera honesta y genuina, las personas se sienten conectadas contigo y encuentran inspiración en tu vulnerabilidad y valentía.

- Ejemplo práctico: Un empresario que habla abiertamente sobre los errores que cometió al iniciar su negocio puede motivar a otros a tomar riesgos y aprender de sus fracasos.
- Acción a corto plazo: Comparte una experiencia personal con alguien cercano esta semana, siendo honesto sobre los desafíos y las emociones que experimentaste.
- Acción a largo plazo: Trabaja en desarrollar una comunicación auténtica y transparente en todas tus interacciones, para que las personas se sientan cómodas al conectarse contigo.

**4. Usando tu historia como una herramienta de servicio**

Compartir tu historia no se trata de buscar reconocimiento, sino de servir a los demás. Al usar tus experiencias para motivar, enseñar o empoderar a otros, estás cumpliendo un propósito mayor y dejando un impacto positivo.

- Ejemplo práctico: Una persona que superó una enfermedad grave. o un terrible accidente como fue el caso de mi padre, y ahora ayuda a otros a encontrar esperanza a través de grupos de apoyo o charlas motivacionales está usando su historia como una herramienta de servicio.
- Acción a corto plazo: Busca oportunidades para compartir tu historia con alguien que pueda beneficiarse de tus experiencias, como un amigo, un colega o un grupo comunitario.
- Acción a largo plazo: Considera formas más amplias de compartir tu historia, como escribir un blog, dar charlas o participar en organizaciones que se alineen con tus valores y experiencias.

**5. Inspirando a través de pequeños actos de impacto diario**

No siempre necesitas un escenario o una plataforma grande para inspirar a otros. A veces, los pequeños actos de bondad, empatía o generosidad pueden tener un impacto significativo en la vida de alguien.

- Ejemplo práctico: Una mujer que ayuda a su vecino mayor a hacer las compras semanales demuestra cómo los pequeños actos pueden inspirar gratitud y motivar a otros a hacer lo mismo.
- Acción a corto plazo: Realiza un acto de servicio esta semana, como escuchar con atención a alguien que necesita apoyo emocional o brindar ayuda práctica a quien lo necesite.
- Acción a largo plazo: Haz del impacto diario una parte integral de tu vida, buscando constantemente oportunidades para inspirar a otros a través de tus acciones y palabras.

**6. Creando un legado de inspiración**

Tu historia no solo inspira a las personas en el presente, sino que también puede dejar un legado duradero para futuras generaciones. Cuando decides compartir tus experiencias y lecciones, estás sembrando semillas de esperanza, sabiduría y dirección que pueden impactar a muchas vidas en el futuro.

- Ejemplo práctico: Un abuelo que documenta sus memorias y las comparte con su familia está dejando un legado que trasciende generaciones, enseñando valores y principios a través de su historia.
- Acción a corto plazo: Piensa en cómo te gustaría que tu historia impacte a las personas en el futuro y considera escribirla o grabarla para compartirla con otros.
- Acción a largo plazo: Crea un proyecto o iniciativa que te permita transmitir tu historia de manera consistente, ya sea a través de mentorías, publicaciones o eventos comunitarios.

**7. Inspirando en los momentos difíciles**

A veces, los momentos más difíciles de tu vida son los que tienen el mayor potencial para inspirar a otros. Cuando compartes cómo enfrentaste la adversidad con fe, resiliencia y determinación, ofreces esperanza a quienes están atravesando desafíos similares.

- Ejemplo práctico: Una persona que perdió su trabajo y construyó un nuevo camino profesional comparte su historia en un evento comunitario, motivando a otros a perseverar y reinventarse.
- Acción a corto plazo: Reflexiona sobre una dificultad que superaste y cómo esa experiencia podría motivar a alguien más a seguir adelante.
- Acción a largo plazo: Busca oportunidades para apoyar a personas que enfrentan desafíos similares, ofreciéndoles tus consejos, tu apoyo emocional o simplemente tu ejemplo de superación.

**Reflexión final**

Tu historia tiene el poder de inspirar a otros de formas que tal vez no imaginas. Al compartir tus experiencias con autenticidad, humildad y propósito, estás dejando una huella positiva en el mundo. No importa cuán grande o pequeña sientas que es tu historia, cada detalle tiene el potencial de impactar la vida de alguien más.

Hoy te invito a reflexionar:

- ¿Qué partes de tu historia podrían inspirar o motivar a otros?
- ¿Cómo puedes compartir tus experiencias de manera que reflejen tus valores y propósito?
- ¿Qué pasos puedes tomar hoy para convertirte en una fuente de inspiración para las personas a tu alrededor?

Recuerda que no estás llamado a tener una historia perfecta, sino una historia auténtica. Vive con la confianza de que tus experiencias, tanto las buenas como las desafiantes, tienen un propósito mayor y pueden ser usadas para iluminar el camino de otros.

## 10.4. Visualizando el próximo capítulo de tu vida

*"Escribe la visión y haz que sea clara en tablillas, para que quien la lea corra a proclamarla." (Habacuc 2:2, NVI)*

El futuro que deseas comienza con una visión clara. Visualizar el próximo capítulo de tu vida no es solo soñar con lo que quieres lograr; es comprometerte con un propósito y crear un plan para hacerlo realidad. La claridad sobre lo que quieres y cómo quieres vivir no solo te inspira, sino que también te da dirección y enfoque para avanzar con intención y confianza.

En esta sección, exploraremos cómo puedes crear una visión para el próximo capítulo de tu vida. Desde identificar lo que verdaderamente importa hasta definir metas claras y tangibles, descubrirás herramientas y estrategias que te permitirán visualizar un futuro lleno de propósito, equilibrio y significado.

También aprenderás a superar los miedos y dudas que podrían surgir al dar forma a esta nueva etapa.

## 1. Reflexionando sobre dónde estás ahora

Antes de visualizar el futuro, es importante reflexionar sobre dónde te encuentras en este momento. Reconocer tus logros, desafíos y áreas de crecimiento te ayudará a tener una base sólida desde la cual construir tu visión.

- Ejemplo práctico: Un profesional que está considerando un cambio de carrera comienza reflexionando sobre sus experiencias laborales actuales, identificando lo que le gusta, lo que no y las habilidades que ha desarrollado.
- Acción a corto plazo: Dedica 30 minutos esta semana a escribir un resumen de dónde estás ahora en las áreas clave de tu vida: personal, profesional, familiar y espiritual. Identifica lo que estás agradecido de haber logrado y lo que deseas mejorar.
- Acción a largo plazo: Establece un hábito mensual de reflexionar sobre tu progreso, ajustando tus metas y prioridades según sea necesario.

## 2. Definiendo lo que realmente importa

Una visión significativa debe estar alineada con tus valores y prioridades. Definir lo que realmente importa para ti te ayudará a crear un futuro que no solo sea exitoso, sino también auténtico y satisfactorio.

- Ejemplo práctico: Una madre que valora el tiempo en familia decide que su visión para el próximo capítulo incluirá más momentos significativos con sus hijos, como viajes familiares o proyectos juntos.
- Acción a corto plazo: Haz una lista de tus valores más importantes y reflexiona sobre cómo se reflejan (o no) en tu vida actual.
- Acción a largo plazo: Usa tus valores como una brújula para tomar decisiones importantes, asegurándote de que cada elección esté alineada con lo que realmente importa para ti.

### 3. Imaginando tu vida ideal

La visualización es una herramienta poderosa para imaginar cómo sería tu vida ideal. Al permitirte soñar en grande, sin restricciones, puedes identificar metas que realmente te emocionen y te impulsen a avanzar.

- Ejemplo práctico: Un emprendedor que visualiza su vida ideal imagina tener un negocio exitoso que le permita trabajar desde cualquier lugar, viajar con su familia y contribuir a causas sociales que le apasionan.
- Acción a corto plazo: Dedica 10 minutos al día durante una semana para cerrar los ojos y visualizar cómo sería tu vida ideal. Concéntrate en los detalles: ¿Cómo te sentirías? ¿Qué harías? ¿Quiénes estarían contigo?
- Acción a largo plazo: Crea un tablero de visión (vision board) con imágenes, frases y palabras que representen tu vida ideal. Colócalo en un lugar visible para recordarte tus metas todos los días.

### 4. Estableciendo metas claras y tangibles

Una visión sin metas claras es solo un sueño. Transformar tu visión en realidad requiere definir objetivos específicos, medibles, alcanzables, relevantes y con un plazo (SMART).

- Ejemplo práctico: Una persona que sueña con mejorar su salud establece una meta específica: correr su primer 5K en los próximos seis meses, con un plan detallado de entrenamiento semanal.
- Acción a corto plazo: Escribe tres metas claras para el próximo año que estén alineadas con tu visión. Asegúrate de incluir detalles sobre cómo medirás tu progreso.
- Acción a largo plazo: Divide tus metas principales en pasos más pequeños y alcanzables, creando un plan de acción que te permita avanzar de manera constante.

### 5. Superando miedos y dudas

Visualizar el próximo capítulo de tu vida puede ser emocionante, pero también puede despertar miedos e inseguridades. Reconocer y enfrentar estas emociones es clave para avanzar con confianza.

- Ejemplo práctico: Una mujer que desea comenzar un negocio propio siente miedo al fracaso. En lugar de paralizarse, decide educarse sobre emprendimiento y buscar mentores que la guíen.
- Acción a corto plazo: Identifica un miedo o duda que tengas sobre el próximo capítulo de tu vida y escribe una lista de acciones que podrías tomar para enfrentarlo.
- Acción a largo plazo: Trabaja en desarrollar una mentalidad resiliente, recordándote que los desafíos son oportunidades para crecer y aprender.

**6. Visualizando con fe y gratitud**

La fe y la gratitud son ingredientes esenciales para visualizar tu futuro. Al confiar en que Dios tiene planes buenos para ti y agradecer por las bendiciones actuales, puedes avanzar con paz y confianza, incluso cuando el camino no esté completamente claro.

- Ejemplo práctico: Un hombre que está atravesando una transición profesional dedica tiempo cada mañana a orar y agradecer por las oportunidades que tiene, confiando en que Dios lo guiará hacia el siguiente paso.
- Acción a corto plazo: Dedica unos minutos al final de cada día para reflexionar sobre las bendiciones que has recibido y expresar gratitud por ellas.
- Acción a largo plazo: Haz de la fe y la gratitud una parte central de tu proceso de visualización, recordándote que no estás solo en este viaje y que Dios tiene un propósito para tu vida.

**7. Inspirando a otros con tu visión**

Compartir tu visión no solo te ayuda a mantenerte motivado, sino que también puede inspirar a otros a visualizar su propio futuro y trabajar por él. Al invitar a otros a unirse a tu camino, creas un ambiente de colaboración, apoyo mutuo y crecimiento colectivo.

- Ejemplo práctico: Un líder comunitario que comparte su visión de mejorar las instalaciones locales inspira a sus vecinos a unirse al proyecto, logrando un impacto positivo para todos.
- Acción a corto plazo: Comparte tu visión con alguien cercano esta semana y busca retroalimentación o apoyo.
- Acción a largo plazo: Involucra a otros en tu visión, ya sea a través de proyectos colaborativos, mentorías o actividades que fomenten un propósito compartido.

**Reflexión final**

Visualizar el próximo capítulo de tu vida es un acto de esperanza, fe y compromiso. Al reflexionar sobre dónde estás, definir lo que importa, imaginar tu vida ideal, establecer metas claras y superar tus miedos, te estás preparando para construir un futuro que esté alineado con tus valores y propósito.

Hoy te invito a reflexionar:

- ¿Cómo imaginas el próximo capítulo de tu vida?
- ¿Qué pasos específicos puedes tomar hoy para acercarte a esa visión?
- ¿Cómo puedes usar tu visión para inspirar y empoderar a otros?

Recuerda que tu futuro no es algo que simplemente sucede; es algo que diseñas con intención, fe y acción constante. Al visualizar tu próximo capítulo con claridad y confianza, estás dando los primeros pasos hacia una vida llena de propósito, paz y realización.

## 10.5. La libertad total: vivir con propósito y paz

*"Así que, si el Hijo los libera, serán ustedes verdaderamente libres." (Juan 8:36, NVI)*

La verdadera libertad no se encuentra en la ausencia de responsabilidades ni en la búsqueda de placeres efímeros. La libertad total es el resultado de vivir con propósito y en paz, una vida en la que cada decisión, acción y pensamiento están alineados con tus valores, metas y fe. Esta libertad no solo es posible, sino que es el destino al que todos estamos llamados.

En esta sección, exploraremos cómo alcanzar y mantener una libertad total, entendida como la capacidad de vivir con intención, sin ataduras emocionales, financieras, espirituales o sociales que limiten tu crecimiento. Aprenderás estrategias para superar barreras internas y externas, tomar decisiones conscientes y experimentar la paz que viene al confiar plenamente en Dios y en el propósito que ha diseñado para ti.

### 1. Entendiendo qué es la libertad total

La libertad total no significa hacer lo que quieras, cuando quieras. Más bien, es la capacidad de vivir de acuerdo con tus valores, propósito y fe sin ser esclavo de miedos, preocupaciones o expectativas externas. Es vivir una vida que refleje paz interior y una conexión profunda con lo que realmente importa.

- Ejemplo práctico: Una persona que ha logrado libertad financiera no utiliza su tiempo y recursos para acumular más, sino para servir a su comunidad y pasar más tiempo con su familia.
- Acción a corto plazo: Reflexiona sobre las áreas de tu vida donde te sientes limitado o atado y escribe qué cambios podrías hacer para acercarte a una mayor libertad.
- Acción a largo plazo: Define qué significa para ti la libertad total, asegurándote de incluir aspectos emocionales, financieros, espirituales y relacionales, y trabaja en un plan para alcanzarla.

**2. Liberándote de las ataduras emocionales**

La libertad emocional es fundamental para vivir con propósito y paz. Esto implica dejar atrás la culpa, el resentimiento, la ansiedad y otras emociones que pueden limitarte, y aprender a gestionar tus pensamientos y sentimientos de manera saludable.

- Ejemplo práctico: Una mujer que llevaba años resentida con un familiar decide perdonar, liberándose del peso emocional que afectaba su paz interior y su relación con otros.
- Acción a corto plazo: Identifica una emoción negativa que te esté limitando y toma una acción concreta para liberarte de ella, como escribir en un diario, hablar con un amigo de confianza o buscar ayuda profesional.
- Acción a largo plazo: Establece prácticas regulares como la meditación, la oración o el ejercicio para gestionar tus emociones y mantener la paz interior.

**3. Alcanzando la libertad financiera como una herramienta de propósito**

La libertad financiera no se trata solo de acumular riqueza, sino de tener los recursos necesarios para vivir sin estrés económico y dedicar tu tiempo a lo que realmente importa. Es una herramienta que te permite enfocarte en tu propósito y servir a otros.

- Ejemplo práctico: Un hombre que logra pagar sus deudas utiliza el dinero que antes destinaba a intereses para invertir en la educación de sus hijos y en proyectos comunitarios.
- Acción a corto plazo: Analiza tus finanzas actuales e identifica un gasto que puedas reducir o eliminar para comenzar a ahorrar o invertir.

- Acción a largo plazo: Trabaja en un plan financiero integral que incluya la eliminación de deudas, la creación de un fondo de emergencia y la inversión en tus metas de propósito.

**4. Encontrando la paz espiritual en el propósito de Dios**

La libertad espiritual es quizás la más transformadora, ya que conecta tu vida con un propósito eterno. Confiar en Dios y vivir de acuerdo con Su voluntad trae una paz que trasciende cualquier circunstancia.

- Ejemplo práctico: Una persona que solía preocuparse constantemente por su futuro comienza a dedicar tiempo diario a la oración y a leer la Biblia, encontrando paz y dirección en la fe.
- Acción a corto plazo: Dedica cinco minutos al inicio o al final de cada día para orar y reflexionar sobre cómo puedes alinear tus decisiones con el propósito de Dios.
- Acción a largo plazo: Haz de la conexión con Dios una práctica central en tu vida, asistiendo a eventos de tu comunidad de fe, estudiando la Biblia y rodeándote de personas que compartan tus valores.

**5. Liberándote del miedo al fracaso y la opinión ajena**

El miedo al fracaso y la necesidad de aprobación son barreras comunes que impiden alcanzar la libertad total. Vivir con propósito significa liberarte de estos temores y enfocarte en lo que realmente importa, sin preocuparte por las expectativas externas.

- Ejemplo práctico: Un emprendedor que teme iniciar su propio negocio debido al qué dirán decide dar el primer paso, confiando en su preparación y en su propósito. Con el tiempo, su negocio prospera y se convierte en un ejemplo para otros.
- Acción a corto plazo: Identifica un miedo o una preocupación que te esté deteniendo y escribe una acción pequeña que puedas tomar hoy para enfrentarlo.

- Acción a largo plazo: Trabaja en desarrollar una mentalidad resiliente, recordándote que los fracasos son oportunidades de aprendizaje y que la opinión de los demás no define tu valor.

**6. Practicando el equilibrio entre propósito y descanso**

Vivir con propósito no significa estar constantemente ocupado o esforzarte sin descanso. La libertad total incluye encontrar un equilibrio entre trabajar por tus metas y disfrutar de momentos de descanso y renovación.

- Ejemplo práctico: Una pareja que trabaja arduamente en sus carreras decide reservar los domingos para desconectarse de sus responsabilidades, dedicar tiempo a Dios, y pasar tiempo en familia, fortaleciendo su vínculo y recargando energías.
- Acción a corto plazo: Agenda un tiempo de descanso o renovación esta semana, ya sea una tarde libre, un paseo en la naturaleza o tiempo de calidad con tus seres queridos.
- Acción a largo plazo: Establece un ritmo de vida que incluya espacios regulares para descansar, reflexionar y disfrutar de las cosas que amas.

**7. Inspirando a otros a vivir en libertad**

La libertad total no solo es para tu beneficio personal, sino también para inspirar a otros a buscar la suya. Al compartir tu historia, tus aprendizajes y tus valores, puedes motivar a quienes te rodean a vivir con propósito y paz.

- Ejemplo práctico: Una mujer que encuentra paz y propósito al simplificar su vida inspira a sus amigos y familiares a hacer lo mismo, compartiendo consejos prácticos y su testimonio personal.
- Acción a corto plazo: Habla con alguien cercano esta semana sobre cómo estás trabajando para alcanzar la libertad total y ofrece apoyo o inspiración.

- Acción a largo plazo: Considera formas de impactar a un grupo más amplio, como participar en mentorías, dar charlas o crear contenido que refleje tus valores y propósito.

**Reflexión final**

La libertad total no es un destino al que llegas de repente; es una forma de vivir que cultivas cada día. Al liberar tu mente, tus emociones, tus finanzas y tu espíritu, estás creando un espacio para vivir plenamente, con propósito y en paz.

Hoy te invitamos a reflexionar:

- ¿Qué significa para ti la libertad total?
- ¿Qué áreas de tu vida necesitan más atención para alcanzar este estado de paz y propósito?
- ¿Qué pasos concretos puedes tomar hoy para comenzar a vivir con más libertad?

Recuerda que Dios te ha llamado a una vida llena de significado, no de ataduras. Al avanzar con fe, intención y gratitud, encontrarás la libertad total que te permitirá vivir con propósito, disfrutar del presente y construir un impacto duradero.

**Conclusión:**

**El futuro está en tus manos**

A lo largo de este capítulo hemos explorado cómo vivir la vida que has diseñado, una vida intencional, alineada con tus valores, llena de propósito y marcada por la paz. Este último paso no es el fin del camino, sino el comienzo de una nueva etapa donde tú tienes el poder de moldear tu destino con cada decisión, acción y pensamiento.

La vida que deseas no es solo un sueño; es un proyecto que puedes construir día a día. Has reflexionado sobre la importancia de mantener el equilibrio, celebrar los logros, inspirar a otros, visualizar el futuro y vivir con una libertad total que va más allá de lo tangible. Ahora es el momento de integrar todo lo que has aprendido en este libro y dar los pasos necesarios para convertir esa visión en una realidad.

**Cree en tu capacidad para transformar tu vida**

El primer paso para vivir la vida que diseñaste es creer que tienes la capacidad de hacerlo. Todo cambio comienza con la convicción de que eres capaz de superar obstáculos, adaptarte a los desafíos y avanzar con fe. Aunque el camino no siempre será fácil, la determinación y la confianza en Dios y en ti mismo te ayudarán a superar cualquier dificultad.

- Reflexión: Piensa en una etapa difícil de tu vida que superaste. ¿Qué te enseñó esa experiencia sobre tu fuerza interior?
- Acción: Escribe una afirmación diaria que te recuerde tu capacidad de construir la vida que deseas. Por ejemplo: "Estoy diseñado para vivir con propósito y superar cualquier desafío."

**Actúa con intención cada día**

Diseñar la vida que deseas no se trata de grandes gestos o decisiones aisladas; es el resultado de las pequeñas acciones que realizas diariamente. Cada día es una nueva oportunidad para dar un paso más hacia tus metas, alinear tus decisiones con tus valores y disfrutar del proceso.

- Ejemplo práctico: Si tu visión incluye mejorar tus relaciones familiares, una acción diaria podría ser dedicar 15 minutos a conversar con tus seres queridos, escuchando atentamente y fortaleciendo los lazos emocionales.
- Acción: Antes de comenzar cada día, define una acción específica que te acerque a tu visión. Al final del día, reflexiona sobre cómo esa acción contribuyó a tu propósito.

### Confía en el propósito que Dios tiene para ti

Vivir la vida que diseñaste no significa que todo saldrá siempre según tus planes. Habrá momentos de incertidumbre, pero confiar en el propósito de Dios te dará paz y dirección incluso en los tiempos más difíciles. Él tiene planes para tu bienestar, y cada paso que das está guiado por Su amor y sabiduría.

- Reflexión: ¿Cómo puedes entregar tus preocupaciones y metas a Dios para que Él guíe tus pasos?
- Acción: Dedica tiempo a la oración o la meditación, pidiendo claridad y paz mientras trabajas en construir tu futuro.

### Celebra y comparte tu progreso

El viaje hacia la vida que deseas está lleno de momentos que merecen ser celebrados. Cada pequeño logro es un paso importante que refleja tu compromiso y esfuerzo. Además, compartir tu progreso con otros no solo fortalece tus relaciones, sino que también inspira y motiva a quienes te rodean.

- Ejemplo práctico: Una persona que ha logrado eliminar una deuda significativa celebra compartiendo su historia con amigos, mostrando que es posible alcanzar la libertad financiera con disciplina y determinación.
- Acción: Planifica una pequeña celebración para reconocer tus logros más recientes, ya sea con tu familia, amigos o contigo mismo.

### Vive con gratitud y propósito

Al final, vivir la vida que diseñaste no se trata solo de alcanzar metas; se trata de disfrutar el viaje y encontrar gratitud en cada paso. Una vida vivida con propósito y gratitud no solo es plena, sino también inspiradora para quienes te rodean.

- Reflexión: ¿Qué bendiciones puedes reconocer hoy que te han ayudado a avanzar hacia la vida que deseas?

- Acción: Haz de la gratitud una práctica diaria, escribiendo cada noche tres cosas por las que te sientes agradecido.

**El comienzo de un nuevo capítulo**

Este capítulo cierra un ciclo de aprendizaje y reflexión, pero también marca el comienzo de un nuevo capítulo en tu vida. Ahora tienes las herramientas, la claridad y la motivación para vivir con intención, crear un impacto positivo y construir una vida que refleje tus valores y propósito.

Hoy te invito a dar el primer paso, por pequeño que sea, hacia la vida que has diseñado. Recuerda que no estás solo en este camino. Dios te guía, tus seres queridos te apoyan, y cada acción que realizas tiene el potencial de transformar no solo tu vida, sino también la vida de quienes te rodean.

**Reflexión final:**

- ¿Qué acción tomarás hoy para comenzar a vivir la vida que diseñaste?
- ¿Cómo puedes mantenerte motivado y comprometido con tu visión incluso cuando enfrentes desafíos?
- ¿Qué legado deseas dejar mientras vives con propósito y paz?

El futuro que deseas está más cerca de lo que imaginas. Vive con fe, gratitud y valentía, y recuerda siempre que estás diseñado para impactar, inspirar y vivir en armonía con el propósito eterno que Dios ha puesto en tu corazón.

---

Has llegado al final de este libro, pero no al final de tu viaje. A lo largo de estas páginas, te hemos acompañado en un recorrido profundo para transformar tu vida desde sus cimientos: construiste una base sólida, aprendiste a dominar tu libertad financiera, cultivaste una salud integral, fortaleciste tus relaciones, profundizaste tu conexión espiritual, rompiste creencias limitantes, abrazaste el poder del aprendizaje continuo, diseñaste un estilo de vida en armonía y descubriste cómo dejar un legado que trascienda el tiempo.

Pero queremos que recuerdes algo esencial: este libro no es el destino, es solo el comienzo.

Porque una vida extraordinaria no se construye en la teoría, sino en la práctica diaria. Los principios, herramientas y reflexiones que compartimos contigo aquí son como una brújula que te guiará, pero el verdadero cambio ocurre cuando tomas acción y te comprometes a avanzar, incluso cuando el camino se torne desafiante. Y queremos que sepas que no estás solo.

Nosotros, Iván Tello y Adriana Garzón, no solo te hemos compartido nuestra visión en estas páginas; también estamos aquí para caminar contigo en cada paso de tu transformación. A través de nuestros cursos, seminarios y programas, hemos creado un espacio donde puedes profundizar en cada uno de los temas que exploraste en este libro. Es un espacio diseñado para que aprendas, crezcas y te conectes con una comunidad de personas que, como tú, están decididas a vivir con propósito, paz y abundancia.

No escribimos este libro solo para contarte nuestra experiencia, sino para invitarte a formar parte de algo más grande. Hemos dedicado nuestras vidas a enseñar estos principios porque sabemos, por experiencia propia, que una vida equilibrada y exitosa es posible. Y ahora, queremos invitarte a dar el siguiente paso junto a nosotros, un paso hacia la transformación total que deseas para tu vida.

Así que queremos hacerte una invitación:

No permitas que lo que aprendiste en estas páginas se quede en el papel. Llévalo a la acción. Busca más, aprende más y haz más. Conéctate con nosotros, Iván y Adriana en www.dejatuhuella.us, y sigue explorando cómo estos principios pueden transformar cada área de tu vida de maneras que apenas estás comenzando a imaginar.

Tu viaje no termina aquí. Este es solo el primer paso hacia una vida de impacto, propósito y libertad total. Lo mejor está por venir, y queremos caminar contigo en este proceso. Ahora la decisión está en tus manos: ¿estás listo para dar el siguiente paso?

¡Nos vemos en el próximo capítulo de tu vida, uno que escribiremos juntos contigo!

Con cariño y admiración,

Iván Tello y Adriana Garzón

Made in the USA
Monee, IL
04 November 2026

67386760R00174